Kathrin Müller

Resin gießen

Kathrin Müller

Resin gießen

Schmuck, Deko und mehr aus Epoxidharz

Leopold Stocker Verlag
Graz – Stuttgart

Umschlaggestaltung:
Werbeagentur Rypka GmbH, 8143 Dobl/Graz, www.rypka.at
Titelbild: Gehaltene Momente Fotografie, Stefan Weber, Hünxe

Bildnachweis: Alle im Buch abgebildeten Fotos stammen dankenswerterweise von der Autorin.

Ein herzliches Dankeschön an die Firma S+K Hock GmbH für die Unterstützung bei diesem Buch.

Bibliografische Information der Deutschen Nationalbibliothek
Die Deutsche Nationalbibliothek verzeichnet diese Publikation in der Deutschen Nationalbibliografie; detaillierte bibliografische Daten sind im Internet unter http://dnb.d-nb.de abrufbar.

Hinweis: Dieses Buch wurde auf chlorfrei gebleichtem Papier gedruckt. Die zum Schutz vor Verschmutzung verwendete Einschweißfolie ist aus Polyethylen chlor- und schwefelfrei hergestellt. Diese umweltfreundliche Folie verhält sich grundwasserneutral, ist voll recyclingfähig und verbrennt in Müllverbrennungsanlagen völlig ungiftig.

Auf Wunsch senden wir Ihnen gerne kostenlos unser Verlagsverzeichnis zu:
Leopold Stocker Verlag GmbH
Hofgasse 5/Postfach 438
A-8011 Graz
Tel.: +43 (0)316/82 16 36
Fax: +43 (0)316/83 56 12
E-Mail: stocker-verlag@stocker-verlag.com
www.stocker-verlag.com

ISBN 978-3-7020-1751-4

Layout und Repro: Werbeagentur Rypka GmbH, 8143 Dobl/Graz

INHALT

VORWORT

Warum gibt es dieses Buch?
Kurz gesagt: um die Verarbeitung von Epoxidharz und der vielen, vielen Möglichkeiten der Verwendung vorzustellen. Meist denkt man bei dem Wort „Gießharz" entweder an eingebettete „Dinge", wie Schmetterlinge und Ähnliches aus dem Biologieunterricht, oder an selbst gegossenen und gestalteten Schmuck. Ja, das sind zwei Möglichkeiten, das Harz zu verwenden, aber es gibt noch sehr viele mehr. In diesem Buch möchte ich gerne die verschiedensten Verwendungsmöglichkeiten vorstellen, einen kleinen Querschnitt durch die Möglichkeiten aufzeigen und die Fantasie anregen, selbst kreativ zu werden.

Alle in diesem Buch gezeigten Projekte sind Ideen, die ich umgesetzt habe, es gibt aber sicherlich noch viel mehr, was man mit dem Epoxidharz machen kann. Ich denke, diese Beispiele zeigen, dass nicht nur Schmuck mit diesem tollen Medium hergestellt werden kann.

Das Buch beginnt mit einem Theorieteil – da kommt man nicht drumherum – und dann geht es auch schon mit der Praxis los.

Bei den einzelnen Projekten steht immer dabei, welches Harz verwendet wurde und auch welche anderen Materialien zum Einsatz kamen. Bei den Projekten stehen Zeitangaben, die sich auf das von mir genutzte Resin SKresin 3220 und das SKresin 72 beziehen, bei anderen Harzen und auch anderen Umgebungstemperaturen werden die Zeiten anders sein, deshalb bitte ich, diese Zeitangaben nur als Anhaltspunkt zu werten.

Meine persönliche Empfehlung zum Gießen von Resin: Wer gerne mit Resin arbeiten möchte und auch größere Projekte plant, sollte am besten einen Resin-Hersteller wählen, der jederzeit passend zum Projekt befragt werden kann und das optimale Resin für das jeweilige Projekt empfehlen kann.

Nun viel Spaß mit den verschiedensten Projekten.

Ihre Kathrin Müller

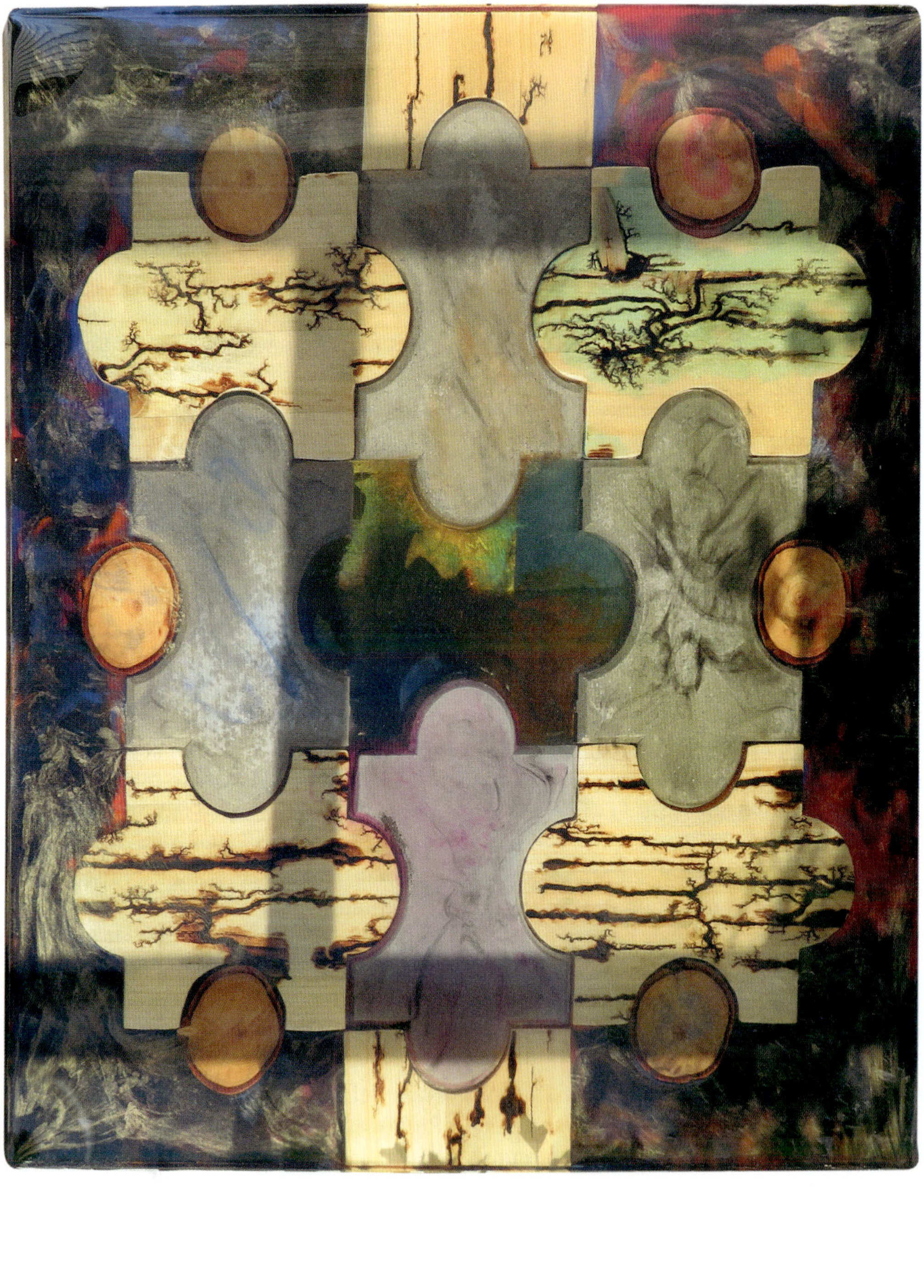

EIN BISSCHEN THEORIE ZU KUNSTHARZEN

EPOXIDHARZ BZW. RESIN

Resin heißt übersetzt Harz, damit ist erstmal jedes Kunstharz gemeint.

Kunstharze sind synthetisch hergestellte Harze, also künstliche Flüssigkeiten, die gegossen werden. Die unterschiedlichen Kunstharze werden in verschiedenen Bereichen verwendet.

Kunstharze gibt es in **verschiedenen Qualitäten bzw. Zusammensetzungen** – so unterscheidet man zwischen:

- Acrylharz
- Polyesterharz
- Polyurethanharze
- Vinylesterharz
- Epoxidharz

Alle genannten Harzsysteme bestehen aus zwei Komponenten, dem Harz und dem Härter. Werden diese Komponenten gemischt, entsteht durch eine chemische Reaktion das Kunstharz.

Der Vollständigkeit halber: es gibt auch so genanntes 1K – Einkomponenten-Harz –, also eine schon fertige Mischung, meist ist das schnellhärtendes Acrylharz. UV-Resin ist z. B. auch so ein Harz.

Jedes dieser Harzsysteme hat eigene, spezielle Einsatzgebiete, wobei es in diesem Buch nur um das Epoxidharz geht, welches für den Hobby- und Künstlerbereich am besten geeignet ist, da es fast geruchsneutral ist.

Sucht man online nach Resin oder Gießharz, werden viele Ergebnisse angezeigt, doch daraus dann das für sich richtige Harz zu finden, ist schon eine Herausforderung. Wer gerne selbst mal recherchieren möchte, sollte dann unbedingt darauf

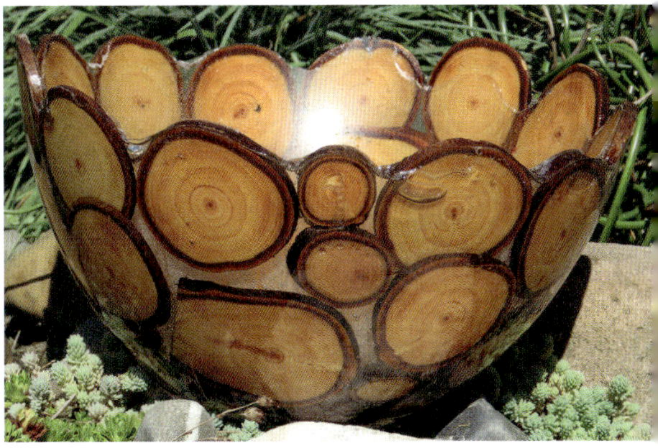

Resinschale mit Holzscheiben

achten, dass nach Epoxidharz gesucht wird, da Polyesterharze z. B. einen mehr als unangenehmen Geruch haben, sodass ein Gießen damit im Hobbyraum oder in der Wohnung eigentlich unmöglich ist.

Epoxidharz gibt es nun auch wieder in verschiedenen Qualitäten, je nachdem, für welches Projekt man es verwenden möchte. Die Unterschiede bei den verschiedenen Epoxidharzen liegen

- in der Verarbeitungszeit
- in der Aushärtezeit
- in der möglichen Gießhöhe, also dem Volumen, welches man gießen kann
- in der Viskosität, also ob das Harz eher flüssig oder eher zähflüssig ist. „Niedrigviskos" heißt in diesem Zusammenhang „eher dünnflüssig", ähnlich wie Wasser.

Ein Beispiel: Um Schmuck zu gießen, benötigt man keine große Gießhöhe, aber um eine Schüssel zu gießen, benötigt man ein Epoxidharz, welches in großem Volumen gegossen werden kann.

Die Angaben zu Gießhöhe, Verarbeitungszeit etc. stehen immer beim jeweiligen Produkt dabei, also bitte das Resin immer entsprechend der Projektart auswählen.

Was sollte auf dem **„Beipackzettel" zur Verarbeitung** angegeben sein, abgesehen von den Sicherheits- und Gefahrenhinweisen?

- Mischungsverhältnis
- Optimale Verarbeitungstemperatur
- Mindestmenge, die angerührt werden sollte
- maximale Gießhöhe
- Verarbeitungszeit
- Aushärtezeit
- Wann ist die Endhärte erreicht?
- Wie lange kann das Harz gelagert werden?
- Bei welcher Temperatur sollte das Harz gelagert werden?

Diese Angaben sind wichtig, um optimale Ergebnisse zu erhalten. Ein falsches Mischungsverhältnis führt dazu, dass das Werkstück nicht aushärtet oder unschöne Schlieren bildet.

Die Lager- und Umgebungstemperatur hat Auswirkungen auf die Aushärtungszeit: Ist es z. B. sehr heiß draußen, härtet das Harz ggf. schon im Becher aus, Kälte kann den Vorgang verzögern.

LUFTBLASEN

Luftblasen im fertigen Werkstück entstehen auf unterschiedlichste Weise:

- das verwendete Harz hat keinen Entlüfterzusatz, dieser muss meist separat zum Harz hinzugefügt werden.
- das Harz wurde nach dem Verrühren nicht lange genug stehen gelassen. Das von mir verwendete Harz SKresin 3220 und SKresin 72 lasse ich meistens ca. 5 Minuten stehen. Nutzt man ein Harz mit einer sehr kurzen Verarbeitungszeit, hat man diese Zeitspanne natürlich nicht.
- das Harz wurde zu schnell oder aus zu großer Höhe eingegossen.

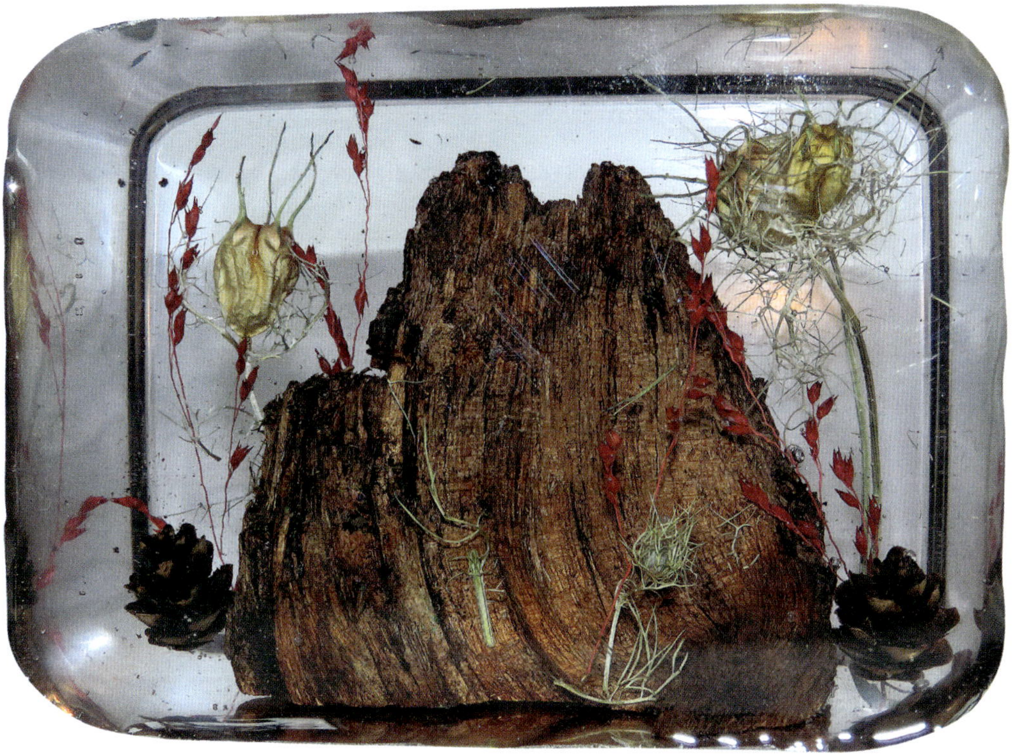

Kleine Holz-Pflanzenlandschaft in Resin

- im Harz sind „natürliche“ Objekte, wie z. B. Holz, Kaffeebohnen, Pflanzen oder Ähnliches eingearbeitet worden, diese Sachen enthalten Luft, die im Harz dann entweicht und somit Luftblasen bildet.

Ich persönlich möchte bei bestimmten Projekten Luftblasen haben, da sie oft einen ganz besonderen Effekt erzielen. Möchte man auf gar keinen Fall Luftblasen im Werkstück haben, dann müssen manche einzugießenden Teile vorher behandelt werden, z. B. sollte Holz schon vorher mit einer dünnen Schicht Harz überzogen werden.

„Feuerzeug“ oder „Brenner“ sind nicht zu empfehlen, um Luftbläschen verschwinden zu lassen. In vielen, meist Videos aus dem amerikanischen oder englischen Raum sieht man, dass mit einem Feuerzeug oder Brenner die Luftbläschen von der Oberfläche entfernt werden – bitte nicht einfach so nachmachen!!! Das verträgt nicht jedes Harz und die Kombination von Feuer und Chemikalien ist grundsätzlich keine gute Idee. Bevor so etwas gemacht wird, UNBEDINGT vorher beim Hersteller anfragen, ob diese Technik bei Ihrem ausgewählten Harz angewandt werden darf.

BEZUGSQUELLEN

Ich persönlich lege Wert darauf, mein Resin von deutschen Herstellern zu beziehen und nicht aus dem Ausland. Mir ist es wichtig, dass ich mich bei Fragen an den Hersteller wenden kann, um für meine Projekte das optimale Harz zu bekommen. Auch sind in Deutschland die Kennzeichnungspflichten deutlich höher und genauer als im Ausland.

Aus diesem Grunde bestelle ich mein Resin auch beim Hersteller direkt und nicht über diverse Einkaufsportale. Wie bei allen Dingen ist dies aber eine persönliche Geschmackssache, eine persönliche Entscheidung. Im Laufe der Zeit wird jeder „sein" Harz und „seinen" Hersteller finden.

Ich bin nach vielen Versuchen und Experimenten bei den Harzen der Firma S. & K. Hock gelandet, zu finden im Internet unter www.harzspezi.de. Dort bekomme ich neben Resin auch alles an Zubehör und Farben, für Anfänger gibt es sogar Starter-Sets, um gleich mit dem Gießen beginnen zu können.

Die Firma S. & K. Hock ist Spezialist auf dem Gebiet Gießharz und forscht, entwickelt und produziert selbst. Die Firma bietet Gießharze und Zubehör für alle möglichen Bereiche an, nicht nur für den künstlerischen Bereich, sondern auch für Fußböden, Wände, Bachläufe und vieles mehr.

Ich verwende folgende Harze:

- **SKresin 3220**, es hat eine Verarbeitungszeit von 20–40 Minuten, ist nach 8–12 Stunden klebefrei (bei einer Umgebungstemperatur von 20 Grad Celsius) und nach 24 Stunden belastbar und kann dann auch ausgeformt werden. Nach 7 Tagen hat das Harz seine Endhärte erreicht, wie fast jedes andere Epoxidharz. Der Preis beträgt für 1,55 kg ab 38,95 € (1 kg Harz + 550 g Härter).
- **SKresin 72**, es hat eine Verarbeitungszeit von 120–240 Minuten, ist nach 78 Stunden klebefrei (bei einer Umgebungstemperatur von 20 Grad Celsius) und kann dann auch ausgeformt werden. Auch dieses Harz hat nach 7 Tagen seine Endhärte erreicht. Der Preis beträgt für 1,30 kg ab 26,96 € (1 kg Harz + 300 g Härter).

Beide Harze sind niedrig viskos, das heißt, sie sind flüssig, ähnlich wie Wasser.

Eine Alternative z. B. zum Schmuckgießen ist das SKresin 3210, es ist mittelviskos, also dickflüssiger.

- **SKresin 3210** hat eine Verarbeitungszeit von 30 Minuten, ist nach 8–12 Stunden klebefrei (bei einer Umgebungstemperatur von 20 Grad Celsius) und nach 24 Stunden belastbar und kann dann auch ausgeformt werden. Auch dieses Harz hat nach 7 Tagen seine Endhärte erreicht. Der Preis beträgt für 1,55 kg ab 39,95 € (1 kg Harz + 550 g Härter).

Die Harze härten glasklar und blasenfrei aus und – für mich auch sehr wichtig – man muss keinerlei Zusätze, wie Entlüfter (der für das Aufsteigen und Auflösen von Luftblasen sorgt) oder UV-Stabilisator (verringert das Vergilben), dazugeben, es ist schon alles im Harz enthalten.

Die genauen Verwendungsmöglichkeiten und Spezifikationen sind auf der Seite www.harzspezi.de nochmal genau nachzulesen, man kann sich auch problemlos telefonisch beraten lassen, um das richtige Harz für das geplante Projekt zu finden.

Wer das Resingießen erstmal ausprobieren möchte, der bekommt auch so genannte **„Startersets“**, in denen alles dabei ist, um sofort beginnen zu können:

- **Starterset Schmuck** – mit Epoxidharz und Silikonformen: 775 g Skresin 3220, Anrührbecher und -spatel, Handschuhe und Silikonformen ab 33,90 €.
- **Starterset Resinpainting** – Malen mit Kunstharz: 1,55 kg SKresin 3220, 3 MDF-Platten, 3 Farbpasten-Mischbecher, Rührhölzer ab 59,95 €.

SICHERHEITSHINWEISE – DAS LIEGT MIR SEHR AM HERZEN

HINWEIS! Chemische Reaktion

Beim Vermischen von Harz und Härter entsteht eine chemische Reaktion, die nicht zu unterschätzen ist.

Dass eine chemische Reaktion stattfindet, sollte einem bitte immer sehr bewusst sein, es entsteht Hitze, es werden Dämpfe freigesetzt – auch wenn man sie nicht oder kaum riecht, sind sie da!

Wie bei allen chemischen „Versuchen“ ist es wichtig, dass die Komponenten aufeinander abgestimmt sind und nicht munter irgendwas oder irgendwie zusammengemischt wird.

Jedes Harz hat ein bestimmtes Mischungsverhältnis, welches bei Lieferung in einer Anleitung dabeisteht (stehen sollte) – dieses Mischungsverhältnis ist keine „in etwa“-Angabe, sondern muss genau eingehalten werden. In der Anleitung steht, ob das Mischungsverhältnis nach Gewicht (g) oder Volumen (ml) gemessen wird, manchmal ist auch beides angegeben.

Epoxidharz kann man färben, transparent lassen oder deckend gießen – jeder Hersteller hat meist auch die passenden Farben für sein Harz im Angebot.

Möchte man nicht auf die Farben des Herstellers zurückgreifen, sollte man sehr vorsichtig sein. Die Farben des Herstellers sind auf das Harz abgestimmt, andere Farben können unverträglich sein, den Härtevorgang beeinflussen oder verhindern und somit ggf. das Werkstück ruinieren. Jeder „Stoff“, der dem Harz hinzugefügt wird, reagiert mit dem Harz – und bei „irgendwas“ ist halt nicht sicher, wie die chemische Reaktion ausfällt.

Ebenfalls in diesem Zusammenhang wichtig zu wissen: Harz und Wasser vertragen

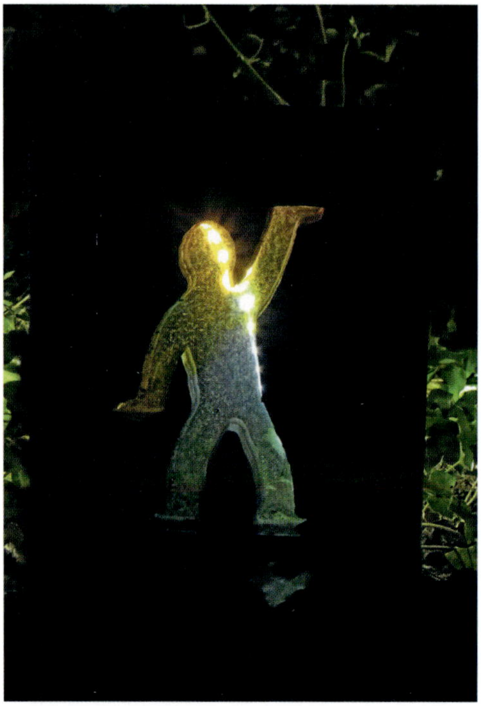

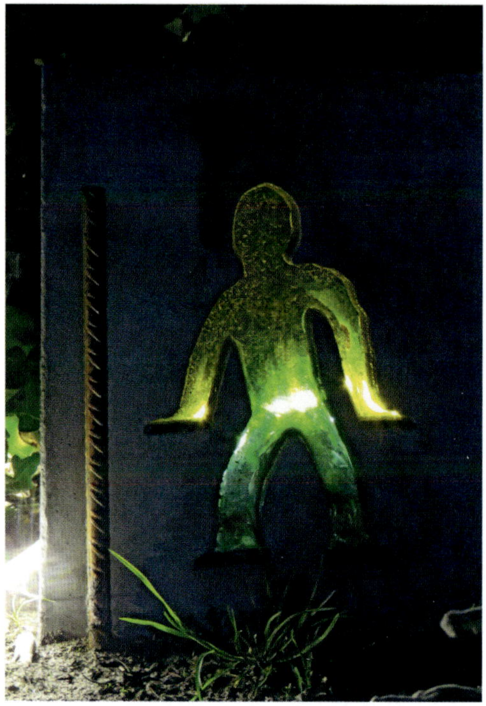

Gartendeko aus Beton und Resin

sich beim Vorgang des Anmischens und Aushärtens gar nicht!

Mit diesen ganzen Hinweisen möchte ich nicht „Bange machen“, allerdings finde ich es schon wichtig, dass es jedem bewusst ist, dass Resingießen ein Hantieren mit Chemikalien ist.

Ich würde Kinder nicht mit Resin hantieren lassen und auch Schwangeren empfehlen, in der Schwangerschaft nicht damit zu arbeiten.

„Lebensmittelecht“ und „nicht toxisch“

Beide Begriffe tauchen immer wieder in Beschreibungen von Harzsystemen auf und führen oft zu Verwirrungen.

Grundsätzlich gilt: Diese Begriffe beziehen sich immer auf den ausgehärteten Zustand bei korrekter Verwendung des klaren Harzes. Während der Verarbeitung entstehen durch die chemische Reaktion trotzdem Dämpfe.

„Lebensmittelecht“ besagt, dass das fertige Werkstück keine „giftigen“ Bestandteile an Lebensmittel abgibt.

Dies kann aber nur bei korrekter Verwendung bescheinigt werden, sobald etwas „Fremdes“ mitverwendet wird, kann der Hersteller das natürlich nicht mehr bescheinigen. Hersteller, die „lebensmittelechte“ Harze anbieten, werden auf Nachfrage gerne die entsprechenden Zertifikate vorlegen.

„Nicht toxisch“ heißt nicht automatisch, dass es keine gesundheitlichen Folgen gibt – hier sind wir wieder bei dem Thema Verarbeitung. Wie schon erwähnt, entstehen beim Aushärten Dämpfe, die allergische Reaktionen hervorrufen können, wie z. B. schmerzhafte Hautreaktionen. Dies kann auch Menschen treffen, die eigentlich keine Probleme mit Allergien haben.

Umso wichtiger ist es, auf einen guten Arbeitsschutz zu achten, das heißt das Tragen von Nitril-Handschuhen und einem Mundschutz oder ggf. einer Atemschutzmaske und Schutzbrille ist genauso wichtig und nötig wie das Arbeiten mit weit geöffnetem Fenster. Sollte doch mal Resin auf die Hände kommen, habe ich die besten Erfahrungen mit Spülmittel gemacht. Die Hände mit dem Spülmittel gut einreiben und dann abwaschen, Speiseöl funktioniert auch. Aus Kleidung bekommt man es – wenn überhaupt – mit Aceton heraus, nur ob die Kleidung das verträgt, ist fraglich. Demnach am besten alte Kleidung oder einen Kittel tragen.

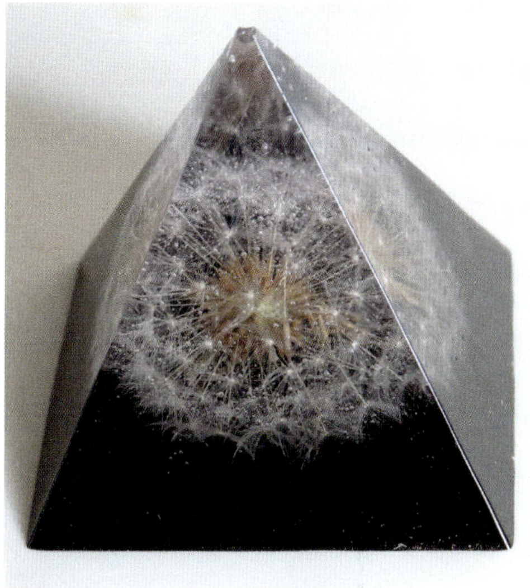

In Resin gegossene Pusteblume

„VERGILBEN“

Glasklare Epoxidharze werden mit der Zeit vergilben, die einen mehr, die anderen weniger. Manche Harze haben einen integrierten Zusatz gegen das Vergilben, bei manchen Harzen muss dieser Zusatz extra beigefügt werden. Diese Zusätze verzögern die Vergilbung, schließen sie aber nicht vollkommen aus.

Bei Schmuckstücken kann es auch passieren, dass die Teile matt werden – in diesem Fall reagiert dann der Schweiß mit dem Schmuckstück. Ähnliches kennt man ja auch z. B. von Silberschmuck, der bei häufigem Tragen anläuft. Dies sind natürliche Reaktionen, die von Mensch zu Mensch verschieden sind und nicht ausgeschlossen werden können.

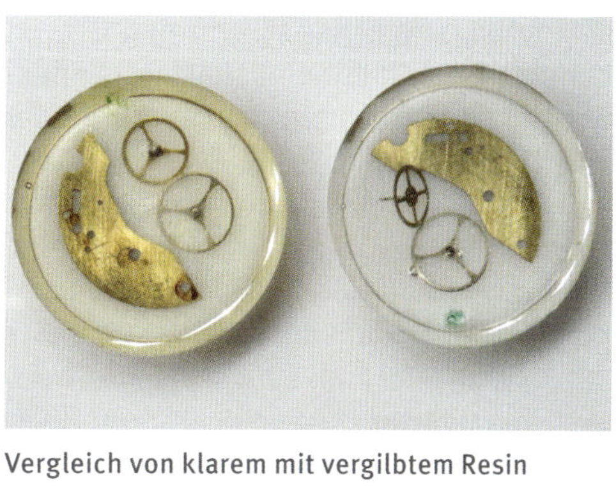

Vergleich von klarem mit vergilbtem Resin

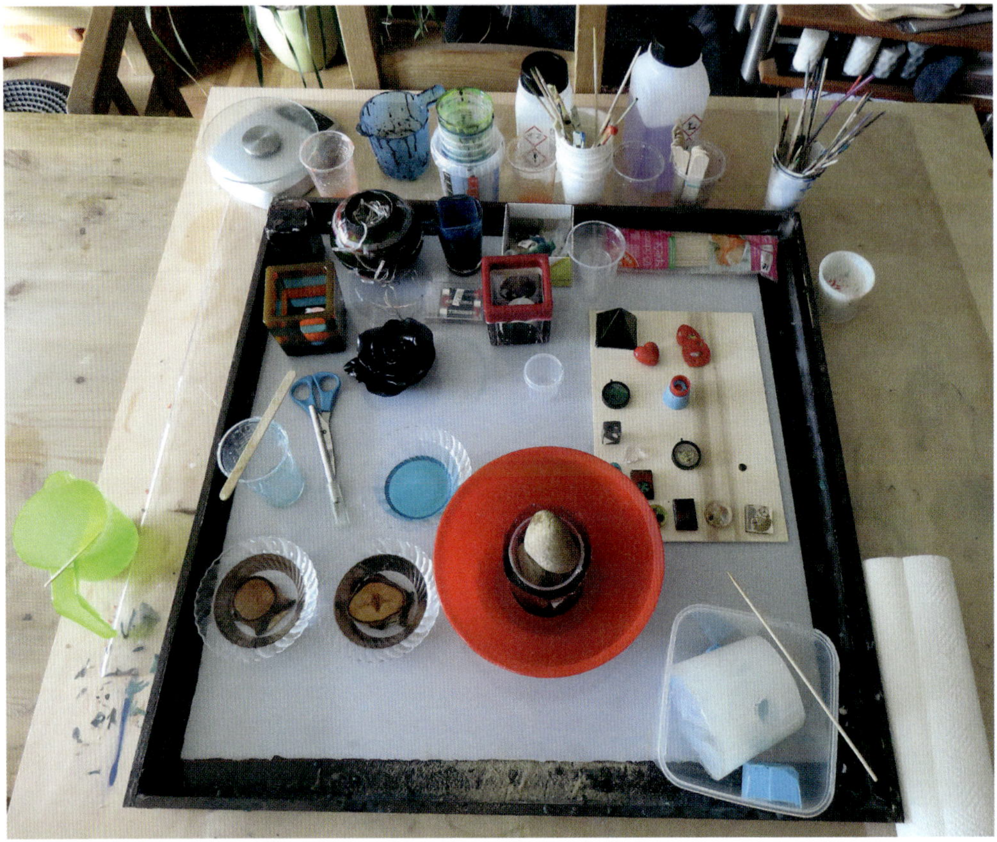

Verschiedene Projekte in Arbeit

WO SOLLTE MAN GIESSEN UND WAS BRAUCHT MAN DAZU?

Am besten arbeitet man an einem geschützten, möglichst staubfreien Ort, an dem die Teile in Ruhe aushärten können. Wichtig ist, das **Fenster beim Verarbeiten zu öffnen**.

Für alle Gießprojekte sollte man sich eine Unterlage schaffen, um die Möbel zu schonen. Entweder klebt man den Arbeitsplatz mit Folie ab oder man baut sich eine „Wanne“ aus glattem, beschichtetem Holz. Wenn dann was „danebengeht“, tropft es auf die Folie oder in die Wanne und der Tisch bleibt verschont. Gute Erfahrungen habe ich auch mit Acrylplatten gemacht, die ich zusätzlich in meine Gießwanne lege. Durch den weißen Untergrund sehe ich bei flächigen Gießprojekten die Farben besser als auf dem dunklen Untergrund der Gießwanne.

Gießt man nur kleine Teile, wie Schmuckstücke, kann man diese auch auf Silikonmatten legen.

Grundausstattung

- Nitril-Handschuhe, die für die Arbeit mit Harz geeignet sind.
- Atemschutzmaske und Schutzbrille
- Harz + Härter
- Angaben zum Mischungsverhältnis, Verarbeitungstemperatur, Verarbeitungszeit, Aushärtezeit (alle Punkte stehen in den Anleitungen zum Harz)
- Taschenrechner zum Berechnen der jeweiligen Mengen
- digitale Feinwaage
- Mischgefäße aus Plastik oder Silikonbecher
- Holzstiel, Spatel oder Ähnliches zum Rühren und Vermischen von Harz und Härter
- Form, in welche gegossen werden soll, z. B. aus Silikon, dabei ist zu beachten: Ist die Gießform matt, wird der Gießling auch matt, ist die Form glänzend, kommt das Gießteil auch glänzend heraus, das Silikon kann natürlich nur das abbilden, was es an „Vorlage“ bekommt.
- Küchenrolle
- Unterlage, um den Tisch zu schonen.
- ggf. eine Pinzette, falls kleine Teile eingegossen oder platziert werden sollen.
- Pipetten, um flüssige Farben dosieren zu können.
- Dinge, die eingegossen werden sollen, wie Tierhaare, Pusteblumen, Holz oder was auch immer, sowie Farbe. Das Harz sollte auf das spezielle Projekt abgestimmt sein (große Gießmenge, kleine Gießmenge, schnell oder langsam härtend etc. – hier hilft der Hersteller weiter).

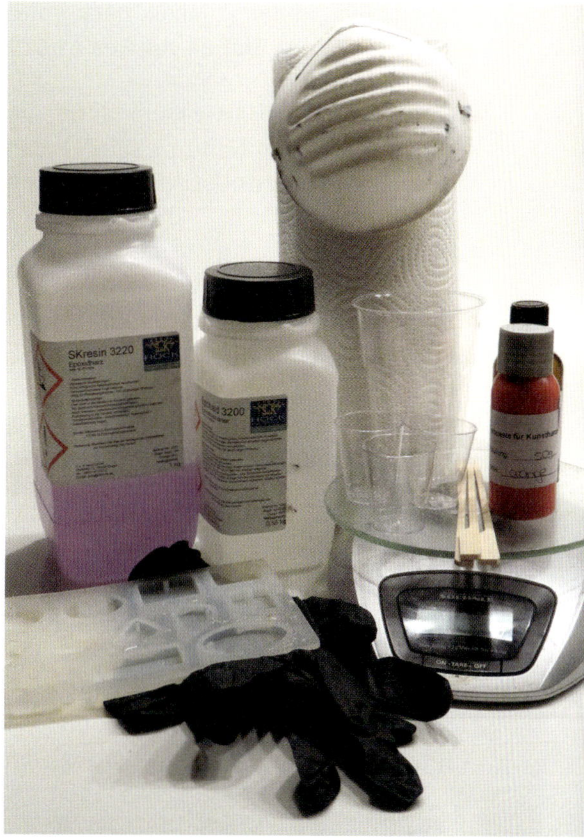

Grundausstattung zum Resingießen

HÄUFIGE FEHLER

Gerade am Anfang kann es passieren, dass die Werkstücke nicht richtig aushärten, Schlieren bilden, kleben oder sich viele Luftblasen bilden. Dies kann verschiedene Ursachen haben:

- Die Harz-Härter-Mengen wurden nicht richtig abgewogen, einer der häufigsten Fehler ist die „Striche-auf-einem-konischen-Becher-Methode“, also selbst Markierungen auf Becher zu setzen –

das ist ein „in etwa“-Mixen nach Volumen und für das Gießen von Resin nicht zu empfehlen.
- Es wurde zu viel Härter genommen, um „auf der sicheren Seite zu sein“ – das Mischungsverhältnis UNBEDINGT einhalten.
- Dem Harz wurde „irgendwas an Farbe“ beigemischt, was nicht geeignet ist.
- Die Verarbeitungs- und/oder Umgebungstemperatur war zu hoch/zu niedrig.
- Die Harzmischung wurde nicht richtig oder nicht lange genug umgerührt und somit nicht richtig vermischt. Beim Anrühren sieht man meist kleine Schlieren, wenn sich die beiden Komponenten miteinander vermischen. Nach ausgiebigem Rühren dürfen keine Schlieren mehr zu sehen sein.
- Das Gießteil wird während des Härtungsprozesses sehr, sehr heiß und die Hitze zerstört ggf. sogar die Latex- oder Silikonform. Das kann passieren, wenn die empfohlene, maximale Gießhöhe deutlich überschritten wurde. ACHTUNG – die Angaben zur Verarbeitung in der Anleitung sind unbedingt zu beachten, nach sehr, sehr heiß kommt Qualmen und später Aufkochen! Wenn das passiert, bitte auf gar keinen Fall Wasser auf den Gießling schütten – das ergibt die nächste unschöne Reaktion, es kann zu noch mehr Qualmbildung, Dämpfen und Aufkochen kommen. Wenn Sie eingreifen müssen, dann Sand über das rauchende Gießteil schütten. Normalerweise ist Epoxidharz nicht entflammbar, aber Aufkochen und heftiges Qualmen sind auch keine ungefährlichen Reaktionen.

Ich persönlich habe für meine verschiedenen Projekte schon verschiedene Epoxidharze ausprobiert und die besten Ergebnisse habe ich mit den Epoxidharzen von den Harzspezialisten erzielt.

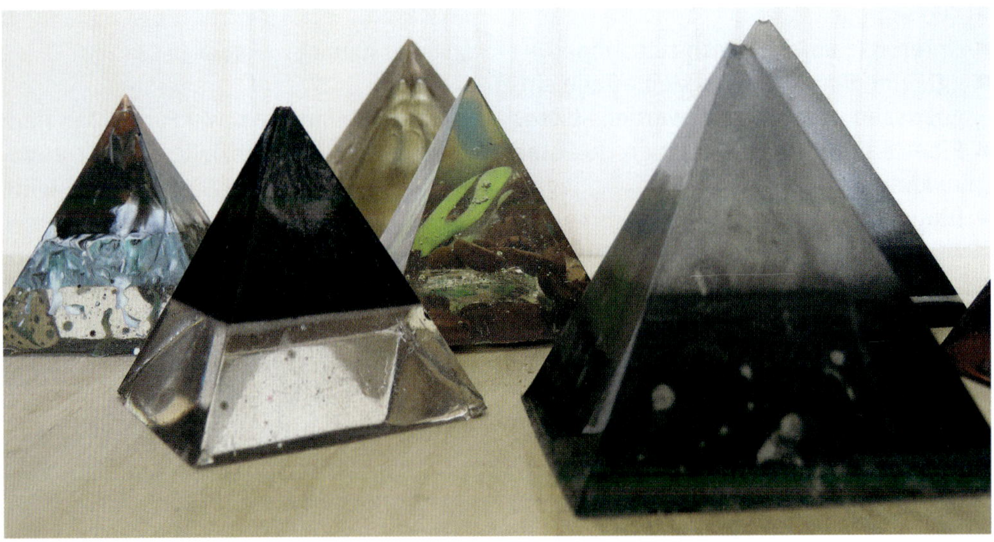

Verschiedene Pyramiden

Kleine Sachen gieße ich mit dem SKresin 3220 und größere Sachen und Holz mit dem SKresin 72, was zwar eine längere Verarbeitungszeit hat, doch die mögliche Gießhöhe ist höher als beim SKresin 3220. Allerdings braucht das SKresin 72 länger zum Aushärten, doch das Ergebnis ist bisher immer einwandfrei.

TIPPS

Die kleinste Menge, die ich meist anrühre, sind insgesamt 155 g vom SKresin 3220 (100 g Harz + 55 g Härter), selten weniger, meistens eher mehr.

Diese Menge benötige ich meist nicht komplett, wenn ich kleinere Teile gieße. Aus diesem Grund habe ich immer ein bis zwei „Restresin"-Projekte stehen, in diese ich dann nach und nach das überschüssige Resin aus unterschiedlichen Projekten gieße. Wenn die verschiedenen Schichten innerhalb von 7 Tagen (also vor der Endhärte) gegossen werden, verbinden sie sich problemlos. Steht das Gießteil etwas länger, dann würde ich die letzte Schicht leicht anschleifen und erst dann eine weitere Schicht aufgießen, auch das ergibt dann eine feste Verbindung.

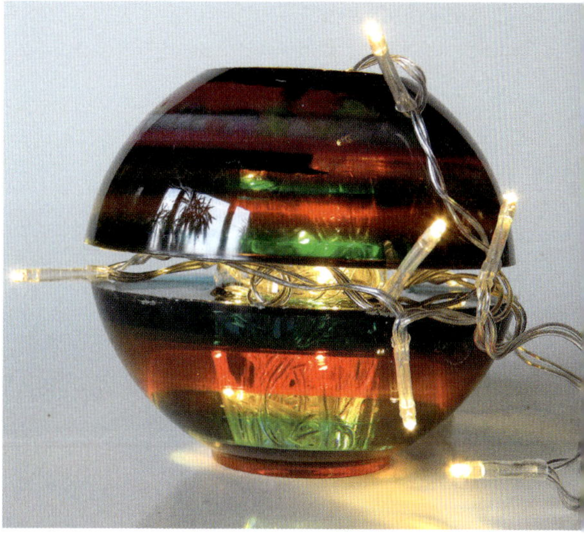

Beleuchtete Kugellampe

Ein Beispiel dafür ist das Windlicht oder die kleine Kugellampe. Meist weiß man gar nicht mehr, welche Farben wann gegossen wurden, somit ist dann das Ausformen bzw. das fertige Teil immer eine schöne Überraschung.

Man kann auch grob ausrechnen, wieviel Resin man für das jeweilige Projekt benötig. Dazu berechnet man das Volumen des Teils, in das man gießen möchte, also Länge x Breite x Höhe. So hat man einen ungefähren Anhaltspunkt. Durch diese Berechnung erhält man eine Milliliterangabe, die ich bei dem von mir verwendeten Harz mit der Grammangabe gleichsetzen kann.

ACHTUNG! Mengenberechnung

Das ist eine grobe und keine genaue Berechnung, sie liefert mir aber einen Anhaltspunkt für die anzurührende Menge.

RÜHREN

Rühren Sie langsam und gleichmäßig am besten in Form einer 8 (dann rührt man automatisch langsamer) und so lange, bis keine Schlieren mehr zu sehen sind und die Mischung klar ist. Beim Rühren darauf achten, auch an den Seitenrändern und bis zum Boden durchzurühren.

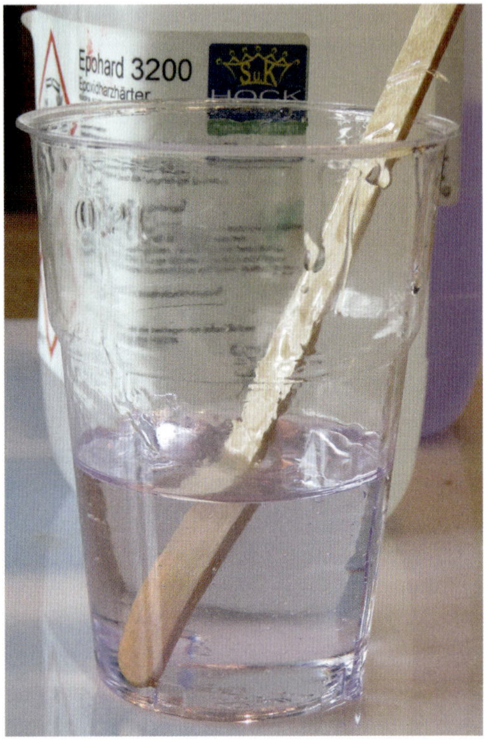

Angerührtes Resin

GIESSFORMEN

- Gießformen (engl. molds), die für Resin geeignet sind, bekommt man in diversen Onlineshops, meist sind sie „Made in China“. Diese Formen sind recht einfach zu handhaben, man sollte darauf achten, ob sie innen matt oder glänzend sind. Nach mehrmaligem Gebrauch werden aber auch glänzende Formen meistens innen matt und/oder die ausgehärteten Teile lassen sich nur noch schwer ausformen. Das liegt einfach daran, dass das Material durch die chemische Reaktion bei der Aushärtung immer ein wenig angegriffen wird, und irgendwann „funktioniert“ die Form dann nicht mehr.
- Silikonformen, die eigentlich fürs Backen gedacht sind. Achtung: Dabei kann es vorkommen, dass die Form nicht „chemiegeeignet“ ist, also den chemischen Prozess des Aushärtens nicht verträgt und mit dem Resin reagiert, also Luftblasen verursacht oder schrumpelig wird, das riecht man dann manchmal auch.
- Plastik aus dem Haushalt, Acrylkugeln und Herzen
- Gießformen kann man auch selbst herstellen, in dem man mit Abformsilikon oder Latex Figuren und Gegenstände selbst abformt.

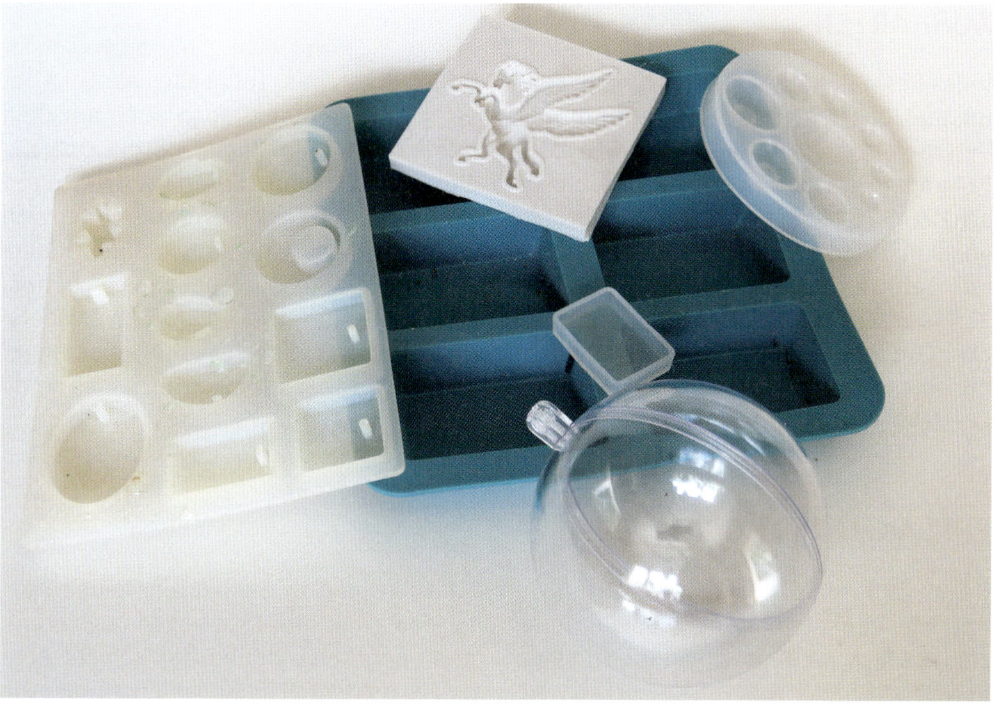

Verschiedene Gießformen

„DOMEN“ – WAS IST DAS UND WIE WIRD DAS GEMACHT?

„Domen“ heißt nichts anderes, als ein fertiges Teil nochmals mit einer dünnen Harzschicht zu überziehen.

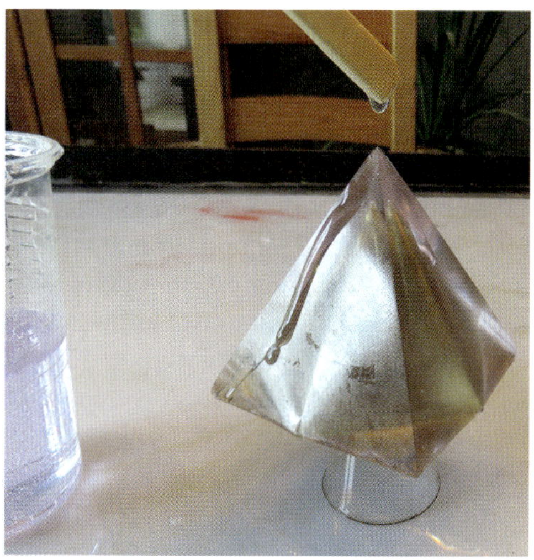

Vorsichtiges Domen einer Pyramide

AUSHÄRTEN

Jedes Resin benötigt eine bestimmte Zeit, um auszuhärten, diese Zeit steht in den Verarbeitungshinweisen, z. B. 24 Stunden. Falls man verabsäumt hat, auf die Uhr zu schauen, oder sich unsicher ist, kann man vorsichtig überprüfen, ob das Resin hart ist. Dafür kann man bei Silikonformen z. B. versuchen, diese zusammenzudrücken, oder bei offenen Gießformen leicht mit einem Zahnstocher auf die Oberfläche klopfen. Wenn nichts nachgibt und keine Dellen entstehen, sollte alles ausgehärtet sein. Natürlich kann man auch mit dem behandschuhten Finger auf die Oberfläche drücken, nur hinterläßt man dann ggf. einen unschönen Abdruck, der sich vielleicht nicht mehr zurückbildet. Kleine Dellen regulieren sich bei noch nicht ausgehärtetem Resin von alleine. Im Zweifelsfall lasse ich meinen Gießling eher länger in der Form aushärten, um auf der sicheren Seite zu sein.

EINE ANMERKUNG NOCH

Resin „schrumpft" beim Aushärten, je nach Resin mal mehr, mal weniger. Auch zieht es sich, wenn in einem Gießrahmen gearbeitet wird, etwas von den Ecken weg, was bei kleineren Projekten kaum auffällt, bei einer Tischplatte allerdings schon. Somit sollte man die Gießlinge nach dem Ausformen zwei, drei Tage liegen lassen und dann noch eine dünne Harzschicht über das jeweilige Teil gießen. Kleine Teile, wie Anhänger, kann man auch sofort domen.

RESIN SCHLEIFEN UND POLIEREN

Die fertigen Stücke können natürlich auch geschliffen werden, aber dabei werden sie natürlich milchig bzw. matt. Wenn man also schleifen möchte, dann auf jeden Fall in mehreren Schritten mit Schleifpapier in aufsteigender Körnung, geeignet sind auch Nagelfeilen in unterschiedlicher Körnung. Kleine, handliche Schleifsets gibt es von Körnung 1.500 bis hin zu 12.000 von der Firma Micro-Mesh. Anschließend kann man das Werkstück auch noch polieren, z. B. mit der Polierpaste „Rot-Weiß für Acryl- und Plexiglas".

Große, unebene Teile, wie z. B. Tischplatten, werden am besten mit einer Schleifmaschine geschliffen, auch da wieder in mehreren Schritten mit aufsteigender Körnung.

Als Abschluss würde ich dann nicht polieren, sondern stattdessen noch eine dünne Harzschicht auftragen.

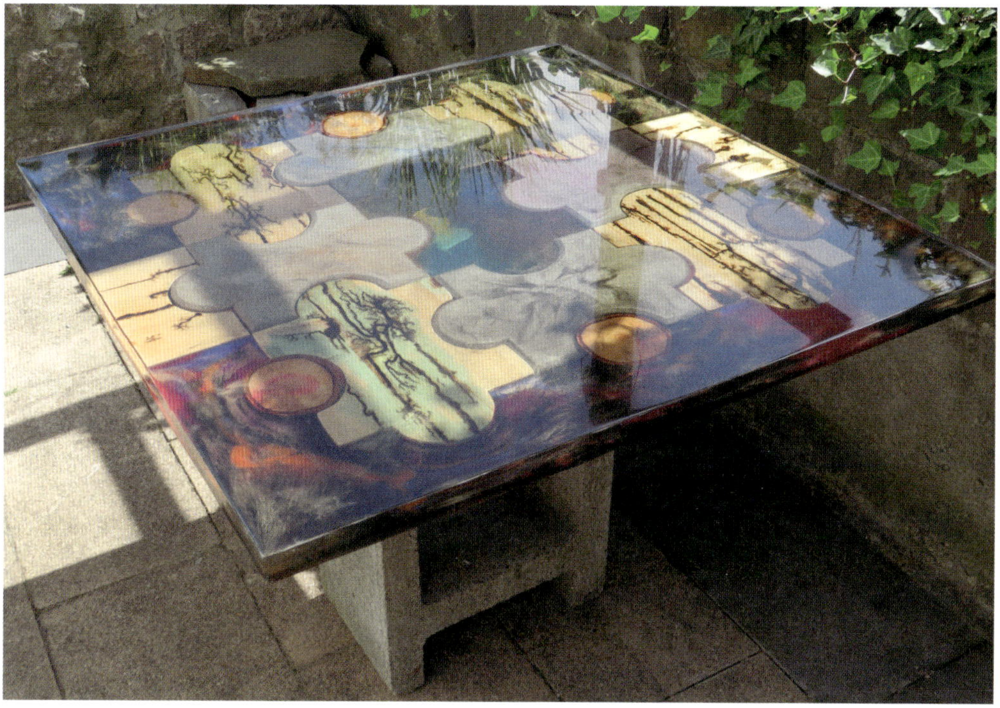

Tischplatte aus Resin, Holz und Beton

TRENNMITTEL

Für Formen können auch Trennmittel verwendet werden. Entweder sprüht man eine dünne Schicht Silikonspray in die Formen (das kann allerdings leichte Schlieren an der Oberfläche hinterlassen) oder verwendet Trennwachs.

RESIN UND OBERFLÄCHEN

Bei glatten Oberflächen, wie Plastik, Acrylplatten oder Ähnliches, das Harz unbedingt über den Rand laufen lassen, sonst könnte es sich ablösen, wenn Luft zwischen das Resin und die glatte Oberfläche kommt.

Bei rauen Oberflächen oder beschichteten Oberflächen, bei denen die Beschichtung mit dem Resin reagiert, zieht das Resin ein und ist nicht mehr lösbar.

SONSTIGE TIPPS

Wenn man „atmende" Flächen hat, entweder auf die man gießt oder die eingegossen werden, wie z. B. Holz, Leinwand, Kork oder auch Beton, muss man immer mit Luftblasen rechnen, da kann das Resin noch so gut sein. Diese Flächen oder Gegenstände geben Luft bzw. Luftbläschen ab, und je weiter das Resin im Härtevorgang ist, desto weniger kann diese Luft entweichen. Dem kann man entgegenwirken, indem die Teile und Flächen vor dem Gießen mit einer dünnen Schicht Resin vorbehandelt, also übergossen, werden, bei großen Holzteilen ist das natürlich schwierig, da würde dann nur noch ein Vakuumgerät helfen. Allerdings finde ich persönlich, dass bei manchen Werkstücken kleine Luftbläschen das Ergebnis noch interessanter machen, gerade z. B. bei Holz.

Auch Staub wird in unserem „Hobbybereich" immer ein Problem sein. Die meisten werden in einem separaten Raum gießen, manche auch im Wohnzimmer oder in der Küche – natürlich immer gut belüftet! Da bleibt es nicht aus, dass die Oberfläche beim Aushärten evtl. etwas Staub abbe-

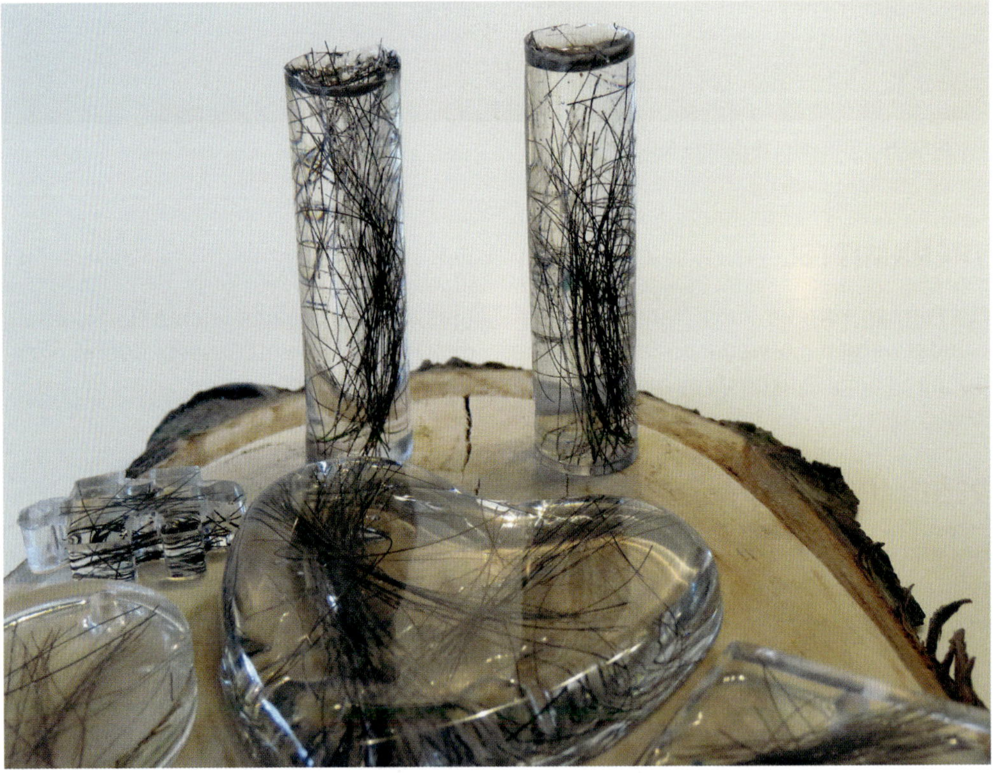

Pferdehaar in Resin

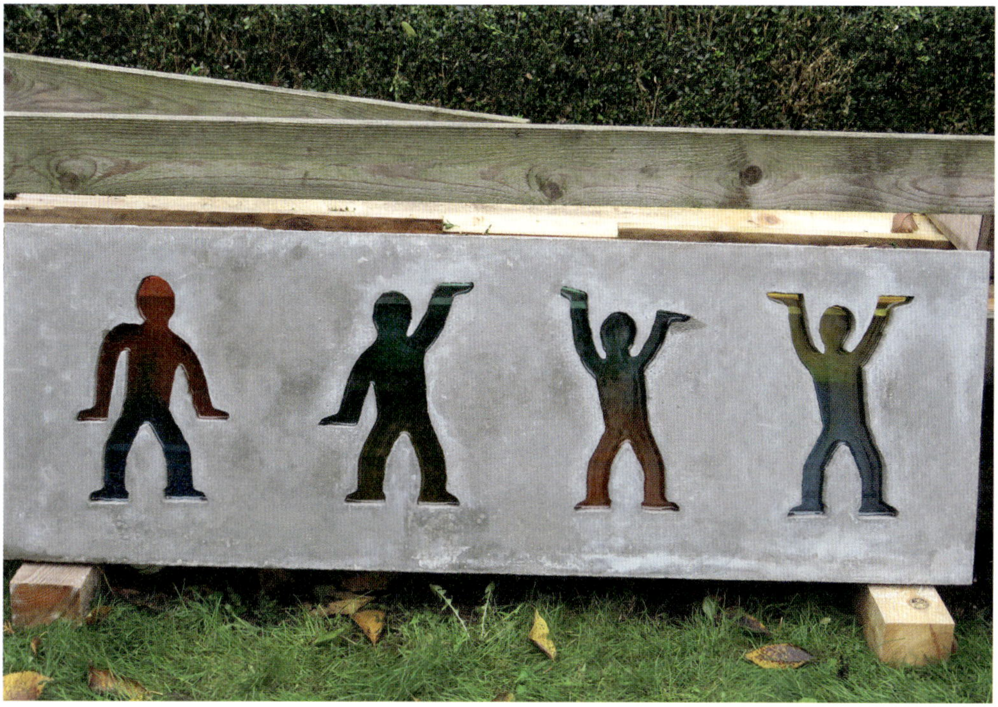

Tolle Deko aus Beton und Resin für den Garten

kommt, auch wenn man sich Abdeckkisten oder Ähnliches bereitstellt. Das ist dann eben so, es macht das Werkstück deshalb nicht schlechter.

Bei meiner Wanduhr z. B. hat sich während des Härtevorgangs einer meiner Hunde in unmittelbarer Nähe geschüttelt und natürlich sind ein paar Staubpartikel und Haare auf der Uhr und natürlich im schwarzen Bereich gelandet. Die Uhr sieht trotzdem toll aus.

Und dann gibt es noch diesen einen „Stippen", diese eine „Luftblase", die man während des Härtungsvorgangs immer und immer wieder sieht, mit dem Zahnstocher versucht, aufzulösen, und kaum dreht man sich um, ist sie wieder da. Egal, was man macht, diese besondere Luftblase setzt sich durch und ich habe noch keinen Grund und keine Erklärung für dieses Phänomen gefunden.

Entsorgung

Leere Behälter, in denen noch Harz- oder Härterreste sind, gehören zum Sondermüll, da sollte man bei der jeweils zuständigen Gemeinde nachfragen, wie und wo dieser entsorgt werden kann.

Ausgehärtete Teile gehören in den Restmüll.

So, genug der Theorie und der ganzen Erklärungen – starten wir einfach mal mit den Projekten!

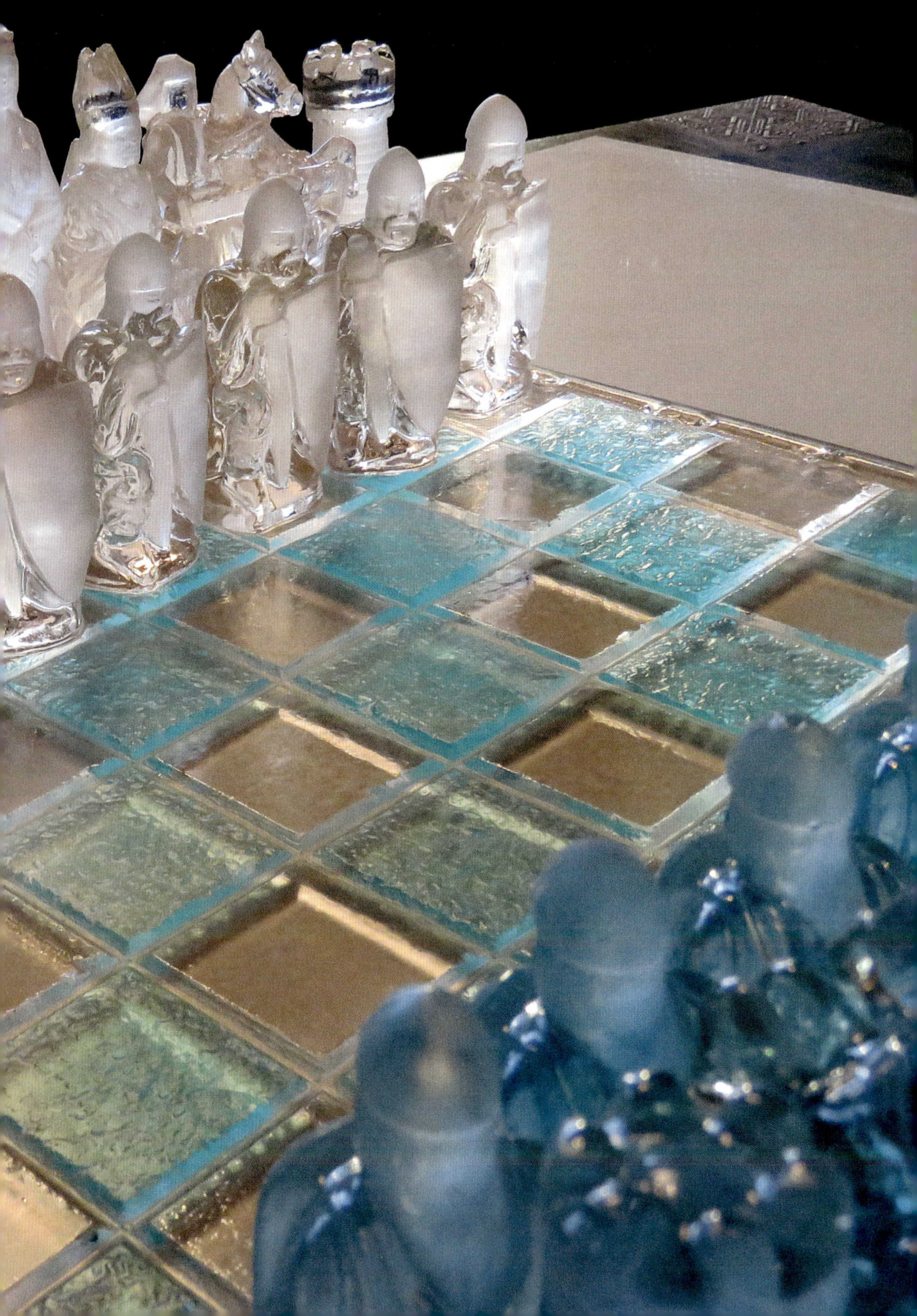

SCHMUCK GIESSEN

Wer mit dem Resingießen startet, hat meist als erstes Schmuck, Schlüsselanhänger oder kleine Dekosachen, wie Briefbeschwerer, im Sinn, um so den Umgang mit Resin in kleinen Mengen kennenzulernen.

Schmuckstücke und/oder Schlüsselanhänger können immer gebraucht werden und sie sind einfach zu machen, der Fantasie sind keine Grenzen gesetzt. Entweder kauft man sich fertige Schmuckformen, in die gegossen wird oder die „zweckentfremdet“ werden, wie z. B. kleine Silikonformen zum Backen, oder man formt sich vorhandenen Schmuck oder kleine Formen mit Silikon selbst ab.

Fertige Gießformen kann man meist nur über das Internet beziehen, bekannte

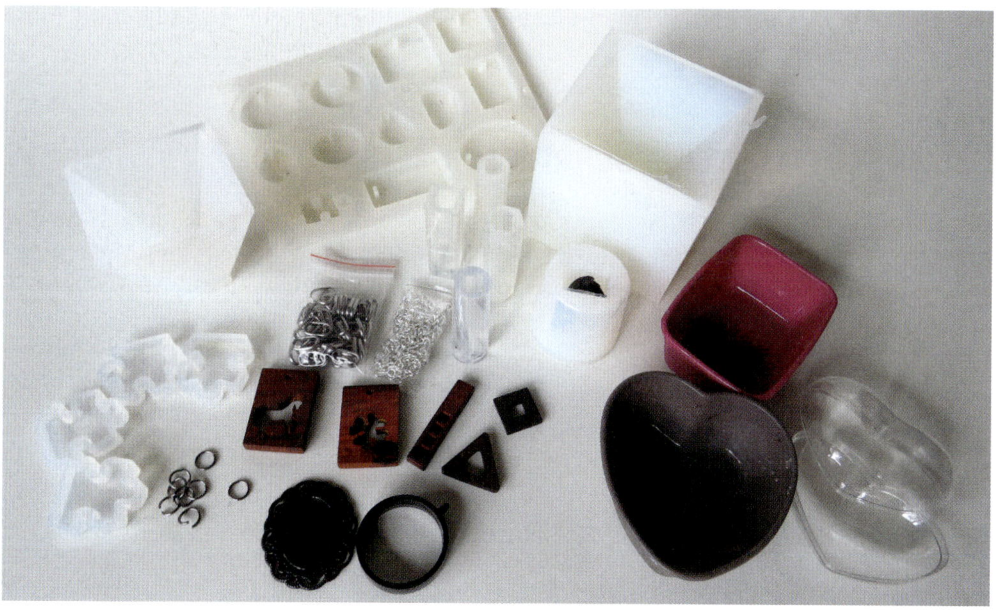

Auf dem Foto sind einige Beispiele an Gießformen zu sehen.

Shops sind z. B. Amazon, doreenbeads.com, eBay, aliexpress und viele andere.

Die auf zwei Seiten offenen Gießformen werden auf der Rückseite mit transparentem Paketband verschlossen – sonst würde das Resin herauslaufen. Das Paketband lässt sich nach dem Aushärten einfach wieder abziehen.

Um Schmuck zu gießen, ist es am besten, sich gleich mehrere Formen zurechtzulegen, damit sich das Anrühren vom Resin auch „lohnt". Man muss nicht gleich 155 g anrühren, was bei dem von mir verwendeten Resin die optimale Menge ist, aber so zwischen 31 g und 62 g sollten es schon sein. Kleine Mengen kann man in einem Plastik „Schnapsgläschen" anrühren oder auch in Silikonbechern, ich persönlich rühre dann lieber im Silikonbecher an, da er wiederverwendbar ist. Nach dem Aushärten der Reste im Becher kann man diese einfach rausholen.

Um die kleinen Schmuckformen zu füllen und um kleine Teile zu platzieren oder zu verschieben, ist es am besten, mit Zahnstochern, Finger-Food-Spießen oder Schaschlik-Spießen zu arbeiten. Das Resin dann vom Zahnstocher oder mit dem breiten Ende von Finger-Food-Spießen in die Form tropfen lassen. Zum Gießen aus einem Becher sind die Formen meist zu klein.

Wenn Teile im Resin eingegossen werden sollen, dann bitte erst eine ganz dünne Schicht Resin eingießen, trocknen lassen, dann das einzugießende Teil platzieren, wieder nur eine dünne Schicht Resin gießen, sodass dieses Teil bedeckt bzw. fixiert ist, und trocknen lassen. Dann die restliche Form mit Resin auffüllen.

Würde man sofort die Form auffüllen, würde das einzugießende Teil hochschwimmen und nicht am gewünschten Platz bleiben.

DAS ERSTE GIESSTEIL – SCHRITT FÜR SCHRITT

Das Prinzip ist immer gleich, egal wie groß oder klein das zu gießende Werkstück ist. Neben der schon erläuterten Grundausstattung benötigt man außerdem: Geduld, Geduld, Geduld.

Im Folgenden beschreibe ich meine Arbeitsweise.

Vorbereitung

Fenster öffnen und alle benötigten Teile, wie Harz, Waage, Form etc., auf dem geschützten Arbeitsplatz zurechtstellen. Nun ausrechnen, wie viel Resin insgesamt benötigt wird, aufgeteilt in Gramm Harz und Gramm Härter, auf Basis des Mischungsverhältnisses.

> **Als Beispiel: Das Mischungsverhältnis beim SKresin 3220 ist 100 g Harz zu 55 g Härter = gesamt 155 g Resin. Wird weniger Resin benötigt, muss umgerechnet werden.**
>
> **100 g/5 = 20 g Harz + 55 g/5 = 11 g Härter › ergeben insgesamt 31 g Resin**

Mundschutz und Handschuhe anziehen.

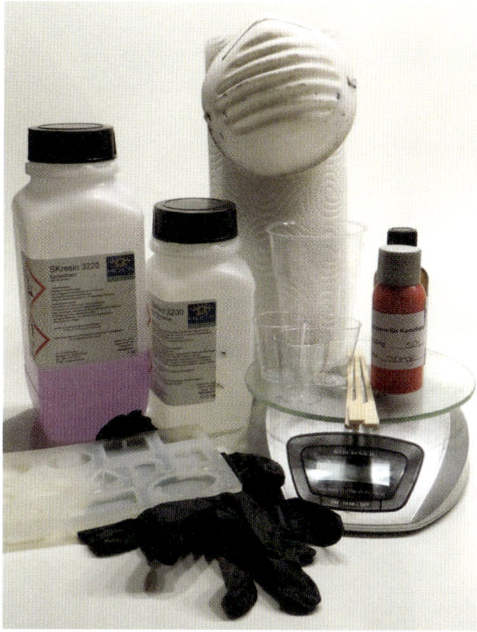

Grundausstattung

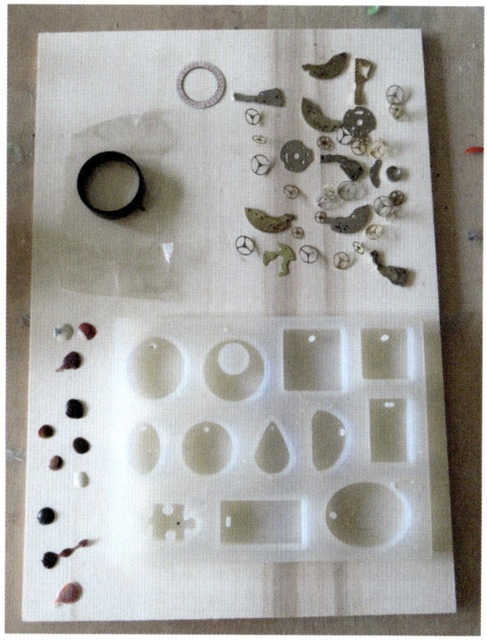

Versch. Gießformen und Steampunk-Zubehör

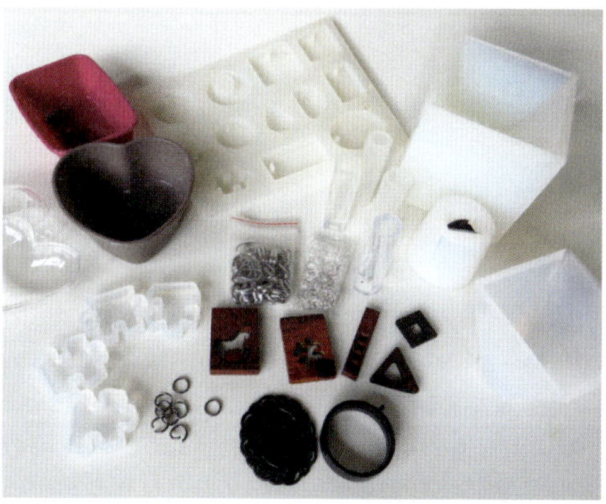

Verschiedene Gießformen

Einen Plastikbecher oder Silikonbecher auf die digitale Feinwaage stellen und diese einschalten. Je nachdem, welche Waage Sie benutzen, müssen Sie evtl. die Taste „Tara“ drücken, damit die Anzeige auf „Null“ steht.

Mischen

Die gewünschte/benötigte Menge Harz in den Becher gießen, falls das Harz eingefärbt werden soll, nun die Farbe in das Harz rühren.

Die Waage mit der Tarataste wieder auf „Null“ stellen, dabei den Becher mit dem Harz auf der Waage stehen lassen. Die benötigte Menge Härter zu dem Harz hinzugießen und dann ca. 3–5 Minuten lang gründlich rühren. Es dürfen keine Schlieren mehr zu sehen sein.

Nach dem Rühren das Resin nochmals 4–5 Minuten stehen lassen, damit vorhandene Luftblasen aufsteigen können.

Gießen

Nun kann das Resin in die bereitgestellte Form oder die Formen gegossen werden. Dazu das Resin langsam in die Form lau-

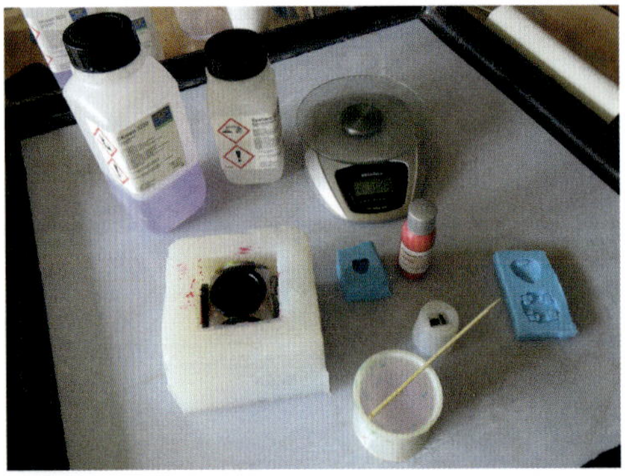

Verschiedene Sachen in Arbeit

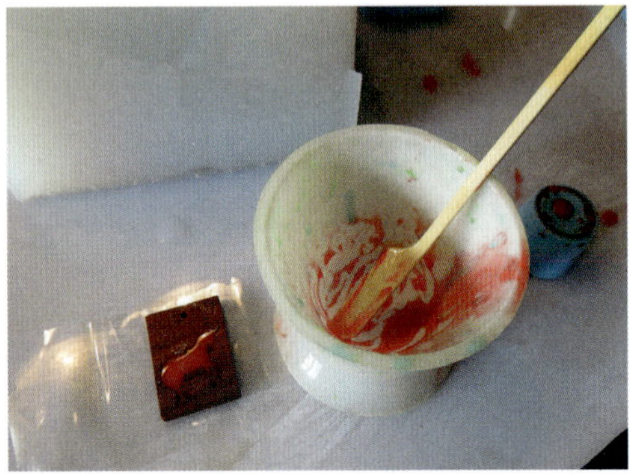

Farbiges Resin, im Silikonbecher angerührt

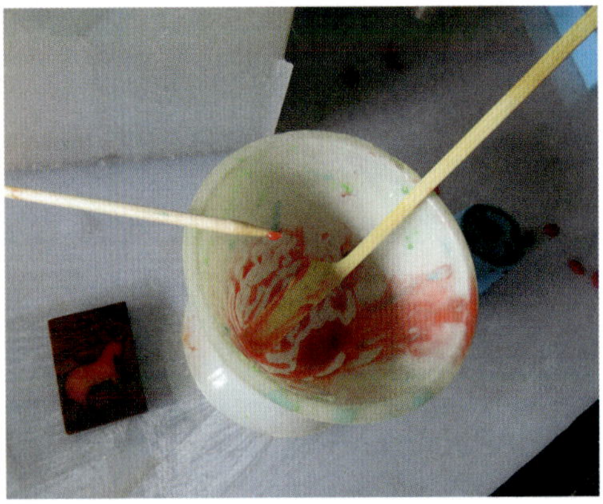

Die Farbe mit einem Zahnstocher in die Form eintropfen lassen

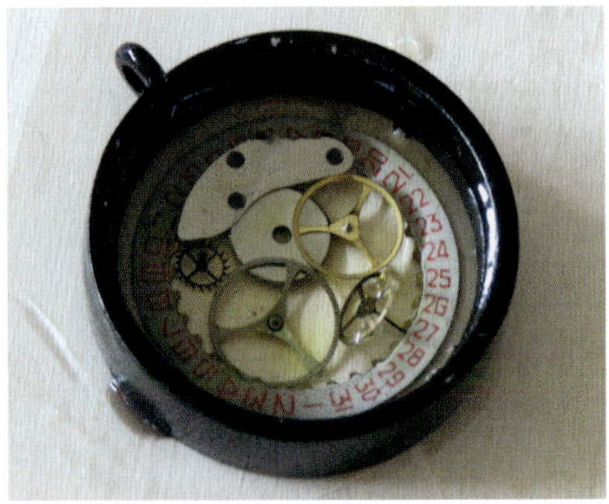

Offener Lünettenanhänger mit Steampunk-Teilen

fen lassen oder bei sehr kleinen Arbeiten das Resin von einem Holzspieß oder einem Zahnstocher in die Form tropfen lassen.

Hat man so genannte „offene Lünetten", also Anhänger, die ein offener Ring sind, wird die Rückseite mit Paketband abgeklebt, damit das Resin nicht herauslaufen kann.

Soll etwas in eine Anhängerform eingegossen werden, wie hier z. B. so genannte „Steampunk"-Teile (diese kleinen Zahnräder, Metallteile etc.) oder Tierhaar, Krallen, Sticker, Kaffeebohnen usw., dann zuerst eine kleine Schicht Resin in die noch leere Form eingießen und diese aushärten lassen. Das SKresin 3220 lasse ich meistens 8–12 Stunden stehen.

Dann die einzugießenden Teile auf die Resinschicht legen, mit einer Pinzette ausrichten/verschieben und dann eine dünne Schicht Resin darübergießen und diese wieder aushärten lassen, auch hier 8–12 Stunden beim SKresin 3220.

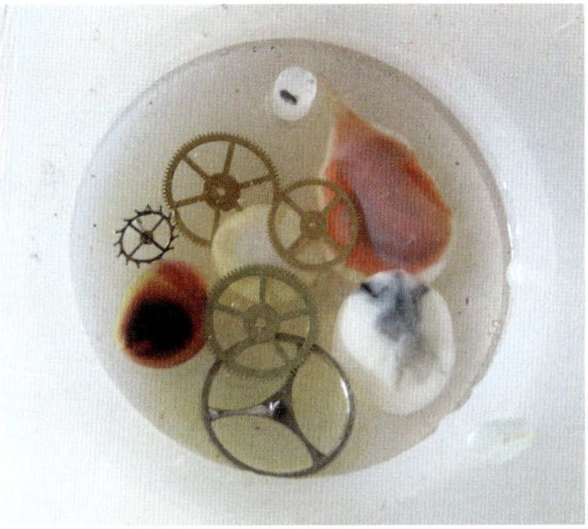

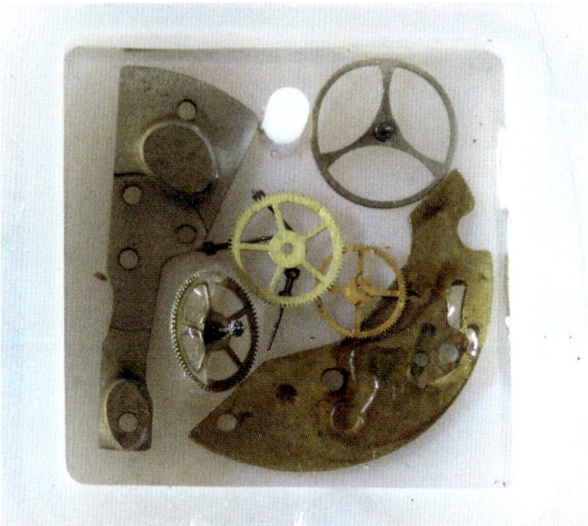

Zwei Anhänger, in eine Silikonform gegossen

Zum Schluss die letzte Schicht Resin eingießen, alles aushärten lassen und zum Schluss ausformen, beim SKresin 3220 z. B. nach 24 Stunden.

Würde man die Teile gleich ins Resin geben, würden sie an die Oberfläche hochschwimmen, deshalb ist das Gießen in Schichten die beste Methode, die einzugießenden Teile an ihrem Platz zu halten.

Nachdem die Teile ausgeformt worden sind, müssen ggf. die Ränder noch ein wenig begradigt werden, das klappt gut mit einem scharfen Teppichmesser. Je nach Wunsch können die Teile dann direkt zu Anhängern, Ohrringen etc. weiterverarbeitet werden oder vor der Weiterverarbeitung nochmal mit einer dünnen Schicht Resin überzogen werden.

Da es eine große Vielzahl an Möglichkeiten gibt, kann ich nur empfehlen, selbst zu testen und auszuprobieren.

Das Zubehör, um Schmuck herzustellen, wie Biegeringe, Ohrring-Rohlinge, Armreifen, Ketten usw., bekommt man u. a. in Bastelläden oder in entsprechenden Onlineshops.

Sollte die verwendete Gießform keine Öffnung für einen Biegering oder eine Öse haben, kann diese Öffnung nach dem Aushärten in den Gießling gebohrt werden. Dazu benötigt man dann einen Dremel und einen dünnen Bohrer, um das benötigte Loch zu bohren.

Die folgenden Fotos zeigen ein paar Beispiele, was alles in Resin eingegossen werden kann. Alle verwendeten Gießformen sind gekaufte Schmuck-Gießformen.

Verwendet habe ich das SKresin 3220.

Eingegossen wurden Kaffeebohnen, Holz, Tierhaar vom Pferd und vom Hund, Hundekrallen und Steampunk-Teile.

Alle Teile, die eingegossen wurden, waren trocken und sauber. Das Tierhaar ist nicht speziell behandelt.

Wie zuvor beschrieben, wurden alle Schmuckstücke in Schichten gegossen. Die eingegossenen Objekte habe ich mit einer Pinzette im noch flüssigen Resin platziert.

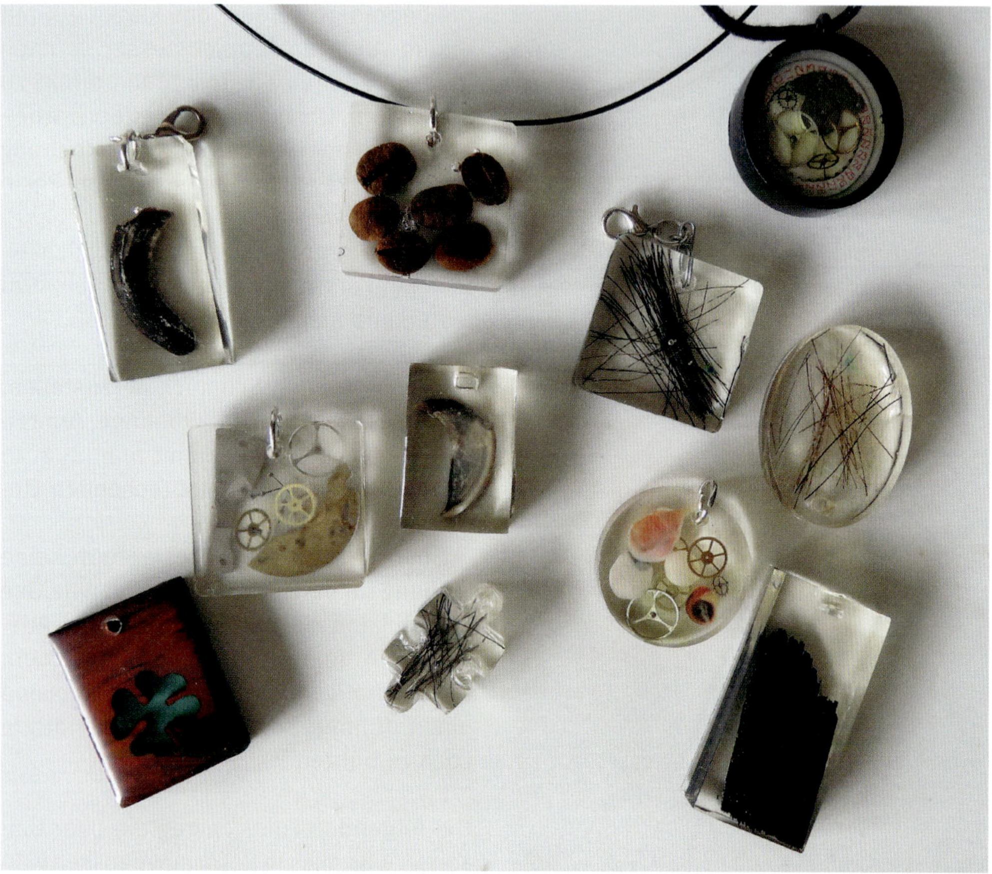

Verschiedene Anhänger

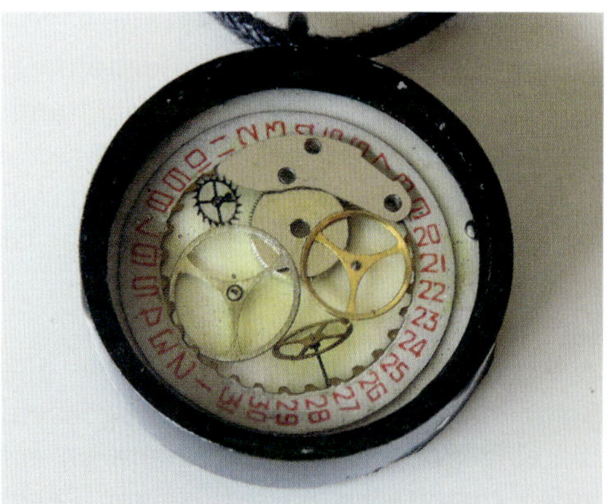

Steampunk in Lünette

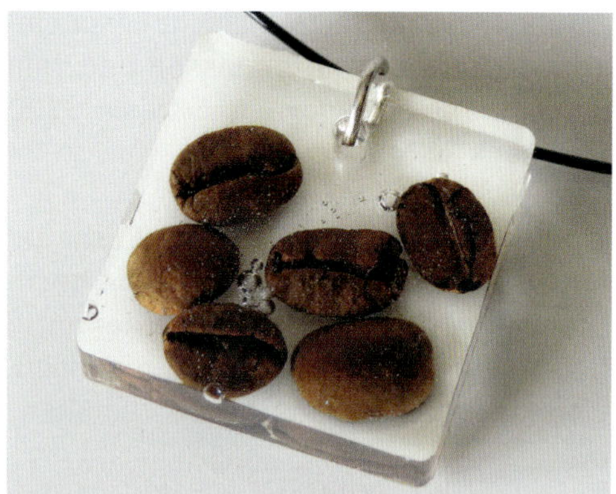

Kaffeebohnen in klarem Resin

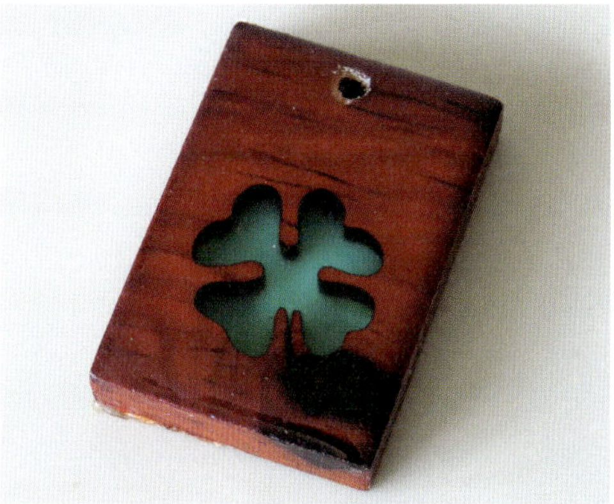

Grünes Resin, in Holz getropft

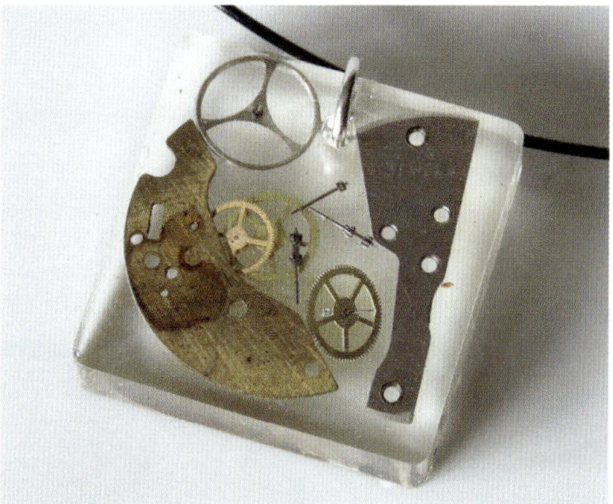

Steampunk in klarem Resin

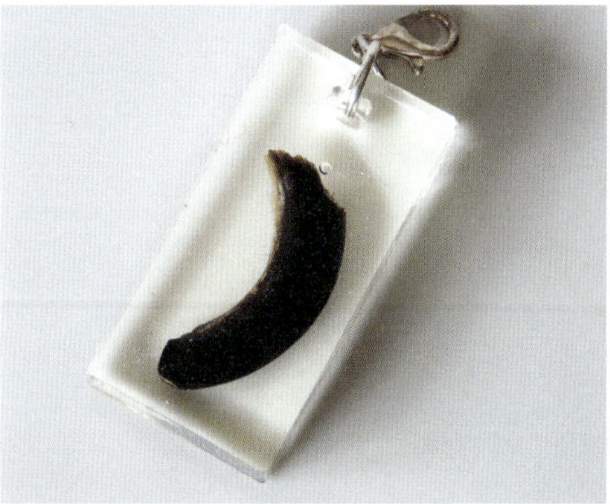

Hundekralle in klarem Resin

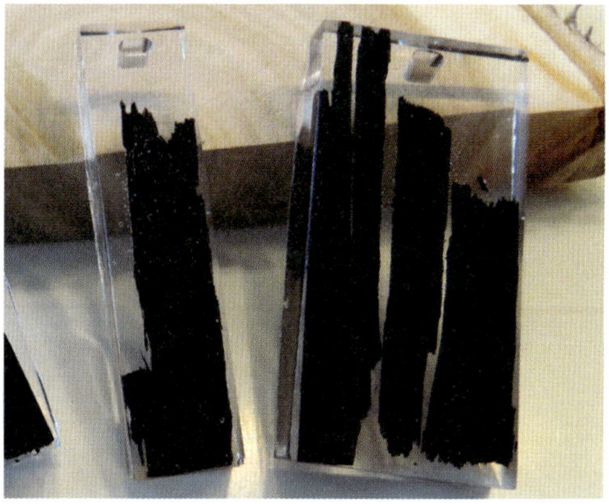

Ebenholz in klarem Resin

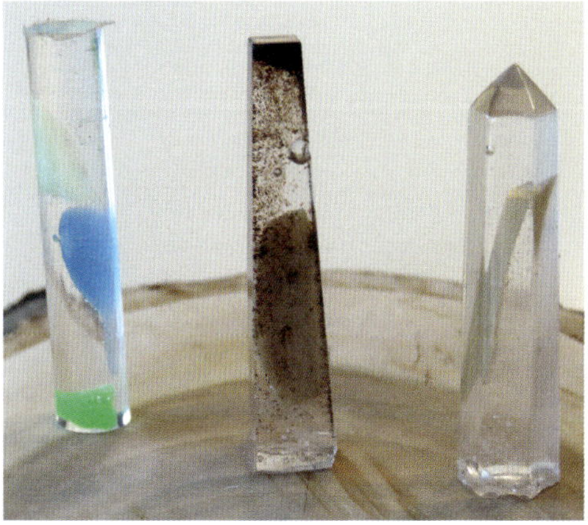

Farbtropfen, Sägemehl und Holzstückchen in klarem Resin

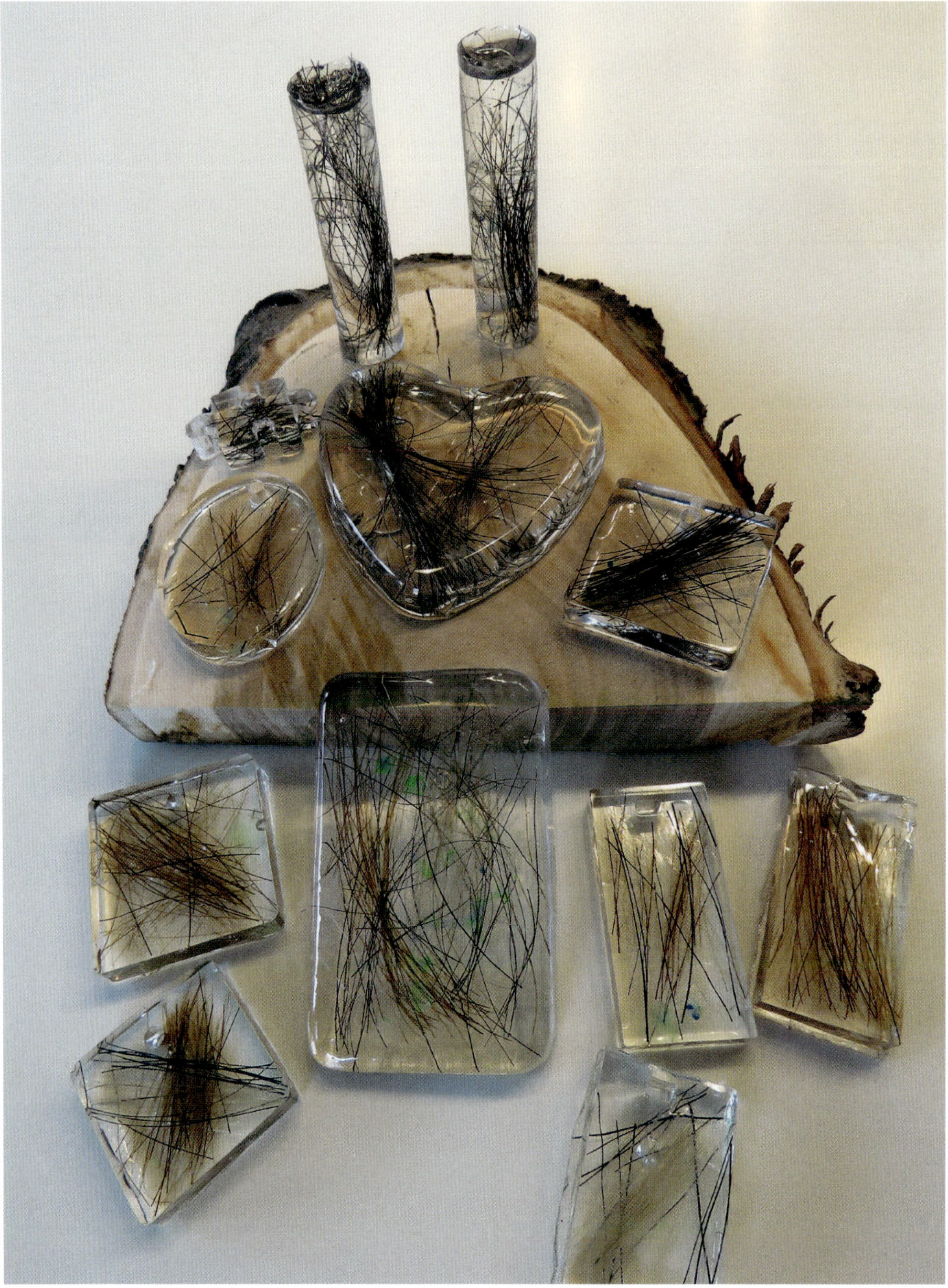

Pferdehaar in klarem Resin, verschiedene Formen

ABFORMEN MIT SILIKON

Gießformen kann man auch problemlos selbst herstellen, dazu benötigt man so genanntes Abformsilikon. Wie beim Resin gibt es auch beim Abformsilikon verschiedene Hersteller und so, wie jeder „sein“ Resin findet, wird jeder „seinen“ bevorzugten Hersteller von Abformsilikon finden. Ich persönlich arbeite am liebsten mit dem Silikon Wagnersil, das farblos oder in Pink erhältlich ist, oder mit dem blauen Silikon von harzspezi.de

Das Abformsilikon besteht immer aus 2 Komponenten, die 1 : 1 miteinander verrührt werden.

Was benötigt man:

- einen abzuformenden Gegenstand, z. B. ein Schmuckstück, einen Deko-Gegenstand oder ein Windlicht
- einen Behälter, der größer ist als der abzuformende Gegenstand, in dem das Teil abgeformt wird.
- Kleber oder doppelseitiges Klebeband
- einen Behälter zum Anrühren des Silikons
- einen Löffel zum Rühren
- eine Waage, um die Komponenten abzuwiegen.

Das abzuformende Teil in den Behälter legen und auf dem Boden ankleben. Das Teil wird vollständig übergossen und die angeklebte Seite ist hinterher die Öffnung, in die das Resin gegossen wird. Der Gegenstand steht somit beim Resingießen auf dem Kopf!

WICHTIG! Oberfläche

So, wie die Oberfläche des abzuformenden Teils ist (matt, glänzend, rau), so wird auch die Form.

Das Silikon anrühren und die Teile übergießen (das Silikon lässt sich rückstandslos

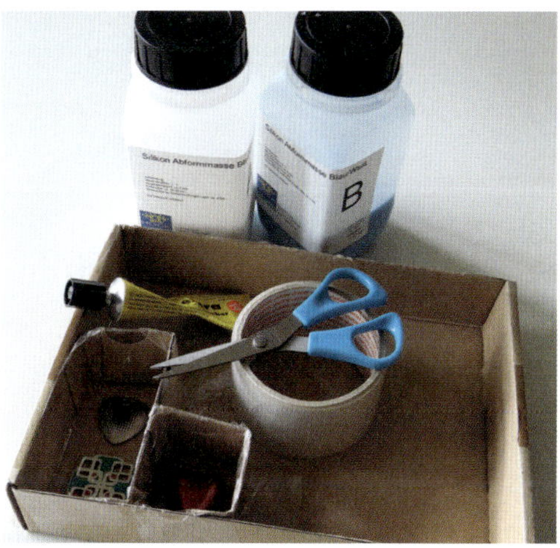

Selbstgemachte Formen aus ...

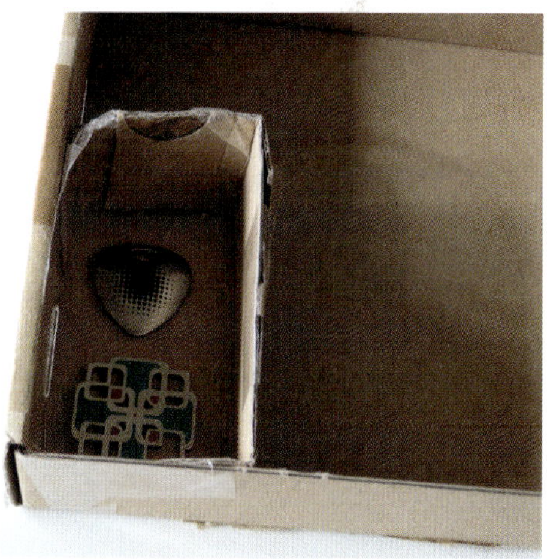

... Pappe zum Abformen mit Silikon

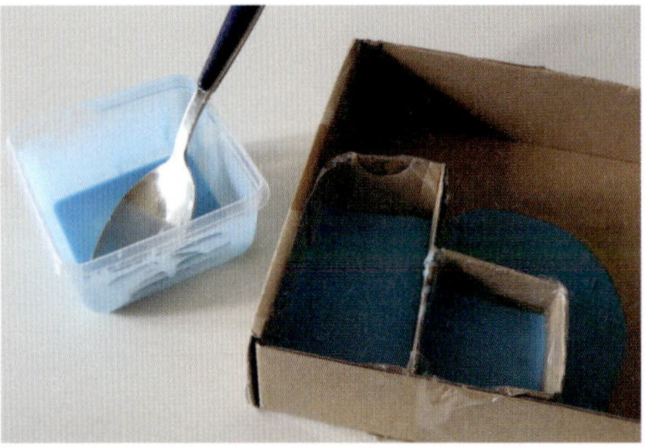

Das angemischte Silikon einfüllen und härten lassen.

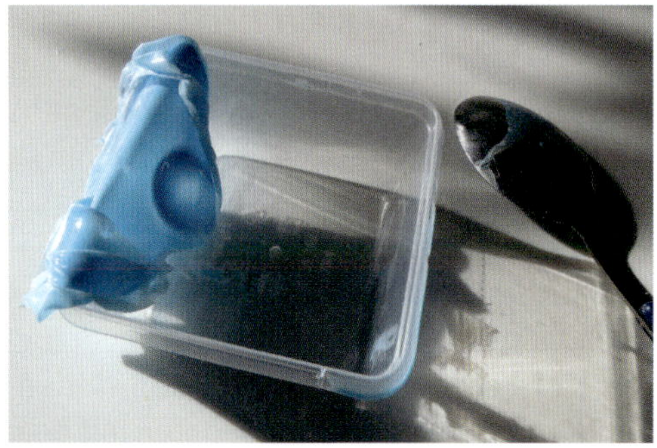

Das Silikon lässt sich rückstandslos entfernen.

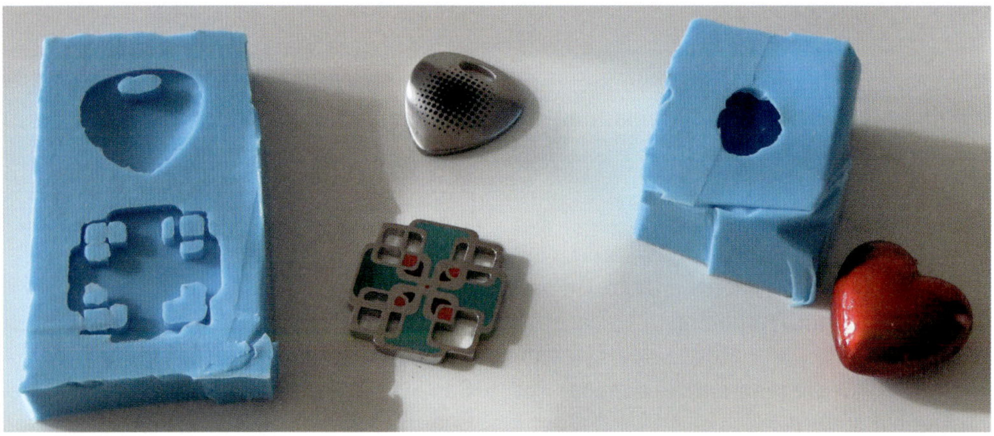

Ausgeformte Schmuckstücke mit fertiger Silikongießform

vom Behälter, vom Gegenstand und vom Löffel entfernen).

Das Silikon nach Herstellerangaben aushärten lassen und dann die Teile aus dem Silikon entfernen.

Um größere Teile aus dem Silikon zu bekommen, muss man den Silikonblock meistens aufschneiden. Das ist problemlos möglich, da zum Resingießen dann einfach Paketband oder Gummis um die Form gewickelt werden, sodass die Schnittkanten fest aufeinanderliegen und nichts herausläuft.

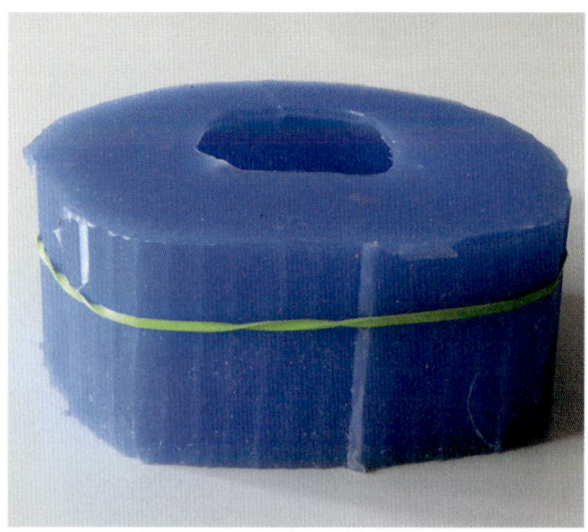

Abformbeispiel für größere Teile mit Wagnersil

TIPP! Abformen von Gegenständen

> **Den abzuformenden Gegenstand bitte unbedingt mit Kleber am Boden der Form ankleben, da er sonst hochschwimmt. Dies empfiehlt sich auch bei schwereren Gegenständen. So hat sich mal eine Glasflasche, die ich abformen wollte, im Silikon sogar gedreht, da sie nicht fixiert war.**

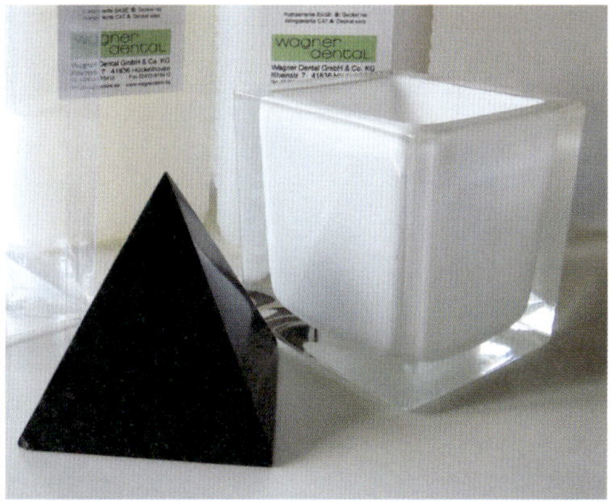

Ein Windlicht und eine Pyramide zum Abformen

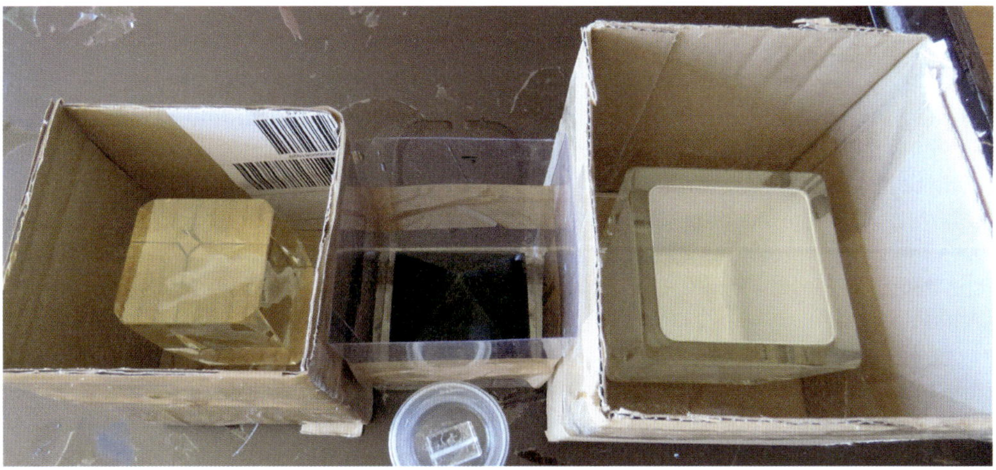

Abzuformende Teile in passende Behälter geben und am Boden fixieren.

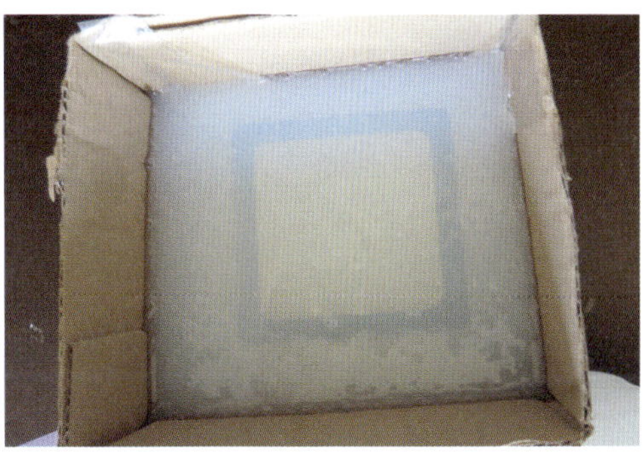

Gegenstand vollständig mit Silikon übergießen.

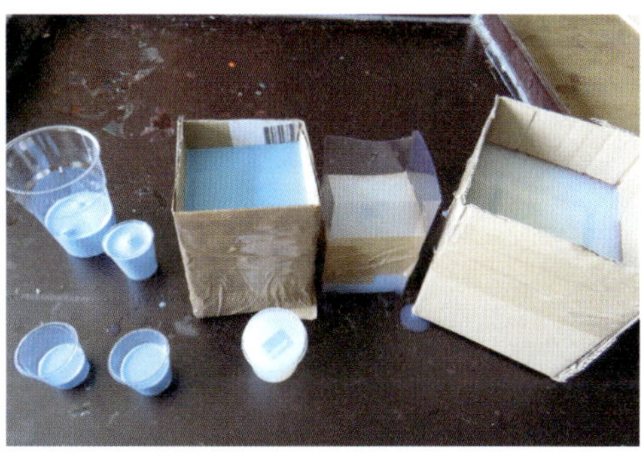

Silikon aushärten lassen.

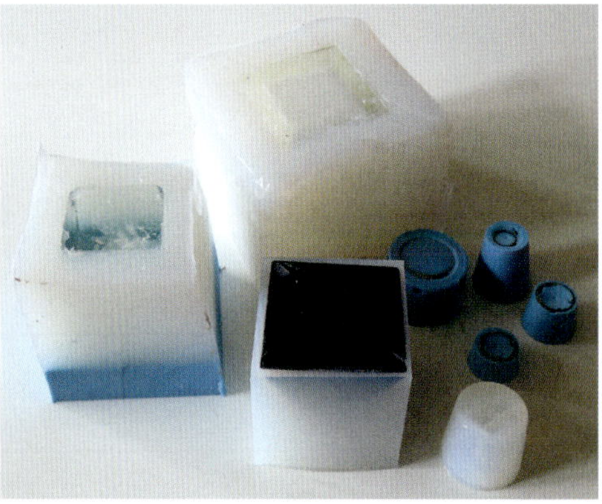

Das Behältnis entfernen und …

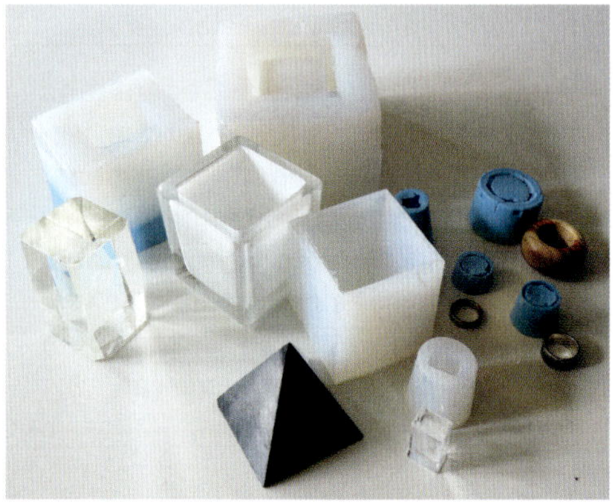

… die Objekte herausnehmen.

DEKO-PYRAMIDEN MIT PUSTEBLUME

Ich mag Pyramiden sehr gerne und eine Pyramide mit einer eingeschlossenen Pusteblume ist eine tolle Dekoration für jeden Wohnraum. Die Gießformen für Pyramiden kann man in Onlineshops bestellen oder, falls man eine Pyramide zuhause hat, auch selbst abformen.

Hier habe ich eine gekaufte Pyramiden-Gießform und das SKresin 3220 sowie eine Pusteblume verwendet.

Die Gießform, ihr Boden ist die Gießöffnung, die Pyramide steht also beim Gießen auf dem Kopf.

Die Pusteblume kommt direkt aus dem Garten, den Stiel lasse ich erstmal dran.

Das Resin anrühren und langsam in die Pyramide hineingießen.

Die Pusteblume kopfüber langsam in das Resin eintauchen.

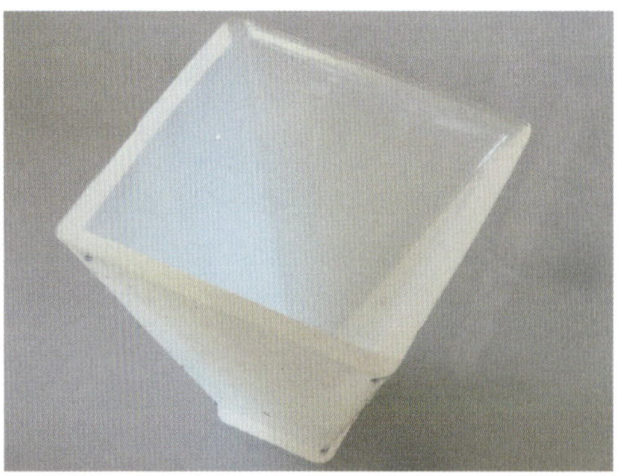

Die Pyramiden-Silikonform

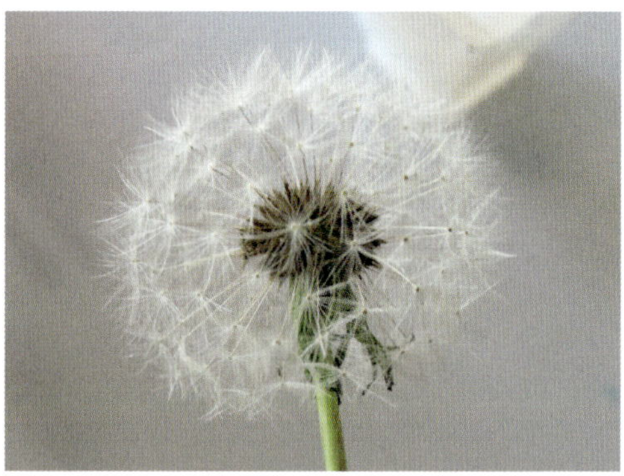

Die einzugießende Pusteblume

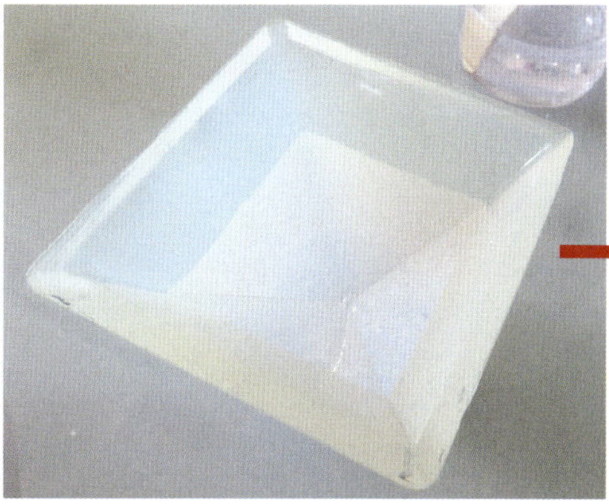

Das Resin in die Form gießen.

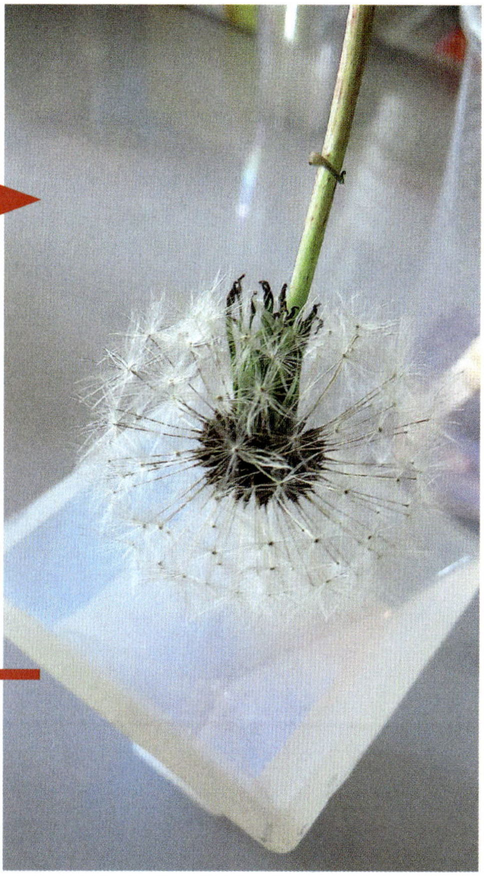

Die Pusteblume kopfüber eintauchen.

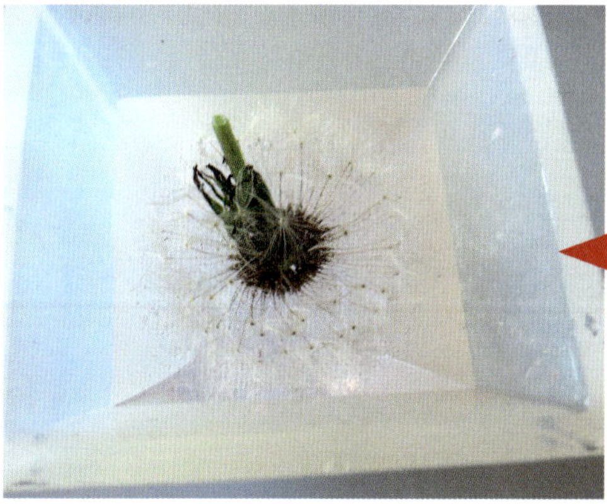

Die Pusteblume „schwebt“ im Resin.

Den Stiel kürzen, sodass er nicht mehr aus der Pyramide herausragt.

Man sieht, dass die Pusteblume in dem Resin „schwebt“ und sich die einzelnen Pollen beim Eintauchen nicht gelöst haben.

Wenn nötig, vorsichtig noch ein wenig Resin auffüllen, aber die Form nicht ganz füllen, um noch Platz für eine Farbschicht zu haben.

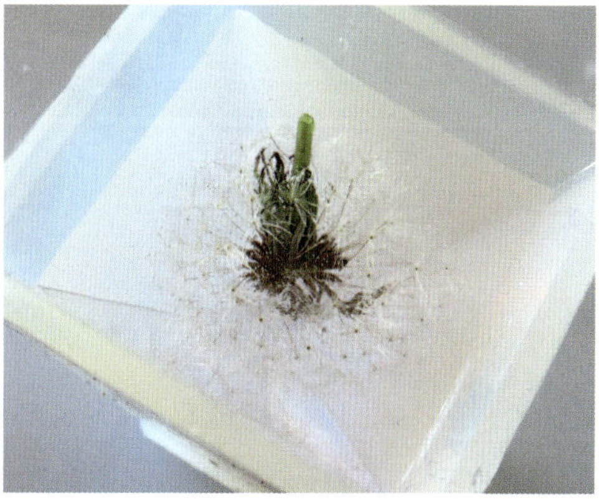

Der Stiel ist gekürzt und etwas Resin wird noch aufgefüllt.

Von der Seite sieht man gut, wie hoch ich das klare Resin eingegossen habe. Der Rest der Pyramide wird mit schwarz eingefärbtem Resin aufgefüllt, sobald die klare Schicht ausgehärtet ist, hier habe ich 12 Stunden gewartet und dann die schwarze Schicht gegossen.

Wenn auch die letzte Schicht ausgehärtet ist, kann die Pyramide ausgeformt werden. Ich forme das SKresin 3220 nach 24 Stunden aus.

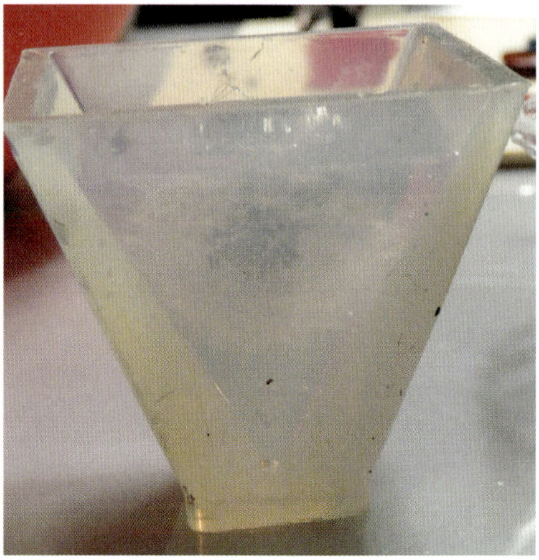

Die noch fehlende Schicht Resin mit schwarzem Resin auffüllen.

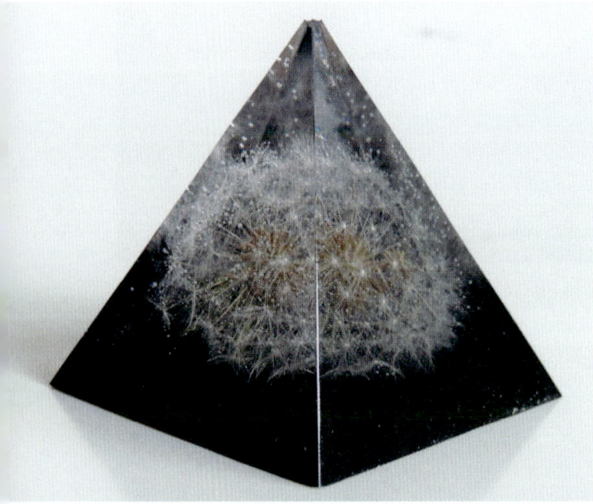

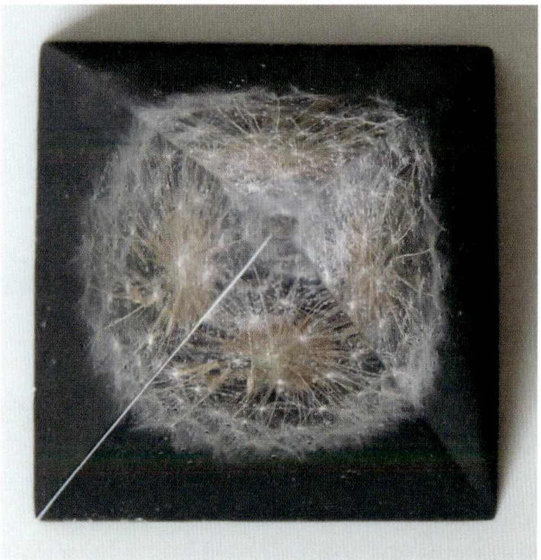

Fertige Pyramide mit Pusteblume

EIN WEITERES BEISPIEL FÜR EINE PUSTEBLUMEN-PYRAMIDE

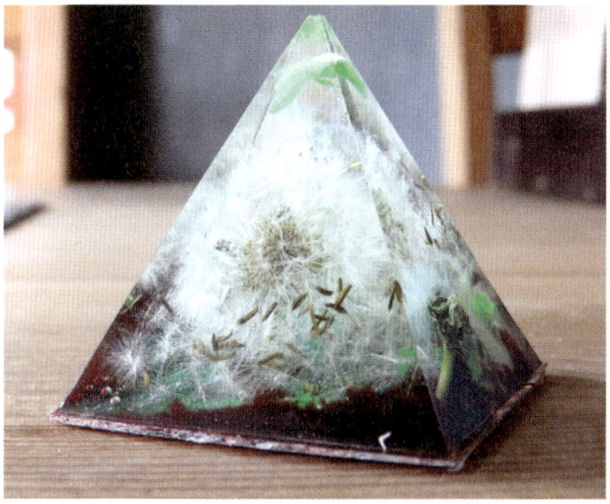

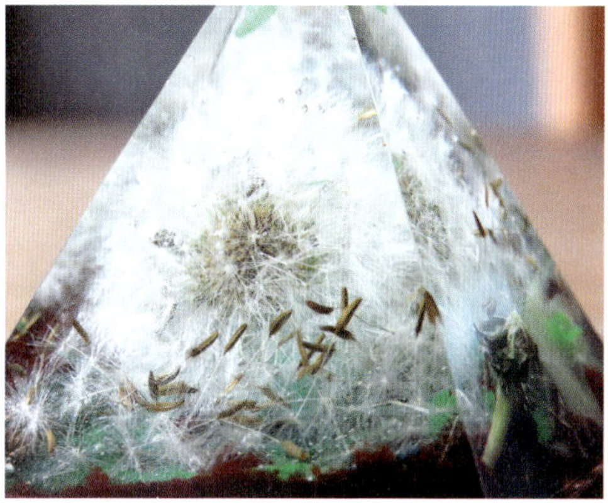

WEITERE PYRAMIDEN ALS FARBIGE DEKO

Die folgenden Pyramiden sind – bis auf die mit den Kaffeebohnen und dem getrockneten Zweig – alle aus Resinresten entstanden. Immer wenn ich etwas zu viel angerührt habe, habe ich die Reste in die Pyramidenformen gegossen.

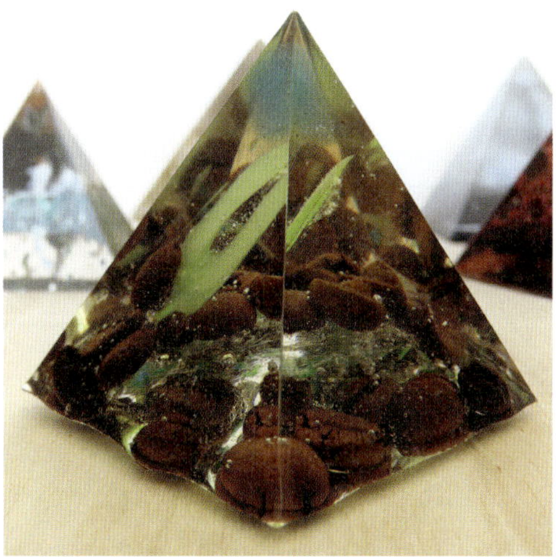

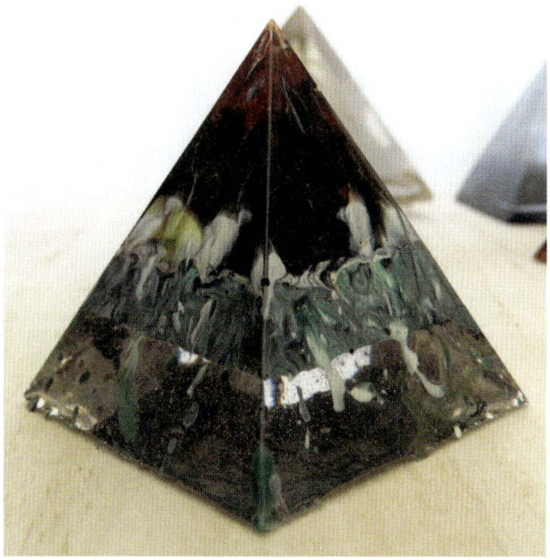

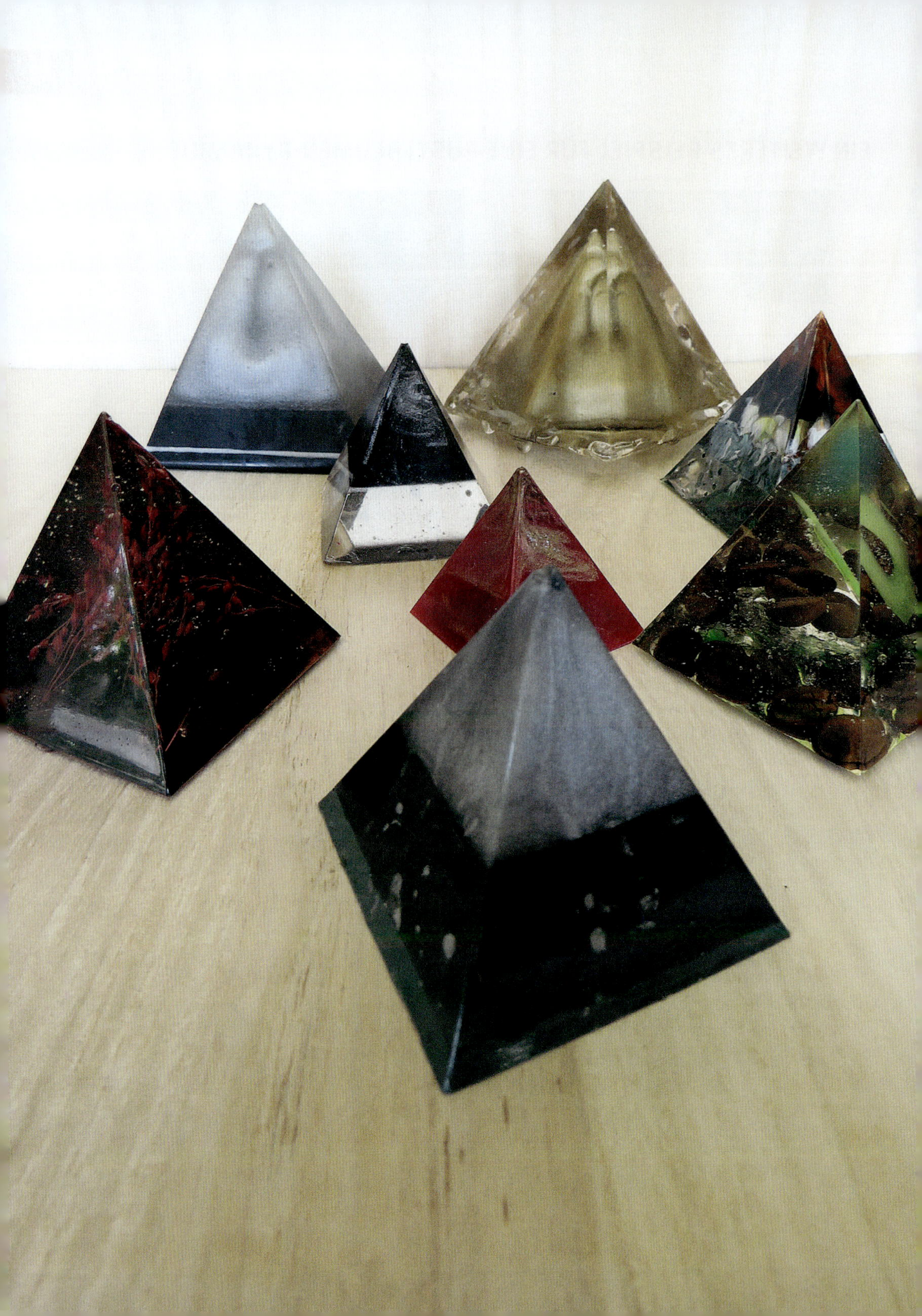

WINDLICHTER

Windlichter sind immer eine tolle Deko, sowohl für den Innenraum als auch für die Terrasse. Ich habe ein vorhandenes Windlicht mit farblosem Silikon von Wagnersil abgeformt, um mir mehrere individuelle Windlichter gestalten zu können. In den Windlichtern verwende ich elektrische Teelichter. Das SKresin 3220 ist zwar bis ca. 60 Grad Celsius hitzefest, aber ich gehe lieber auf Nummer sicher und verwende elektrische Teelichter, nicht dass die Resinoberfläche doch von der durch eine Kerze entstehenden Hitze angegriffen wird.

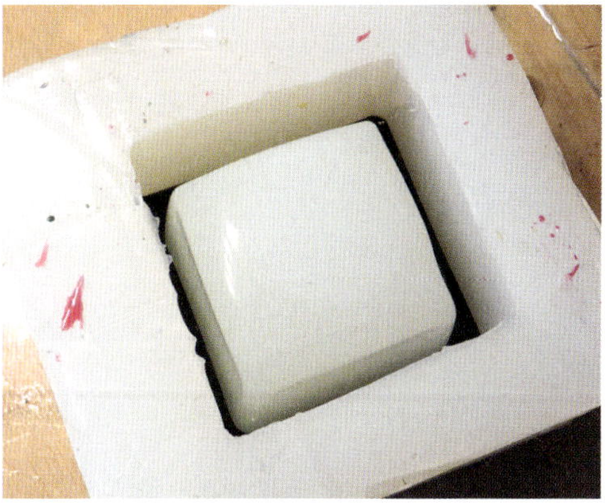

Gießform für ein Windlicht

Verwendet habe ich wieder das SKresin 3220, die Farben sind deckende Farbpasten und transparente Flüssigfarben vom gleichen Hersteller.

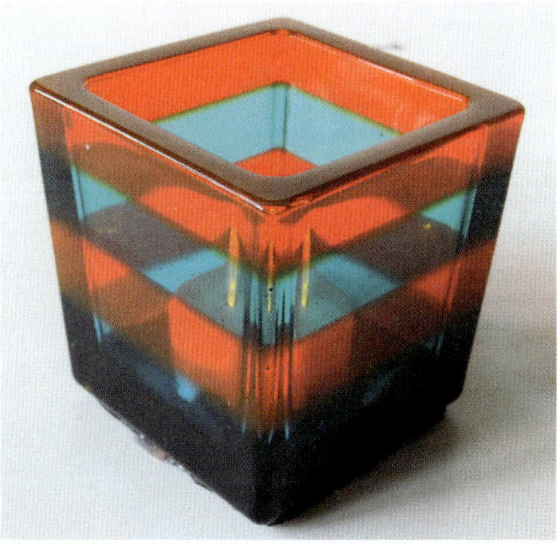

Fertiges Windlicht

Beim Gießen bitte daran denken, dass die Teile in der Form auf dem Kopf stehen! Die Öffnung ist somit der Boden!

Die einfachste Variante, das erste Windlicht zu gießen, ist mit verschiedenen Farbstreifen zu arbeiten. Schicht für Schicht wird das Windlicht in unterschiedlichen Farben gegossen. Dazu lässt man jede Farbschicht aushärten (24 Stunden bei

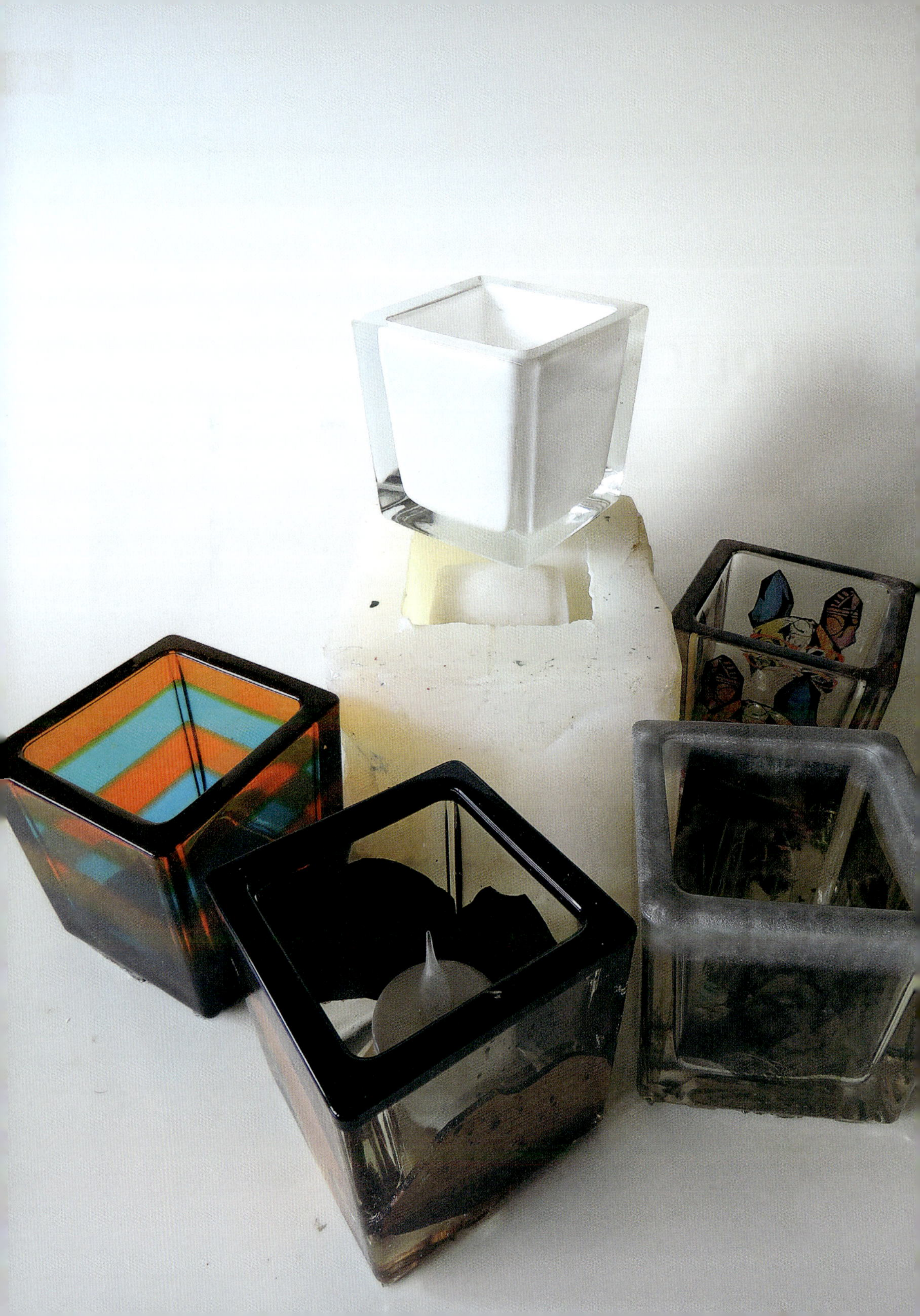

SKresin 3220), bevor man die nächste eingießt. Alternativ könnte man die Farben ineinanderfließen lassen, dann bekommt man ein nicht planbares Farbergebnis.

FOTOS EINGIESSEN

Natürlich kann man auch Fotos eingießen, dafür werden die Fotos entweder auf Fotopapier oder Overheadfolie ausgedruckt. Ich selbst habe gute Erfahrungen mit dem HP Premium Plus Foto Papier, glossy, 280 g/m² und mit der Overheadfolie Avery Zweckform 2502 für Tintenstrahldrucker gemacht. Da aber bitte selbst zuerst an kleinen Projekten testen, ob das Ergebnis Ihren Vorstellungen entspricht.

Die Motive ausdrucken – hier auf Overheadfolie –, trocknen lassen und zurechtschneiden. Die Bilder dann kopfüber in die Form stellen und das Resin langsam eingießen, aushärten lassen (24 Stunden beim SKresin 3220) und ausformen.

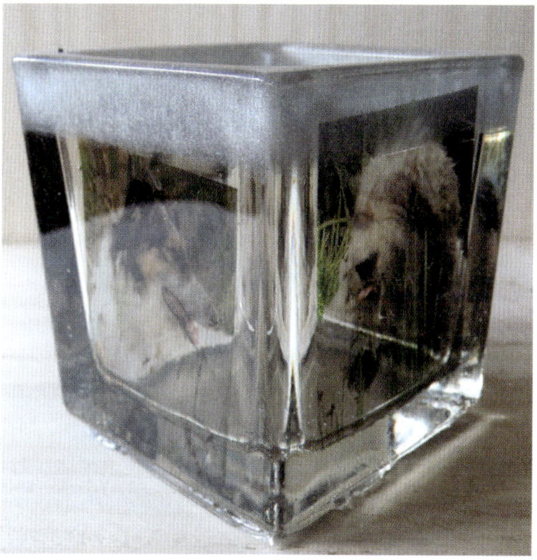

Windlicht mit Fotos

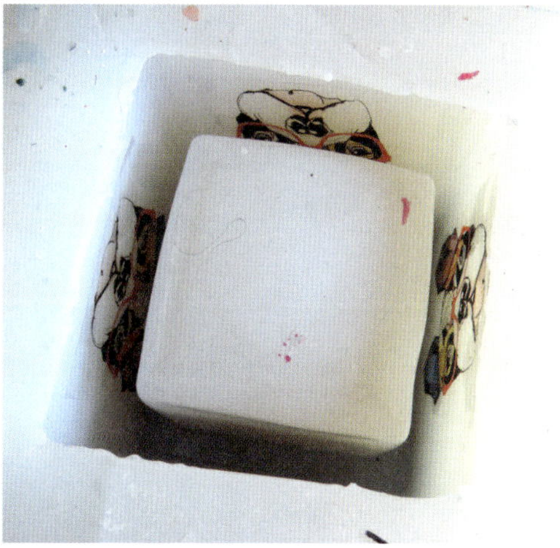

Ausgedruckte Grafiken in der Gießform

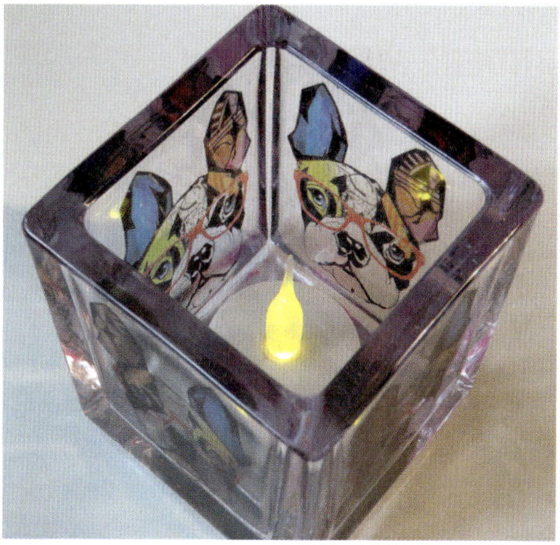

Windlicht mit Grafiken

Eine weitere schöne Möglichkeit, Fotos einzugießen, ist folgende:
In kleine, eckige Silikonformen – hier habe ich eine aus dem Backzubehör benutzt – eine dünne Schicht weiß gefärbtes Resin eingießen.

Die Fotos in den Maßen der Silikonform in Schwarz-Weiß auf Overheadfolie ausdrucken.

Die Fotos passend schneiden und auf die weiße Resinschicht legen, dann eine ganz dünne Schicht klares Resin eingießen, um das Bild zu fixieren, 8–12 Stunden aushärten lassen beim SKresin 3220. Zum Schluss noch eine Schicht klares Resin darübergießen, aushärten lassen und ausformen. Auf die Rückseite könnte z. B. mit Kunststoffkleber ein Magnet aufgeklebt werden, um die Resinbilder als Kühlschrankmagnete verwenden zu können.

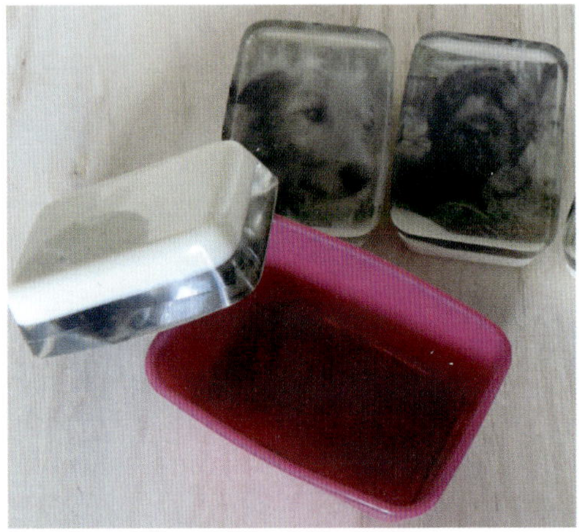

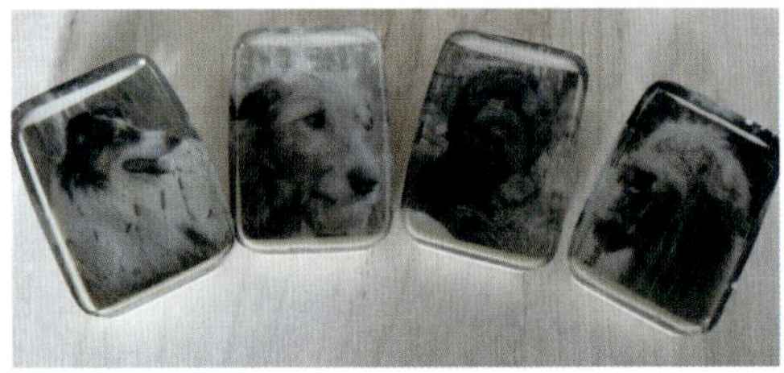

Verschiedene Fotos eingegossen

ANDERE MATERIALIEN

Auch mit Holzresten sieht so ein Windlicht wirklich klasse aus.

Bei diesem Windlicht und auch bei dem vorherigen habe ich erst eine kleine Schicht farbiges Resin eingegossen, diese aushärten lassen, dann die Bilder bzw. die Holzstücke eingefügt und mit klarem Resin aufgefüllt. Dabei wirklich langsam eingießen und, wenn nötig, die Bilder oder das Holz mit einem Schaschlik-Stäbchen vom Seitenrand lösen, damit das Resin dort hinfließen kann.

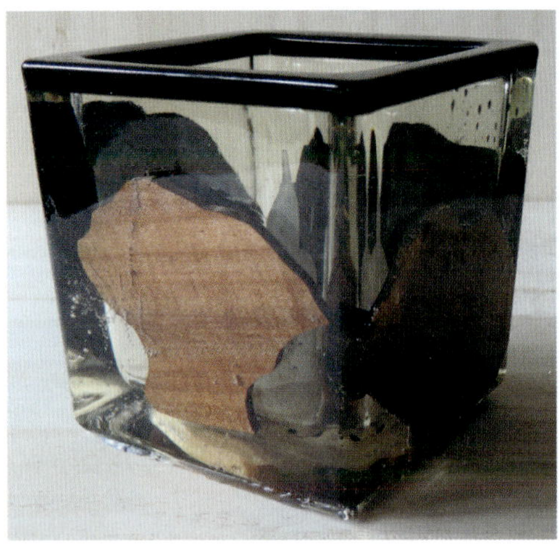

Holzscheiben im Windlicht

PFLANZEN EINGIESSEN

Resin und Blumen sind auch eine tolle Kombination. Dafür müssen die Pflanzen aber getrocknet sein. Feuchtigkeit und Resin vertragen sich nicht, die frischen Blumen würden ihre Farbe verlieren und das Resin trüb werden und Schlieren bilden.

Getrocknete Pflanzen in Resin

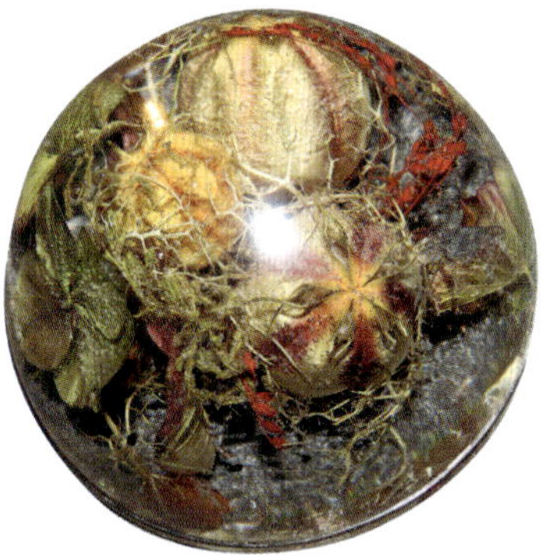

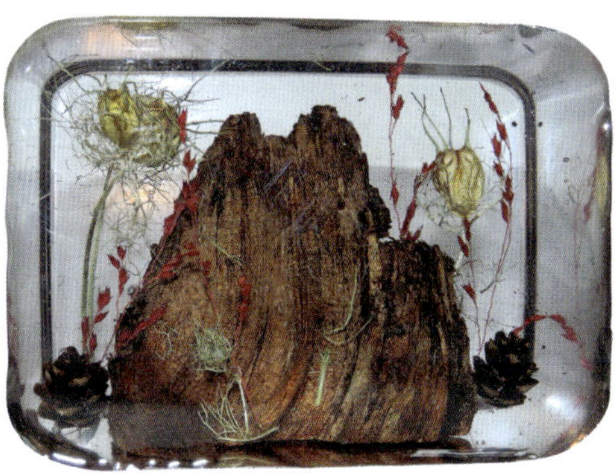

Wenn Pflanzen eingegossen werden sollen, müssen diese getrocknet sein. Trocknen kann man Pflanzen z. B.

- einfach in einem Buch, also im Buch pressen und trocknen lassen
- in Silicagel einlegen. Das sind kleine, weiße Trocknungskügelchen. Dabei darauf achten, das Silica auch in die Zwischen-/Hohlräume zu füllen, wenn die Blume ihre „3-D"-Form behalten soll.
- die Blume einfach kopfüber an einem Faden aufhängen und trocknen lassen.

TIPP! Getrocknete Blüten

Wenn man getrocknete Blüten hat, bei der die Blüte weit offen ist, wie z. B. eine Rose, oder vielleicht sogar einen ganzen getrockneten Strauß, hilft es, vorher schon mit einem Pinsel oder Zahnstocher dünn Resin aufzutragen und in die Zwischenräume laufen zu lassen. So verschließt man die Hohlräume und es entstehen beim Eingießen weniger Luftblasen.

Mit Lack einzusprühen, kann klappen, kann aber auch völlig danebengehen, wenn der Lack sich nicht mit dem Resin verträgt, das würde ich also nicht empfehlen.

BRIEFBESCHWERER

Was benötigt wird:

- eine teilbare Acrylkugel – in den meisten Bastelgeschäften erhältlich. Für einen Briefbeschwerer nur die halbe Kugel.
- getrocknete Pflanzen, die ihre Farbe nur dann behalten, wenn sie wirklich völlig getrocknet sind, ansonsten verblassen die Farben.
- einen Plastikbecher, auf dem die Acrylkugel ausgerichtet wird.
- Tesafilm oder dünnes Band, um die Pflanzen zusammenzubinden.
- eine Schere, um die überstehenden Stiele abzuschneiden.
- einen Hammer, um nach dem Aushärten die Acryl-Halbkugel zu zerstören und so den Gießling auszuformen.
- Und natürlich Resin – hier habe ich wieder das SKresin 3220 verwendet.

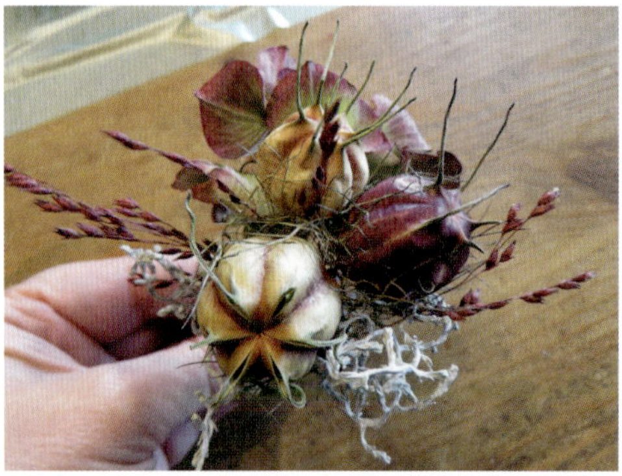

Einen kleinen „Strauß" aus den getrockneten Blumen zusammenstellen.

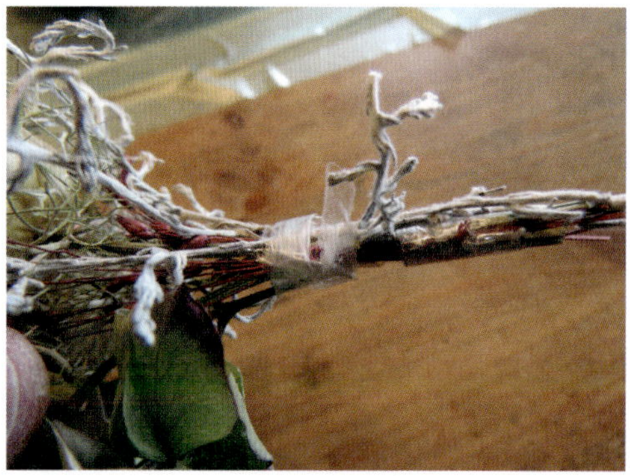

Die Stiele mit Tesafilm fixieren.

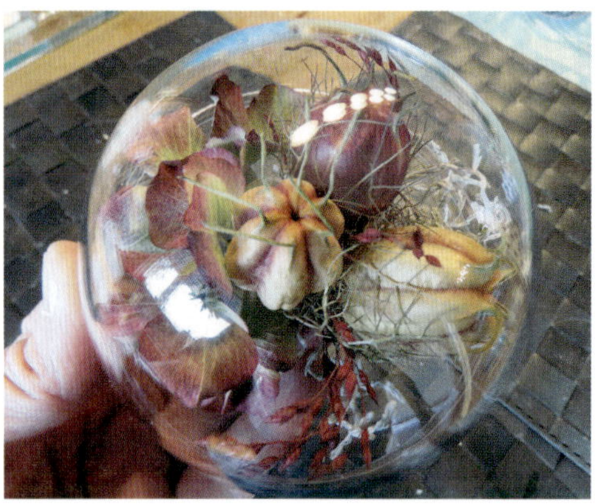

Um zu überprüfen, ob die Größe passt, das Sträußchen in die Halbkugel hineinhalten.

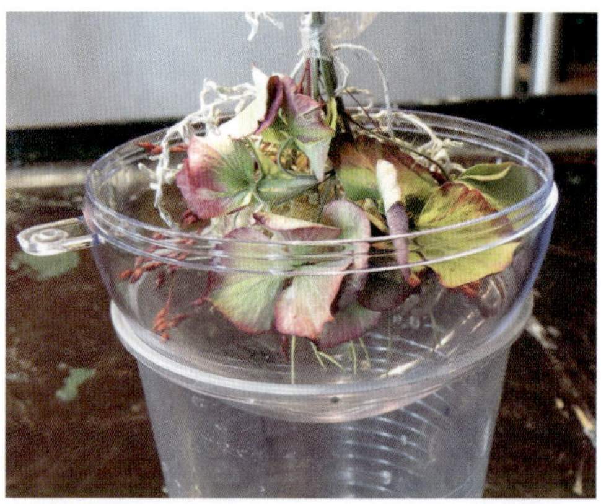

Die Halbkugel auf einen Becher stellen, eine kleine Menge Resin einfüllen und die Pflanzen eintauchen.

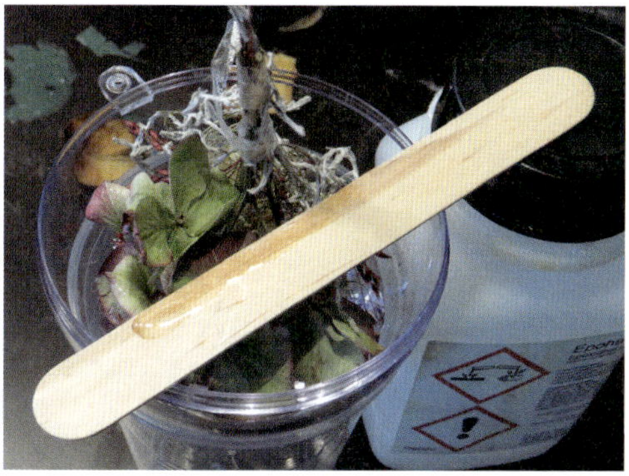

Damit die Pflanzen nicht hoch treiben, können diese z. B. mit einem Holzspatel fixiert werden.

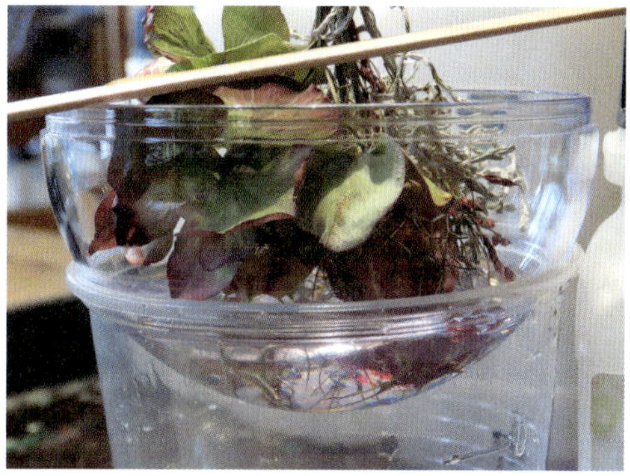

Hier sieht man, dass die Pflanzen in einer kleinen Menge Resin eingetaucht worden sind. Diese Schicht nun aushärten lassen.

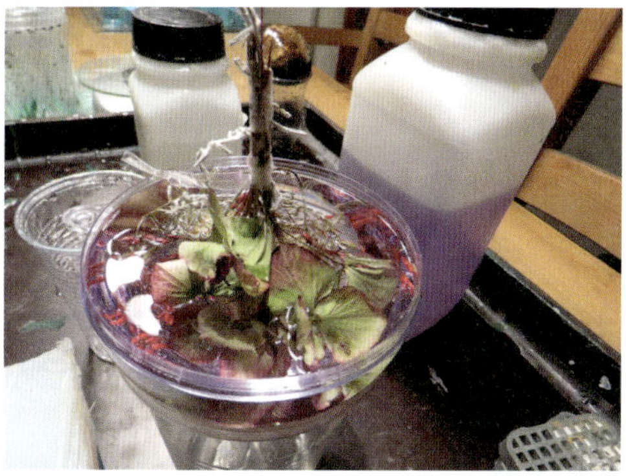

Anschließend kann die Halbkugel mit Resin aufgefüllt werden.

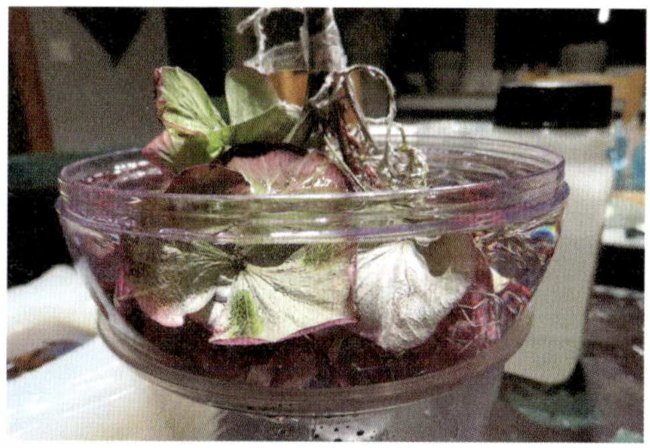

Hier sieht man ganz gut, dass das Resin fast bis zum Rand aufgefüllt ist. Auf keinen Fall ganz auffüllen, da der Stiel und die überstehenden Pflanzenteile noch abgeschnitten werden müssen.

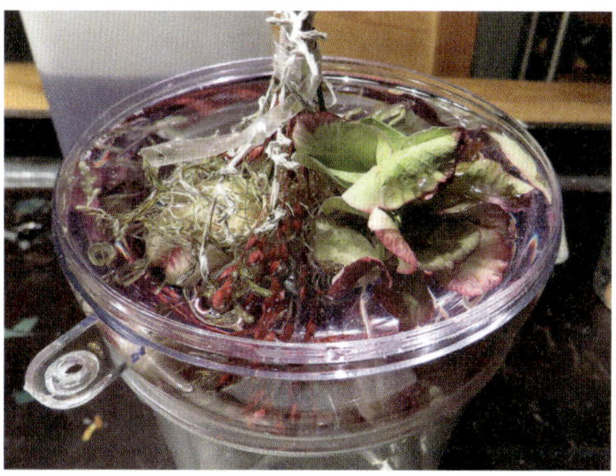

Das Resin aushärten lassen. Nachdem es ausgehärtet ist, ...

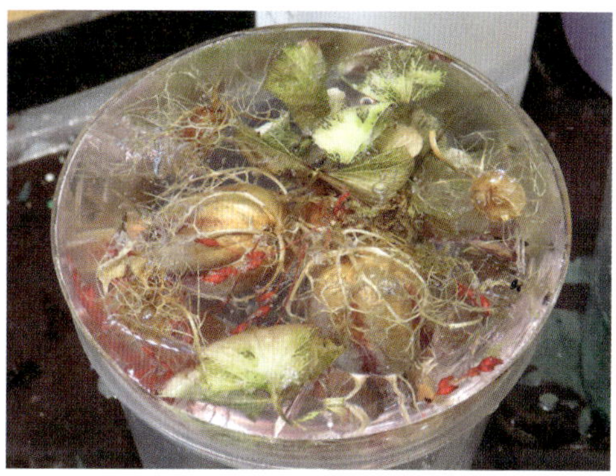

... können die Stiele und überflüssigen Pflanzenteile abgeschnitten werden.

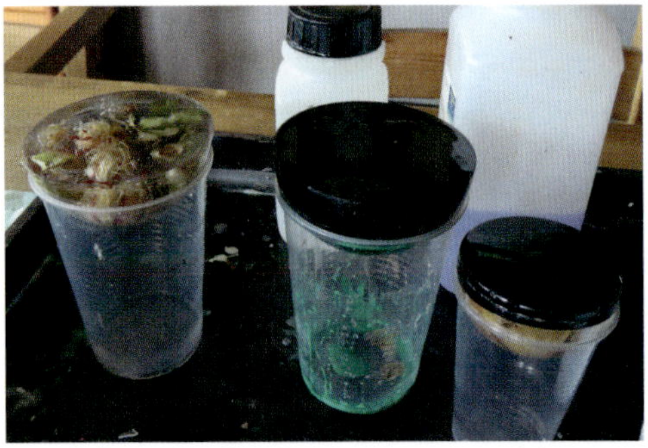

Als Letztes noch eine Schicht Resin eingießen, um einen glatten Boden zu erhalten. Die letzte Schicht kann klar oder auch farbig gegossen werden.

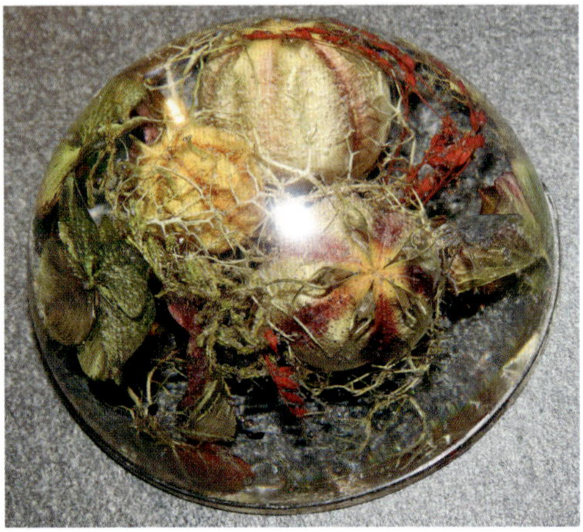

Das Ausformen aus der Acryl-Halbkugel ist etwas schwierig, da ich kein Trennmittel verwende. Sobald das Resin komplett ausgehärtet ist, zerstöre ich die Acryl-Halbkugel. Ich breche an den Seitenwänden kleine Stücke heraus, ein Hammer ist da meist sehr hilfreich. Sobald Luft zwischen Acryl und Resin kommt, kann man den Gießling ganz leicht aus der Halbkugel entfernen.

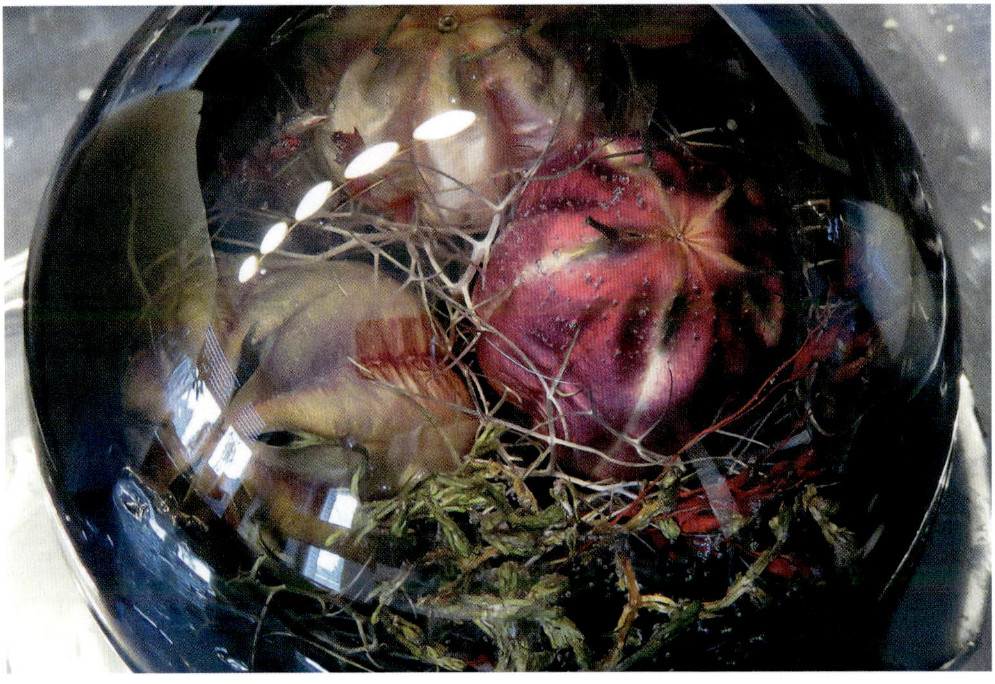

DEKO-QUADER MIT KLEINER LANDSCHAFT **Größe: 14 x 10 x 6 cm**

Bei diesem Deko-Quader habe ich getrocknete Blumen, kleine Zapfen und ein Holzstück als „Berg“ verarbeitet. Als Gießform habe ich eine alte Plastikdose verwendet. Aus solchen Plastikdosen bekommt man den Gießling problemlos ohne Trennmittel heraus, das Plastik muss nur an den Rändern etwas aufgebogen werden. Kommt dann Luft zwischen Dose und Gießling, kann der Gießling vorsichtig herausgedrückt bzw. -geklopft werden.

Verwendet habe ich wieder das SKresin 3220, obwohl ich ein Holzstück verarbeitet habe. Der Quader wurde in Schichten gegossen, um die kleine Landschaft entstehen zu lassen, und das Holzstück habe ich vorher einmal mit Resin eingepinselt, um möglichst wenig Luftblasen aus dem Holz austreten zu lassen.

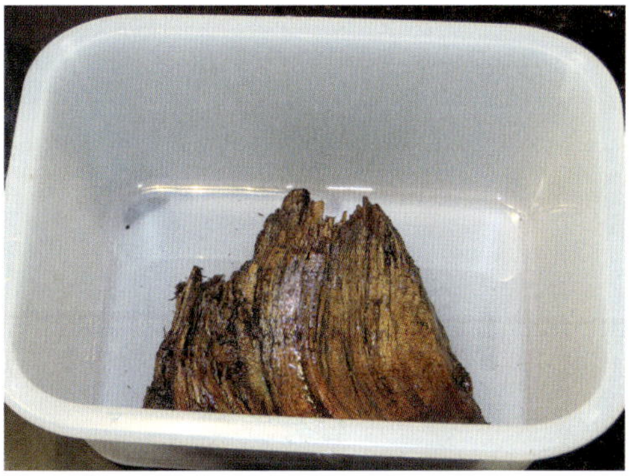

Die erste kleine Schicht ist gegossen und härtet erstmal aus.

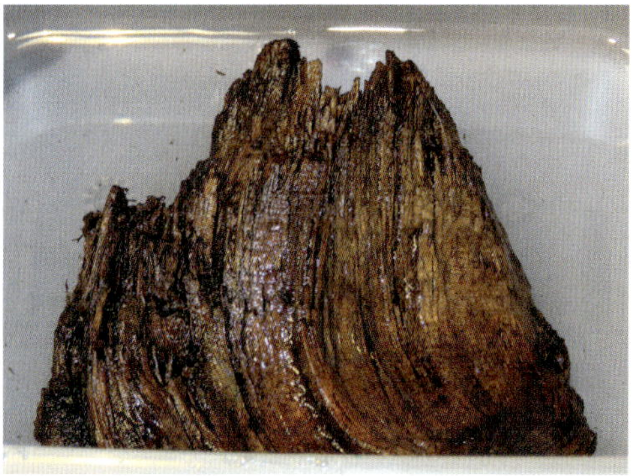

Man sieht ganz gut, dass das Holz vorher mit Resin eingepinselt wurde.

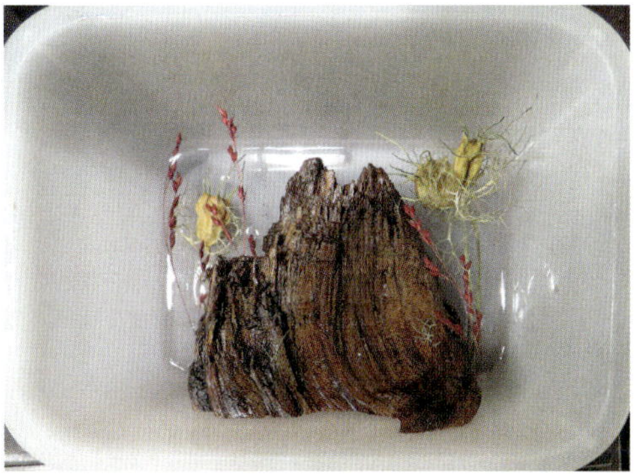

Dann platziere ich die ersten Pflanzen und gieße wieder eine kleine Schicht Resin hinein.

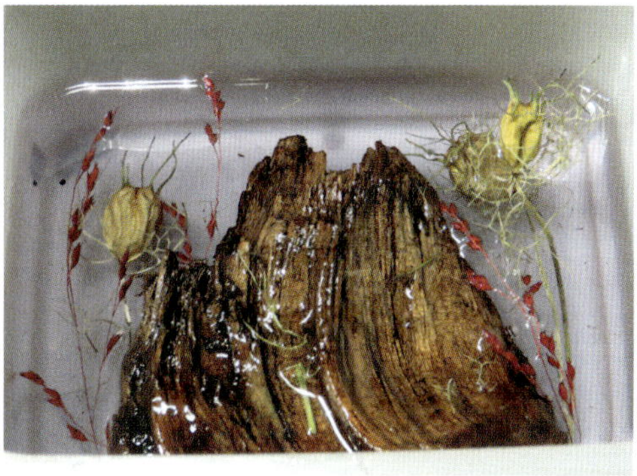

Nach und nach bzw. Schicht für Schicht entsteht die kleine Landschaft.

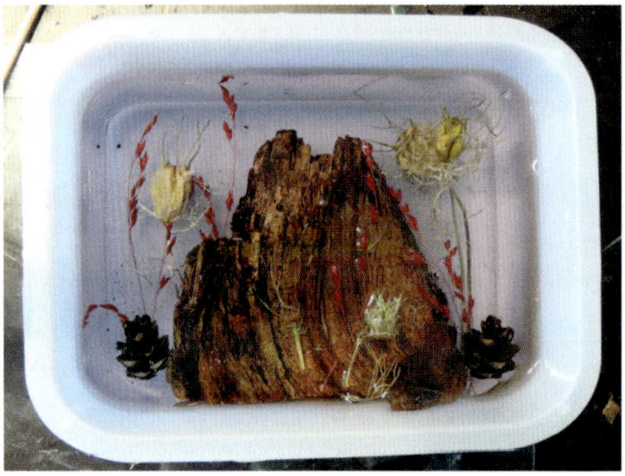

Die letzten Teile – die kleinen Zapfen – sind nun auch platziert.

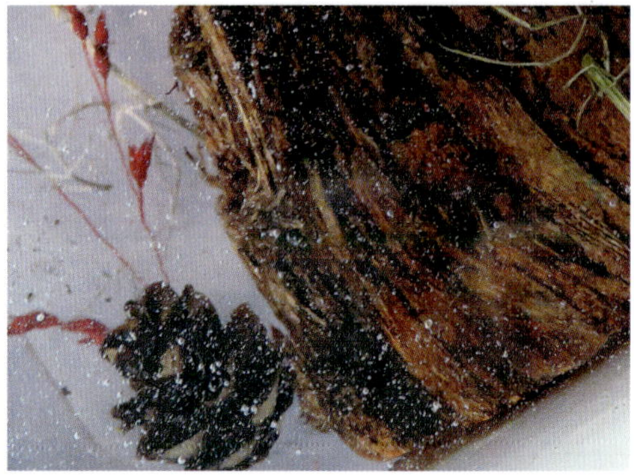

Beim Gießen entstehen durch die Pflanzen, aber auch durch das Holz Luftblasen. Sie verschwinden aber – fast – alle von alleine wieder.

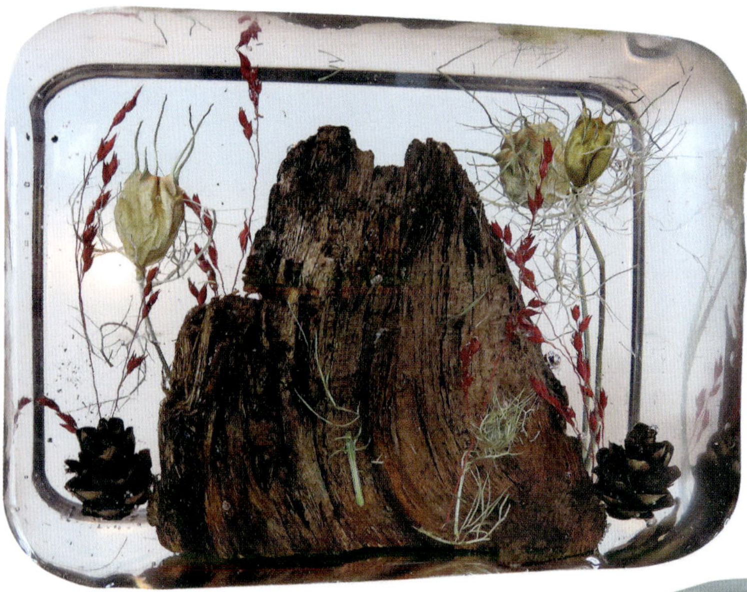

Vorderansicht

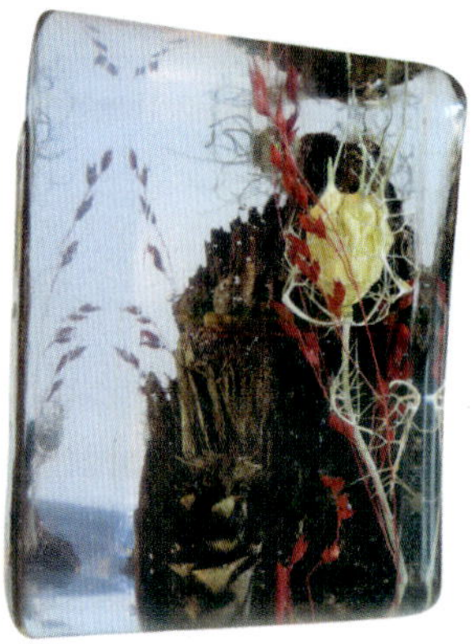

Seitenansicht

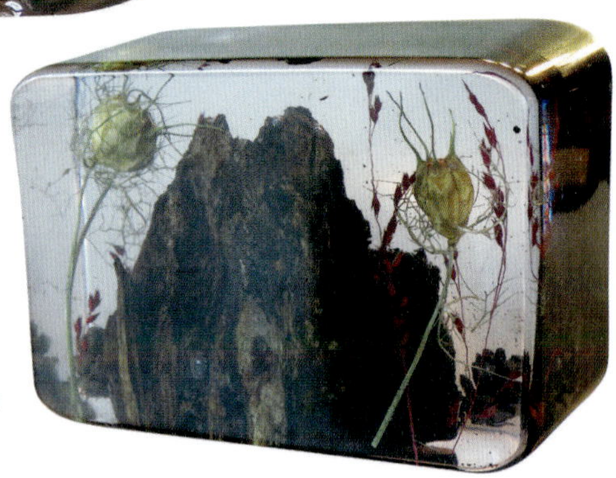

Rückansicht

KLEINE FEHLSCHLÄGE

Drei Beispiele, wie es aussieht, wenn die Pflanzen nicht richtig getrocknet worden sind, man beim Gießen zu ungeduldig ist und die Gießform nicht mehr ganz in Ordnung ist. Die Pflanzen werden „schrumpelig“, teilweise ist das Resin „aufgekocht“, dadurch sind auch die großen Lufteinschlüsse entstanden.

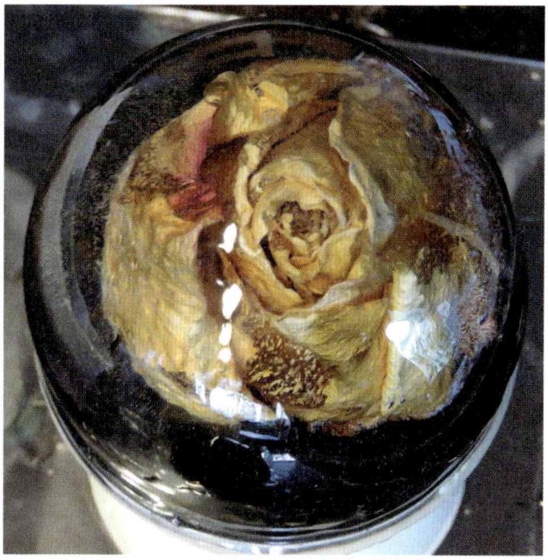

Rose in einer Halbkugel

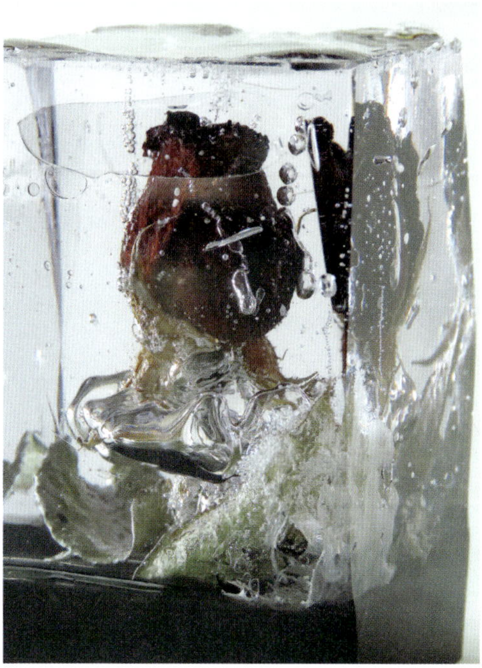

Rote Rose im Quader

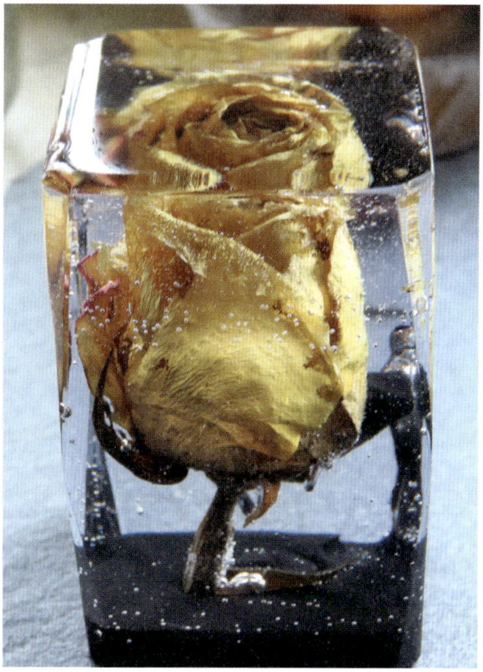

Gelbe Rose im Quader

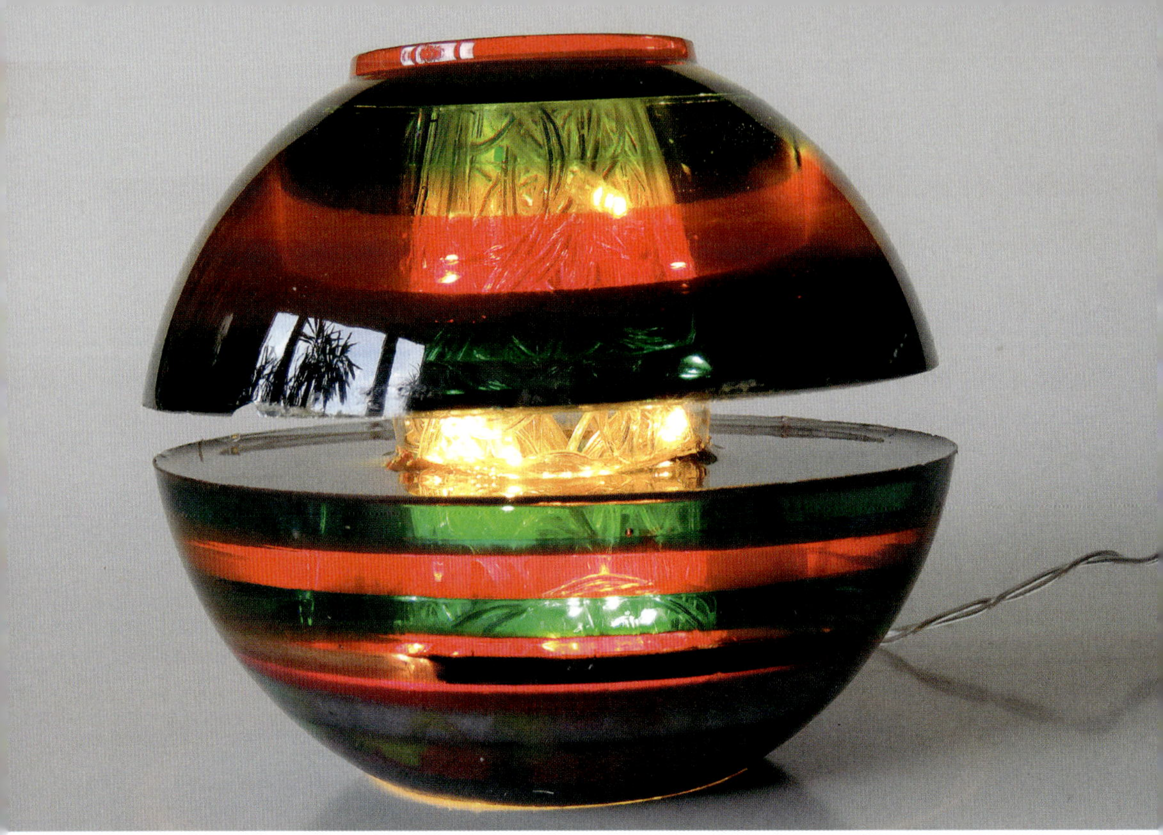

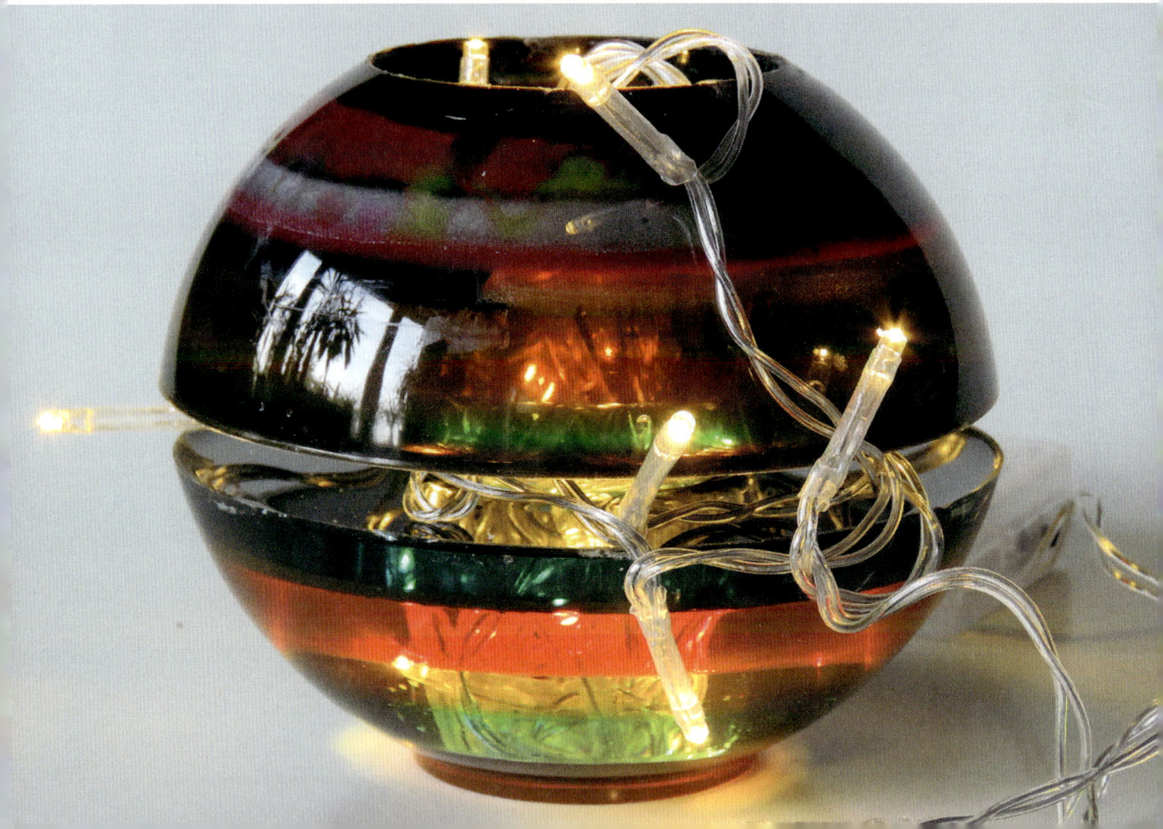

KLEINE KUGELLAMPE AUS DESSERTSCHÜSSELN

Die kleinen Dessertschüsseln sind aus Plastik, gekauft wurden sie in einem 1-€-Shop. Für die Kugellampe habe ich einfach immer Reste in Schichten in die Schüsselchen gegossen, so sind die Schichten farblich abgesetzt und ich konnte meine Reste sinnvoll verwenden.

Auch hier habe ich kein Trennmittel verwendet, sondern das Gießteil mit etwas Kraft und Geduld aus den Schüsseln herausgedrückt. Dafür habe ich zuerst mit dem Hammer die Schälchen angeschlagen.

Zusätzlich benötigt man noch Plastik-Sektbecher, aber nur den oberen „Glasteil", nicht den Stiel, um den Hohlraum in der Kugellampe zu formen.

Was benötigt wird:

- Dessertschüsselchen
- Plastik-Sektgläser
- eine Tube Alleskleber
- eine Spitzzange, einen Hammer und eine Säge oder ein scharfes Messer, um das Plastikglas zu kürzen
- eine LED-Lichterkette
- gegossen mit SKresin 3220

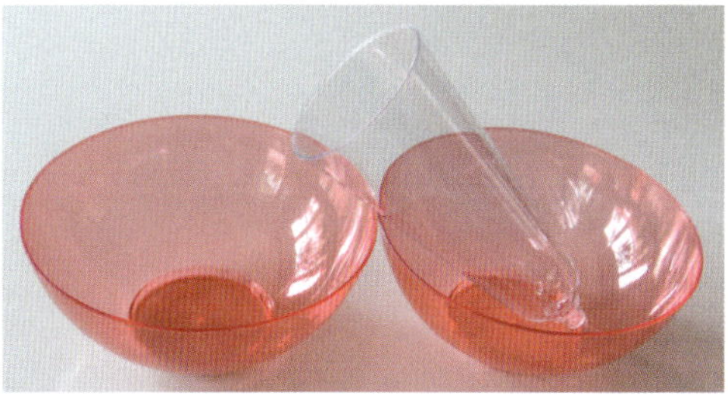

Zwei Plastikschüsseln und ein Plastik-Sektglas

Den „Glasteil" des Plastik-Sektglases mit dem Rand unten in die Schüssel kleben. Wenn das Plastikglas hinterher entfernt wird, hat das Gießteil eine Öffnung am Boden.

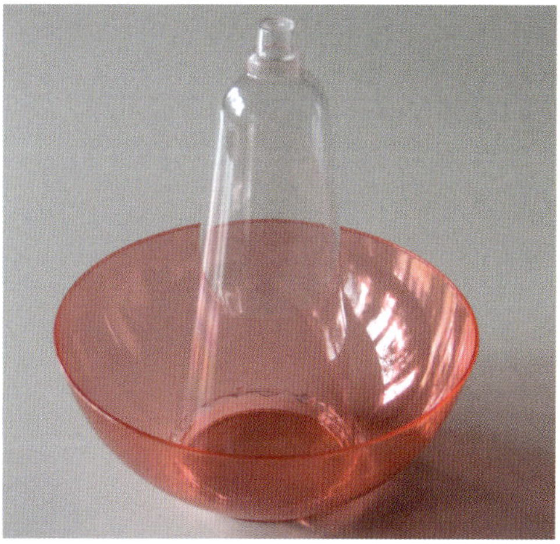

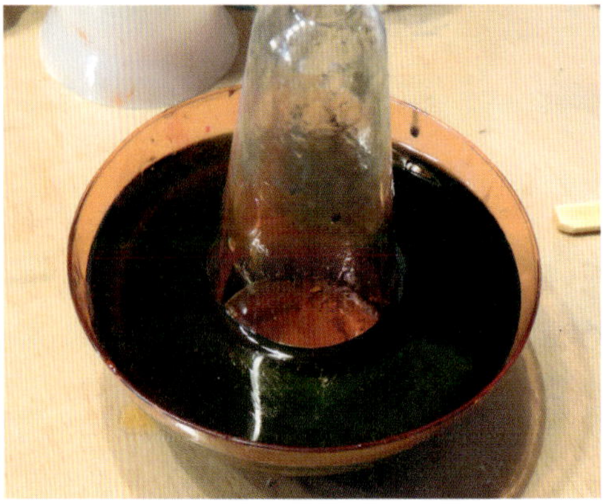

Schichtweise Resin eingießen, die Schichten immer aushärten lassen (8–12 Stunden beim SKresin 3220).

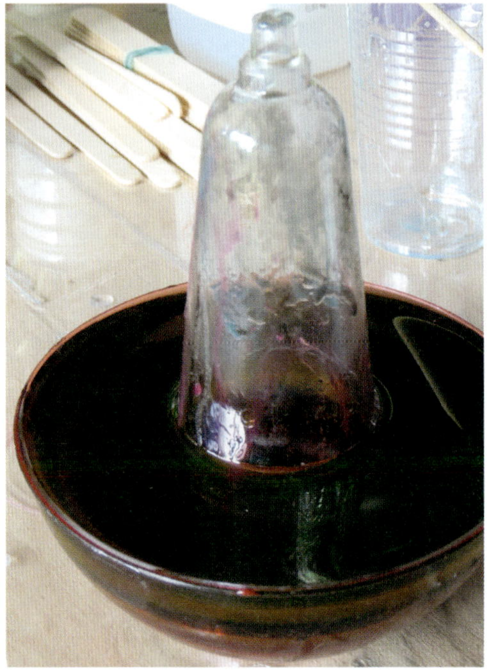

Wenn alle Schichten gegossen sind, das Resin aushärten lassen.

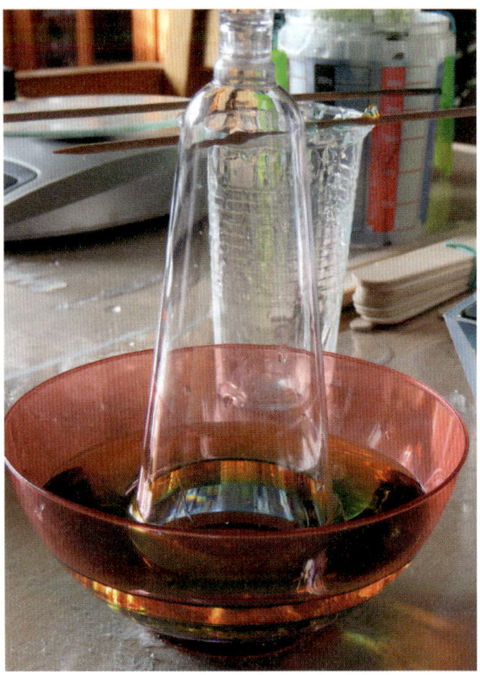

Bei der zweiten Plastikschüssel erst den Boden der Schüssel mit Resin ausgießen. Wenn er gehärtet ist, das Plastikglas auf den Resinboden stellen und eine Schicht Resin hineingießen, um das Plastikglas zu fixieren, dann weitere Schichten eingießen, bis das Schüsselchen ebenfalls voll ist.

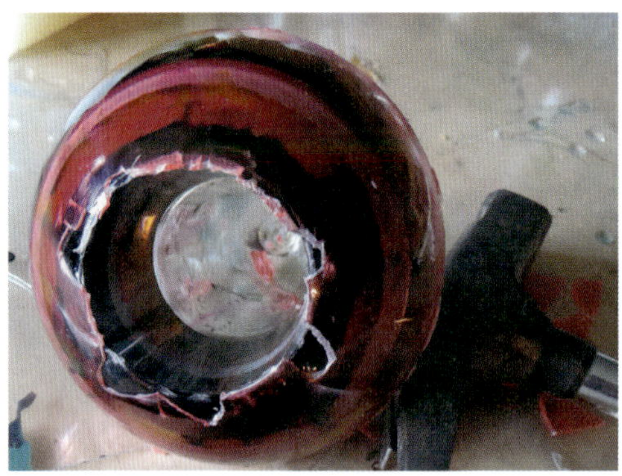

Nach dem Aushärten den Gießling von den Schüsseln befreien. Bei dem Gießling, der die Öffnung am Boden hat, auch das Plastikglas mit der Zange herausbrechen.

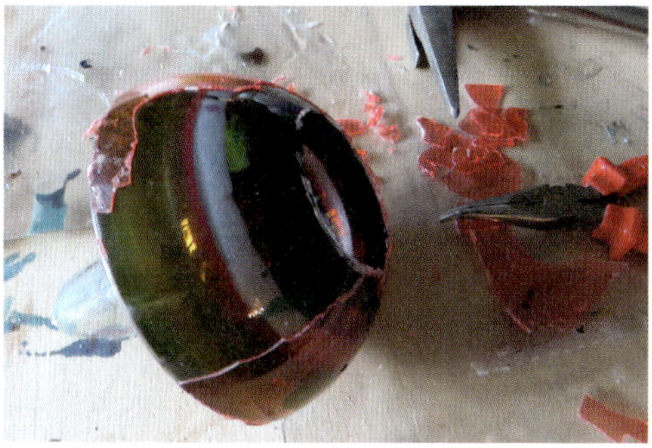

Das Ausformen dauert etwas, da die Plastikschüsseln vorsichtig entfernt werden müssen, um das Resin bzw. die Oberfläche des Gießlings nicht zu beschädigen.

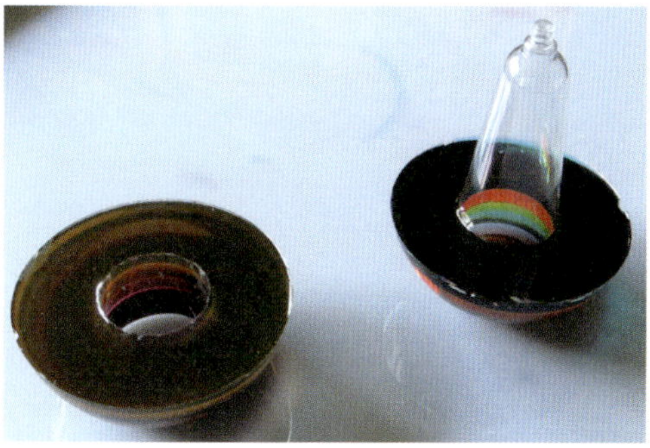

Bei dem zweiten Schüsselchen, welches den geschlossenen Boden hat, bleibt das Plastikglas im Resin. Das Plastikglas mit einer Säge oder einem scharfe Messer einkürzen

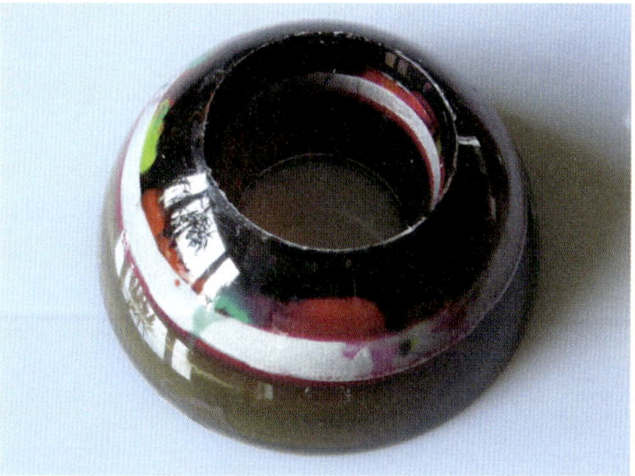

Die eine Hälfte der Kugellampe mit der Öffnung

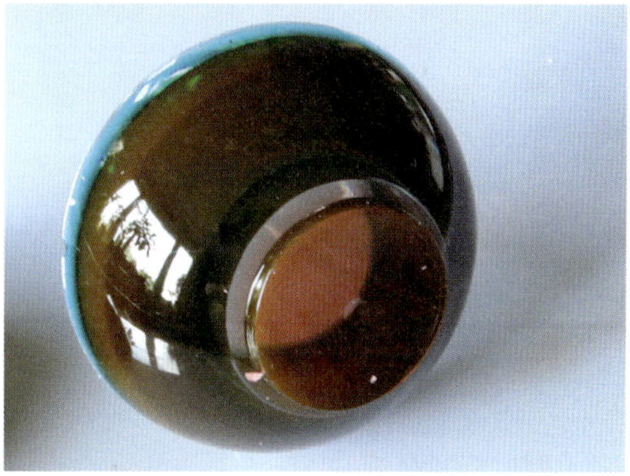

Die andere Hälfte der Kugellampe mit dem geschlossenen Boden

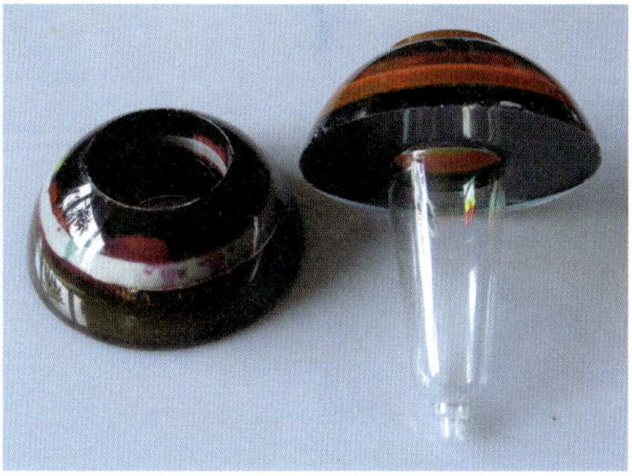

Die offene Hälfte über das Plastikglas stülpen und am Glas markieren, wo es abgeschnitten werden soll.

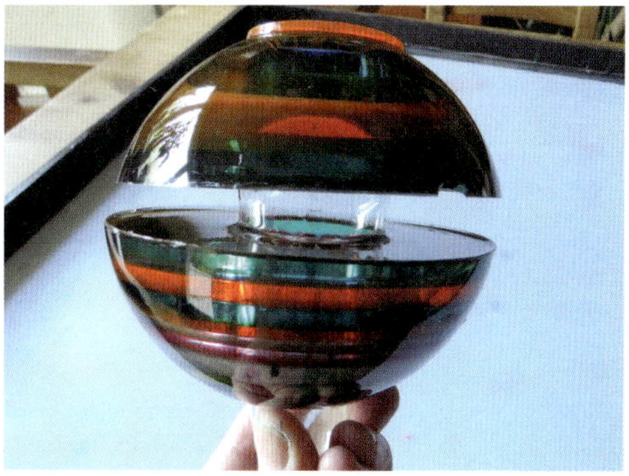

So sollte es hinterher aussehen.

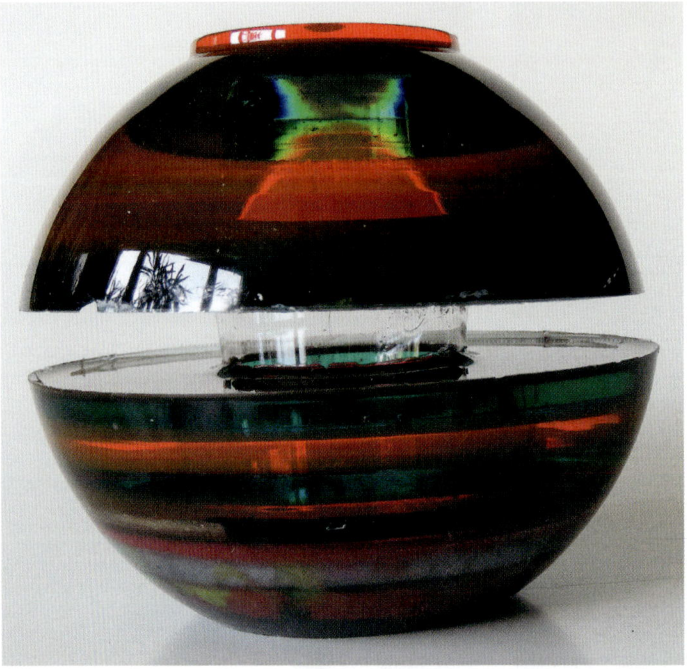

Das gekürzte Plastikglas verbindet die beiden Hälften.

Die Kugellampe kann entweder mit geschlossenem Boden oben oder unten aufgestellt werden. In die Öffnung eine Lichterkette legen.

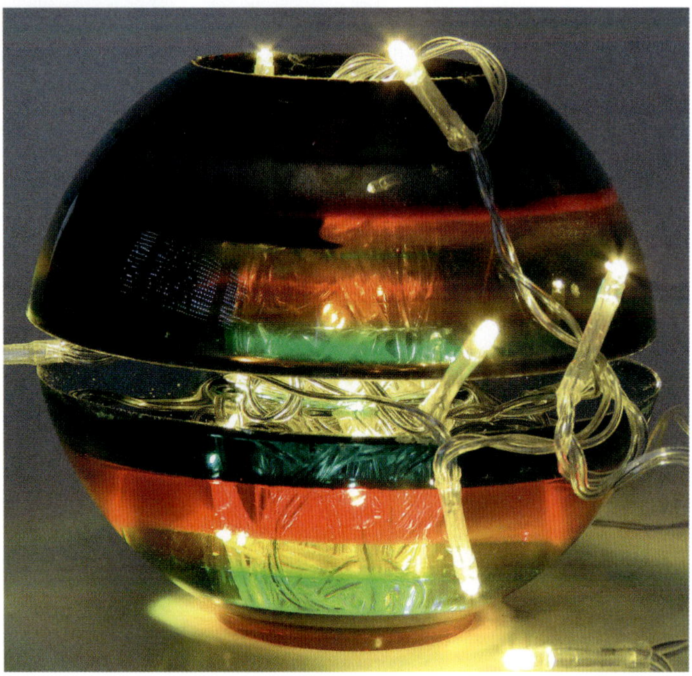

UHREN AUS RESIN

UHR AUS EINEM SET

Die Uhr auf S. 62 (oben) wurde mit einem Set von der Firma Rayher gestaltet. Die MDF-Platte und das Uhrwerk sind im Rayher-Shop als Set oder auch einzeln bestellbar. Weiters benötigt man Farben, kleine Plastikbecher, um die einzelnen Farben anzumischen, und Strohhalme, um das mittlere Loch zu verschließen, sowie Becher, auf die die Uhrenplatte während des Gießens gelegt wird.

Für die Uhr habe ich insgesamt 155 g Resin angemischt, kleine Mengen in 5 Schnapsgläschen umgefüllt und mit folgenden Farben angemischt: Rapsgelb, Bordeauxviolett, Ultramarinblau, Mintgrün und Gold.

Die restliche große Menge wurde mit Tiefschwarz eingefärbt.

Das schwarze Resin komplett über die Platte gießen, sodass die ganze Fläche bedeckt ist. Dann willkürlich die kleinen Farbmischungen auf dem nassen Schwarz verteilen, die Platte hochnehmen und die Farben etwas verlaufen lassen. Ich habe noch mit der Spitze des Rührstäbchens die Farben etwas verzogen, dann nochmal alles fließen lassen und dabei die Platte etwas gedreht.

Mit dieser Methode entsteht eine dünne Resinschicht auf der MDF-Platte, sodass das Resin sowohl in der Mitte als auch an den Rändern herunterfließen kann.

Möchte man eine dickere Resinschicht, müssen die Ränder mit Klebeband – Panzertape oder Paketband – abgeklebt werden und oben ein Rand stehengelassen werden.

Die Platte trocknen lassen und das Uhrwerk und die Zeiger montieren.

Da mir die Zeiger in Schwarz dann nicht gefielen, habe ich sie auch dünn mit Resin überzogen.

Anleitungsbilder auf S. 63

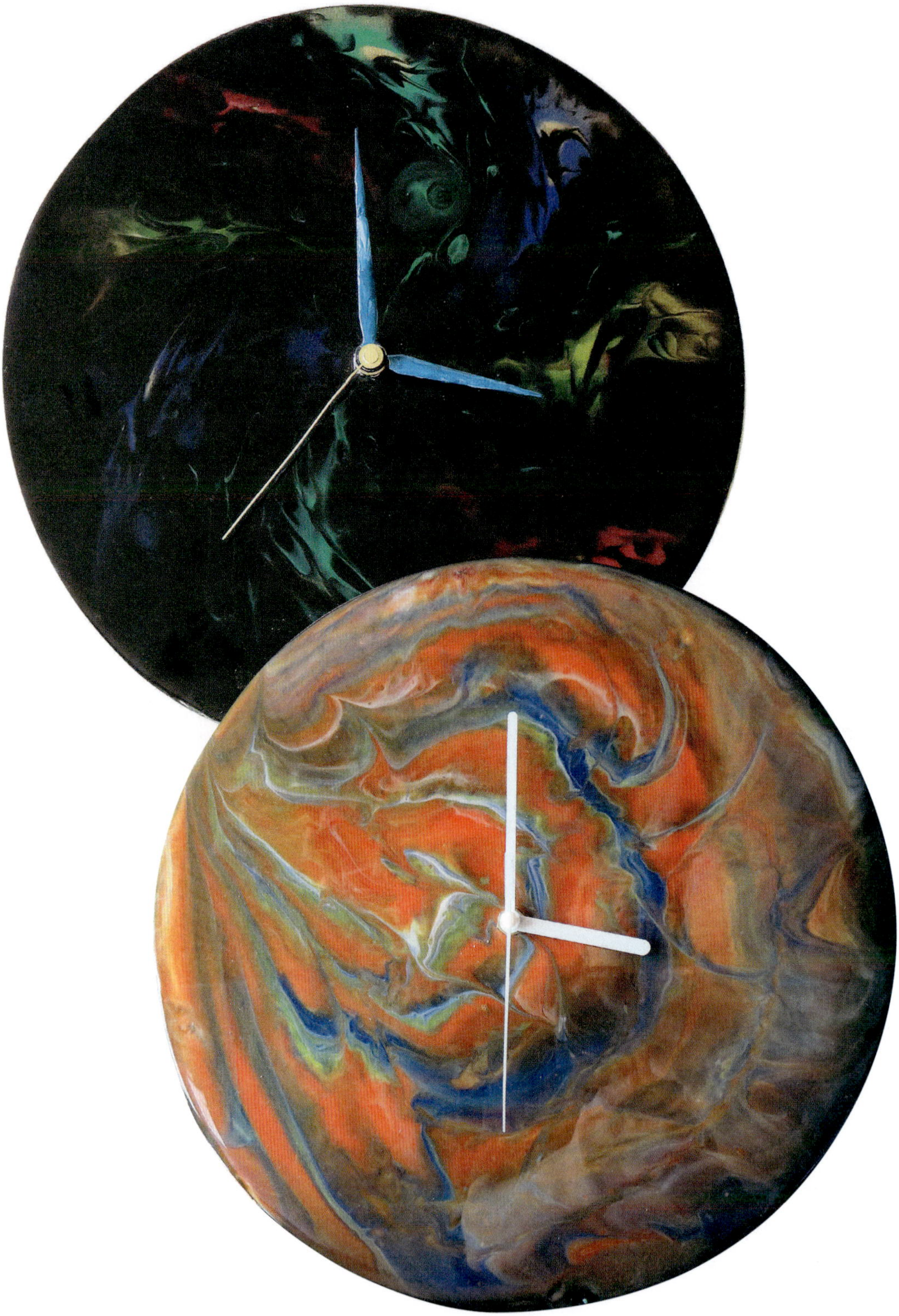

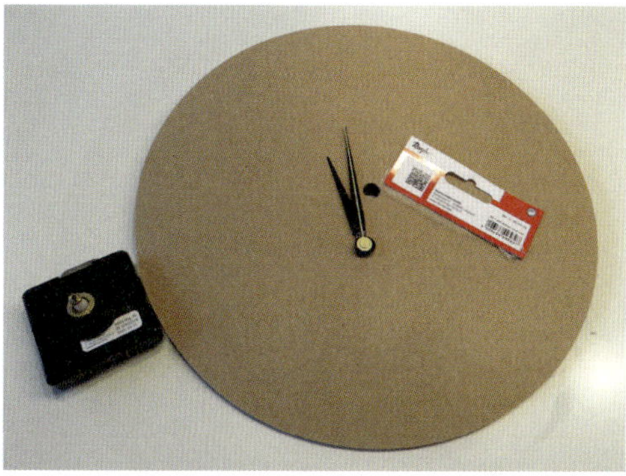

Das benötigte Material

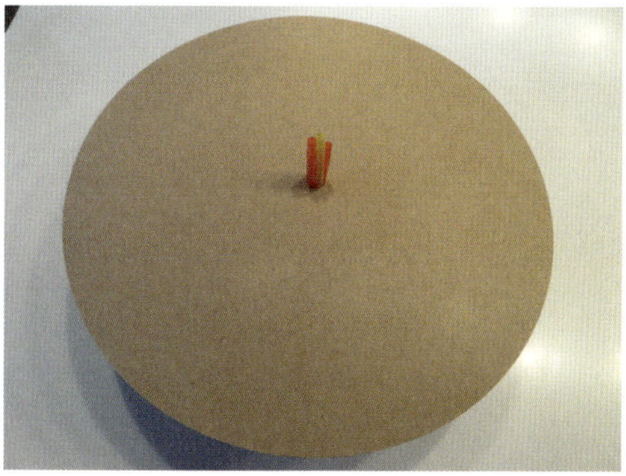

Mit Strohhalmen die Mitte verschließen.

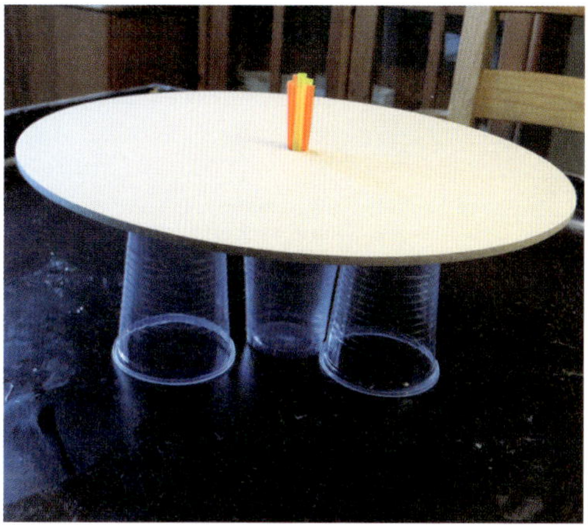

Die Platte auf Becher platzieren.

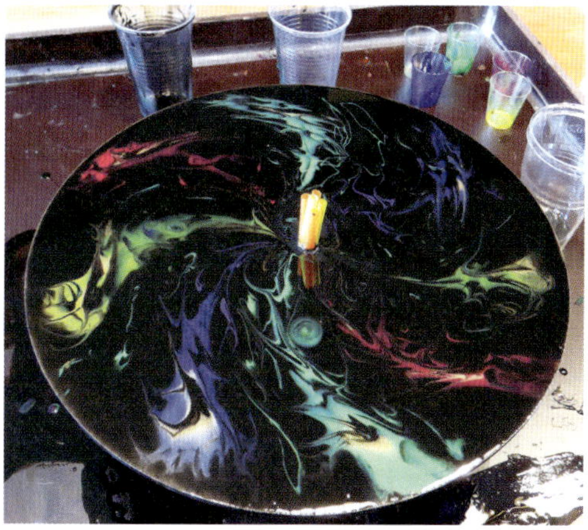

Das Resin farbig nach Wunsch darübergießen.

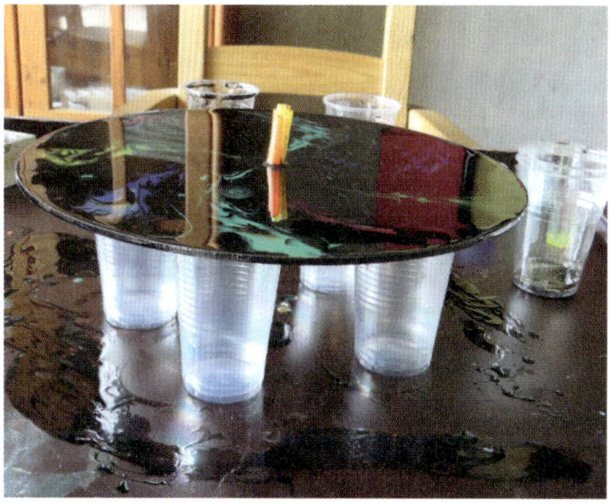

Das Resin aushärten lassen.

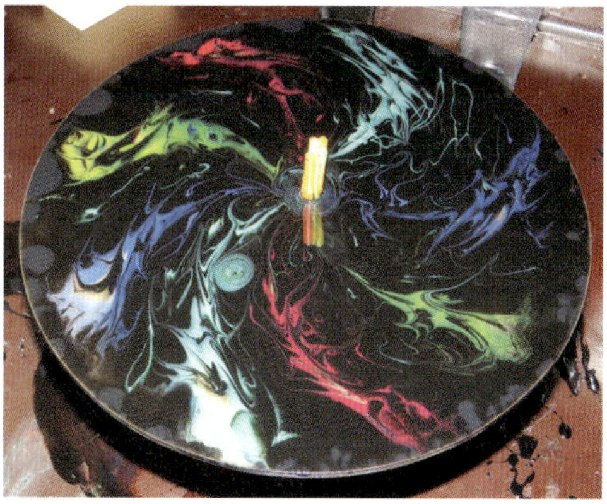

Die ausgehärtete Uhrenplatte

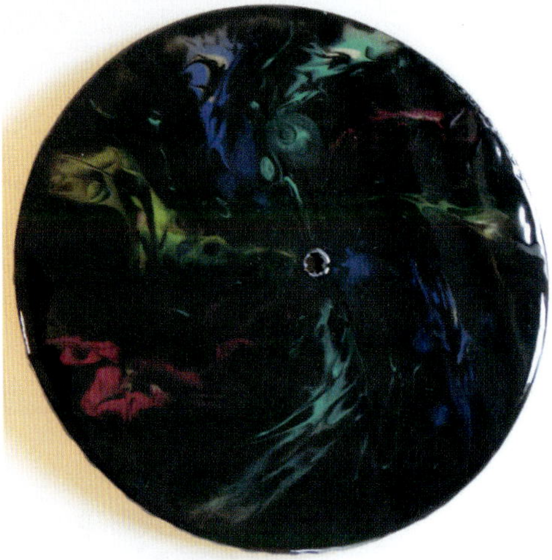

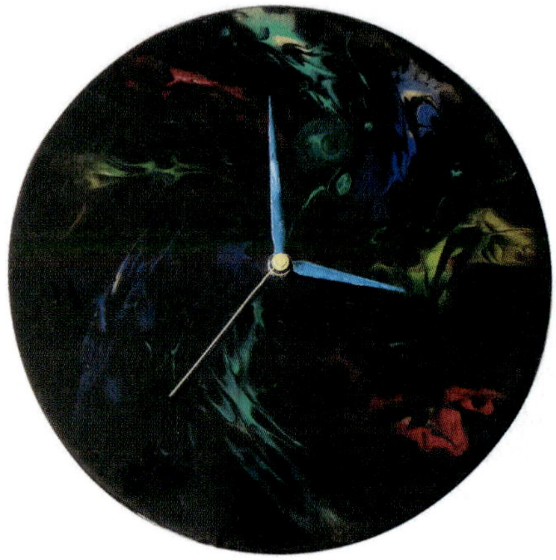

Uhrwerk und Zeiger fehlen noch (links) und die fertige Uhr (oben)

WANDUHR AUS EINER SCHALLPLATTE

Uhren kann man auch aus alten LPs oder kleine aus alten CDs oder DVDs herstellen. Die Uhrwerke gibt es über Amazon oder eBay günstig einzeln oder im Set zu kaufen. Die Vorgehensweise ist die gleiche, wie auf S. 61 ff. beschrieben.

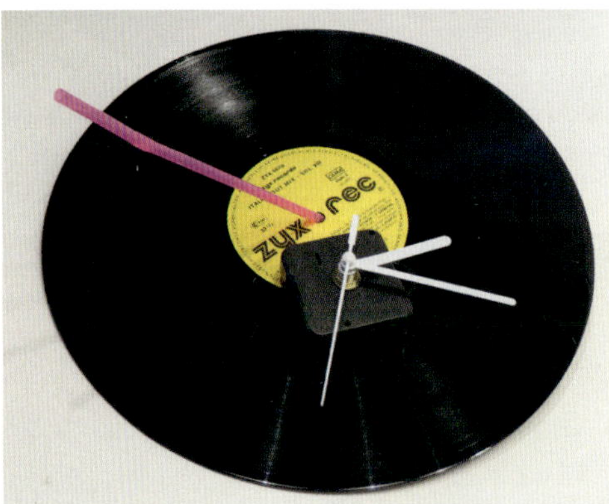

Das Material

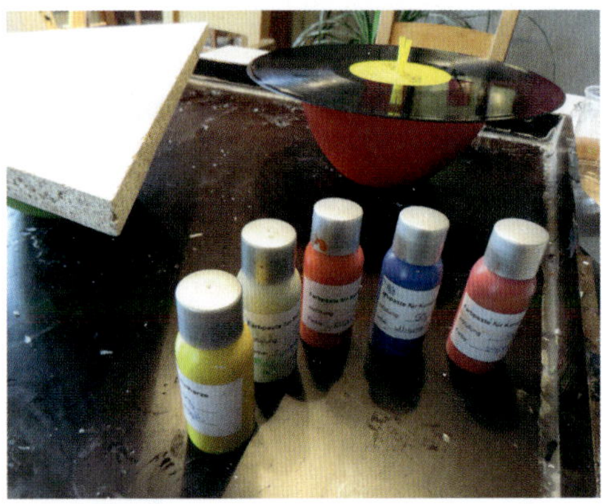

Verschiedene Farbpasten

Die fertige Uhr aus einer Schallplatte (Bild rechts)

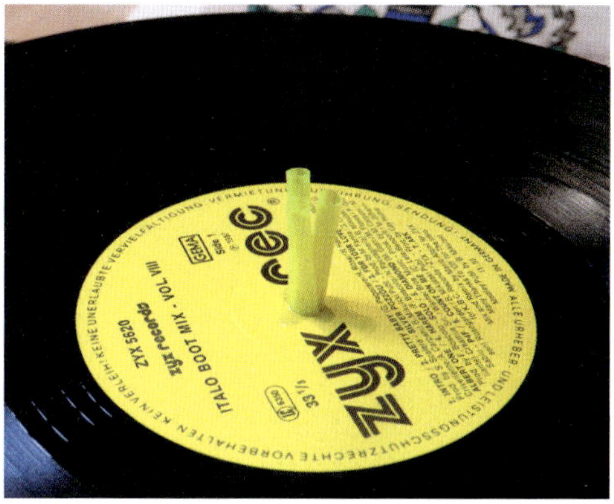

Mit einem Strohhalm die Mitte verschließen.

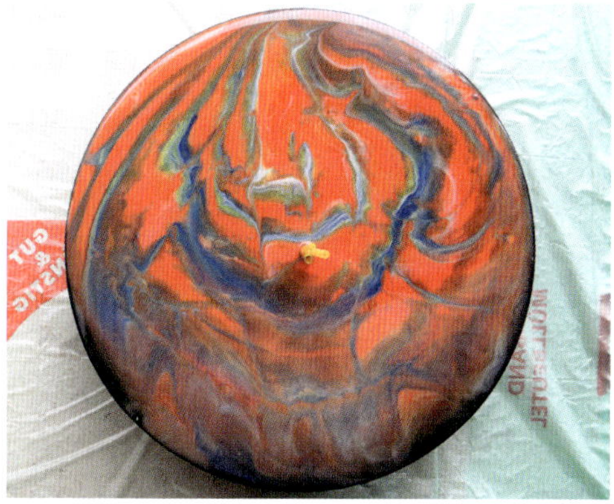

Die begossene Schallplatte

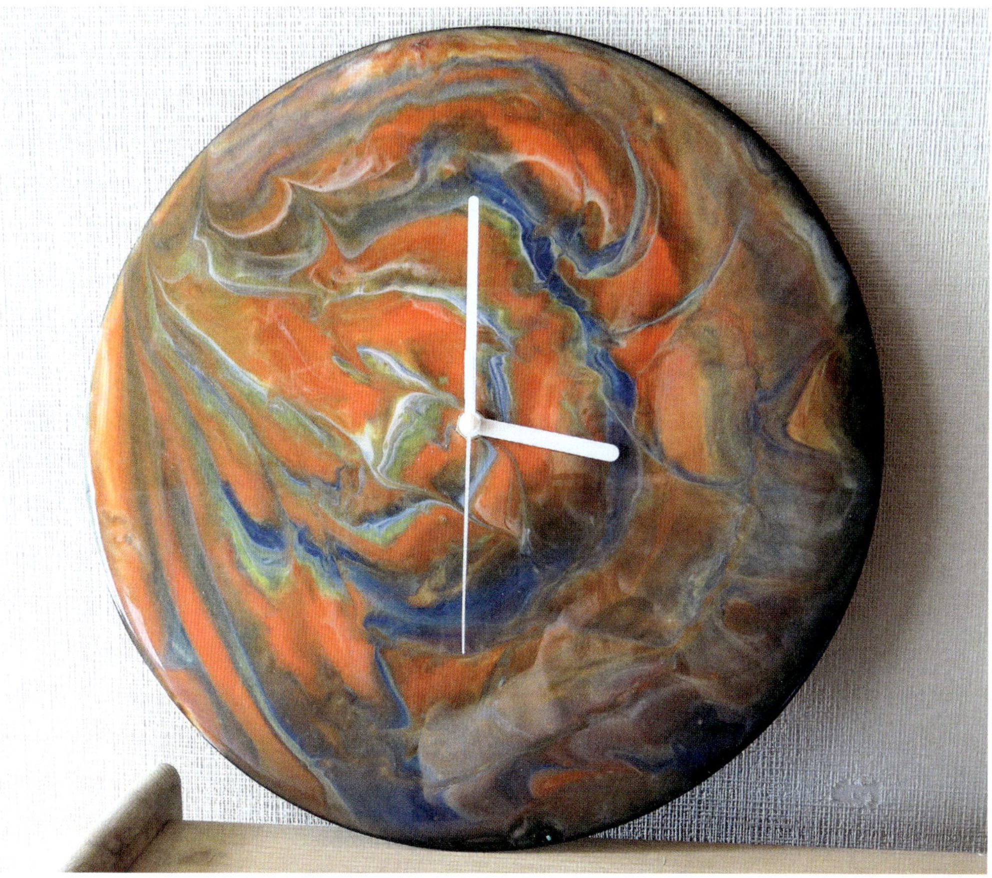

RESIN ART

Resin ist nicht nur super geeignet, um Schmuck und Deko zu gießen. Resin wird auch im künstlerischen Bereich der Malerei verwendet.

Acrylbilder z. B. können mit Resin überzogen werden, um eine dauerhafte Oberfläche zu erhalten. Es können aber auch Bilder ganz aus Resin gestaltet werden.

Acrylbilder mit Resin überziehen

Die Acrylbilder müssen dazu gut durchgetrocknet sein, denn Feuchtigkeit und Resin vertragen sich nicht. Das Resin würde bei nicht durchgetrockneten Bildern nicht richtig aushärten, Schlieren und Dellen bilden und ggf. auch matt werden und/oder Risse bilden.

Viele bevorzugen zum Bildüberzug ein dickflüssigeres Resin, als es das SKresin 3220 ist, ich persönlich mag es, wenn das Resin dünnflüssig ist. Wenn ich tatsächlich mal etwas Dickflüssigeres benötige, lasse ich mein Resin einfach etwas länger stehen und verarbeite es erst dann.

Egal auf welchem Untergrund die Acrylbilder gemalt wurden – Holz oder Leinwand –,

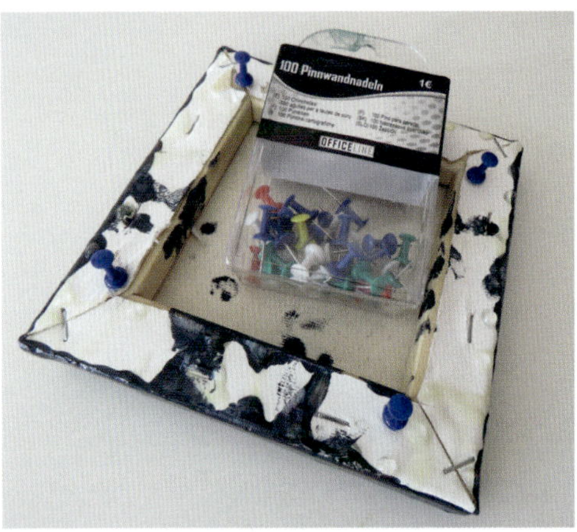

Pinnwandnadeln auf der Rückseite einstechen.

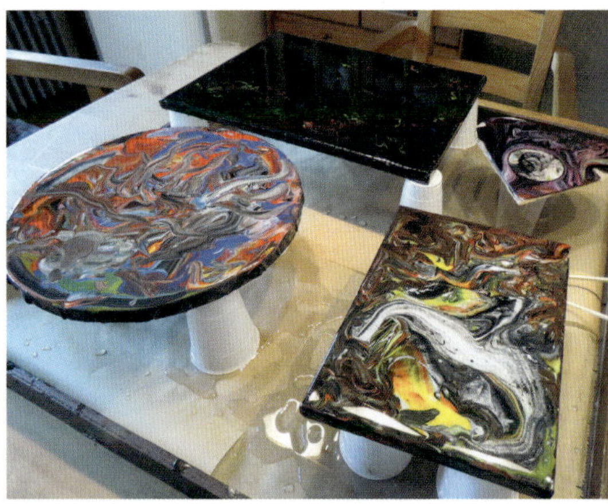

Verschiedene Bilder

zum Überziehen ist es wichtig, dass die Bilder erhöht und in Waage liegen. Entweder legt man die Bilder auf Becher auf oder nutzt Pinnwandnadeln, die hinten in den Rahmen gestochen werden.

Auch beim Bildüberzug bin ich kein Freund von Abkleben, ich lasse das Resin über die Ränder laufen und verreibe das Resin mit behandschuhten Fingern am Rand. Gießtropfen entferne ich mit einem Holzspatel.

Wenn die Acrylbilder auf Leinwand gemalt sind, ist zu beachten, dass die Leinwandrahmen in der Mitte nachgeben, sodass meist eine kleine Kuhle entsteht, in der sich das Resin sammelt. In diesem Fall sollte das Bild von unten zusätzlich noch abgestützt werden.

Das Resin wird auf die Mitte des Bildes gegossen und dann mit einem Holzspatel verteilt. Ist das Bild in Waage, sollte sich das Resin selbst ausnivellieren.

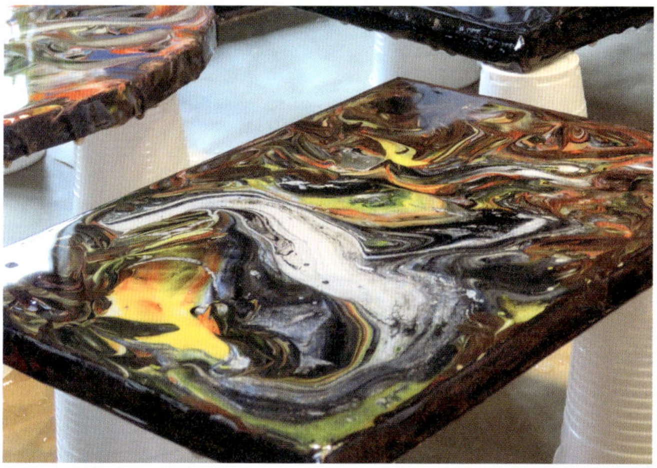

Die mit Resin überzogenen Bilder trocknen lassen.

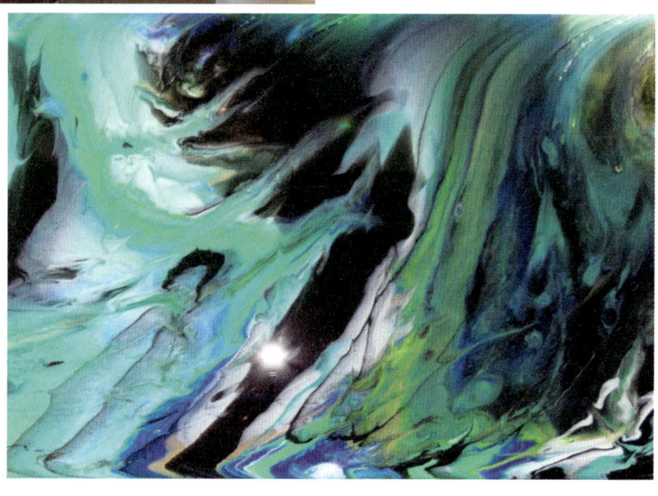

BILDER MIT RESIN GESTALTEN

Für mich viel spannender, als Bilder zu überziehen, ist es, selbst Bilder mit Resin zu erschaffen. Ich gieße am liebsten auf Holzplatten in Form von einfachen Regalbrettern aus dem Baumarkt.

Was man benötigt:

- Holzplatte aus dem Baumarkt
- verschiedene Farben/Farbpasten
- Becher für die verwendeten Farben
- ggf. einen großen Becher, um einen Farbmix aufzutragen

Dirty Pour-Technik

Ich habe hier die Technik Dirty Pour angewandt. Dabei verschiedene Farben in einen Becher geben (daher kommt der Begriff dreckige Mischung), aber nicht verrühren! Diesen Becher dann schnell umgestülpt auf die Holzplatte stellen, den Becher heben und die Farben fließen lassen (Flip Cup). Eine weitere Variante ist, die Farbe langsam aus dem Becher auf die Platte laufen zu lassen.

RESIN ART AUF EINEM REGALBRETT **Größe: 80 x 40 x 2 cm**

Bild 1

Gesamt-Mischungen mit Farbpasten:

- je 93 g Ultramarinblau und Mintgrün
- je 62 g Rapsgelb und selbstgemischtes Türkis (Blau + Grün + Weiß)
- je 124 g Tiefschwarz und Perlweiß
- je 31 g Gold, Beigegrau und Klar

Einen Dirty-Pour-Becher mit etwas Tiefschwarz und etwas von allen Farben außer Perlweiß, Gold und Beigegrau zusammenmischen, nicht verrühren.

Einen zweiten Dirty-Pour-Becher mit etwas Perlweiß und etwas von allen Farben außer Tiefschwarz, Gold und Beigegrau zusammenmischen, nicht verrühren.

Die Dirty-Pour-Becher über der Holzplatte ausgießen und die Restfarben willkürlich drumherumgießen, das Brett schwenken und die Farben so lange verlaufen lassen, bis das ganze Brett bedeckt ist.

Dünne Linien mit Gold, Klar und Beigegrau über das Bild ziehen und durch Schwenken des Brettes nochmal alles fließen lassen.

Das heruntergelaufene Resin kann man nach dem Aushärten mit einem Messer oder Spachtel von der Gießwanne lösen und dann für Schmuck oder andere Sachen verwenden. Noch einfacher geht es, wenn man die Gießwanne vor dem Gießen mit Backpapier auslegt. Die Gießreste lassen sich dann leicht vom Backpapier lösen.

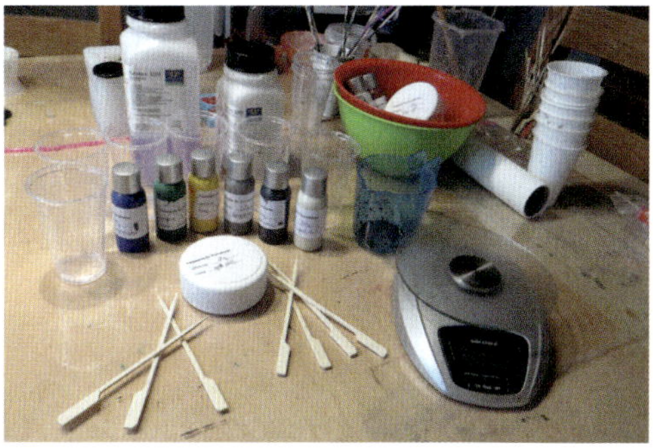

Alle Farben und Materialien stehen bereit.

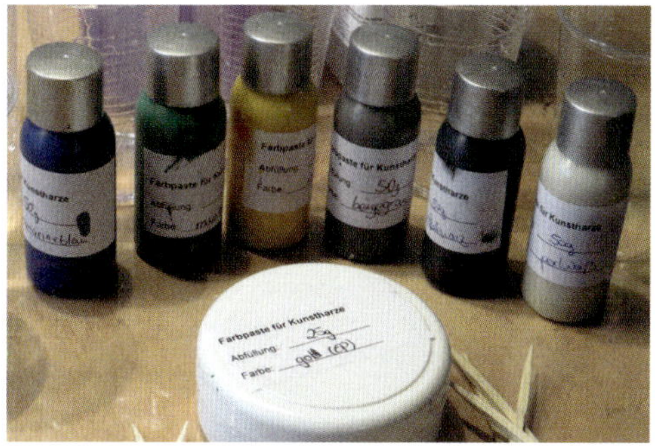

Farbauswahl

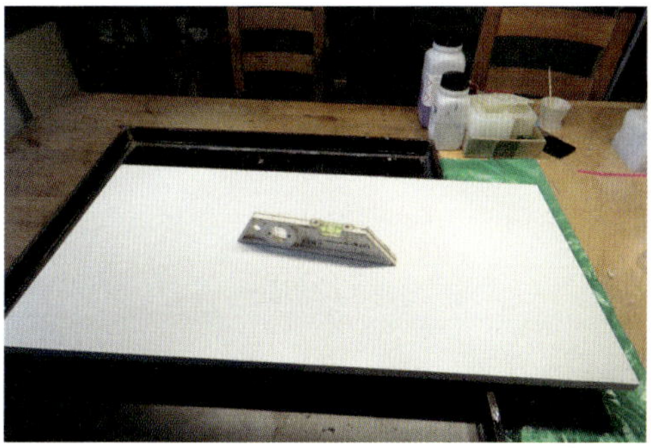

Das Holzbrett muss in Waage sein.

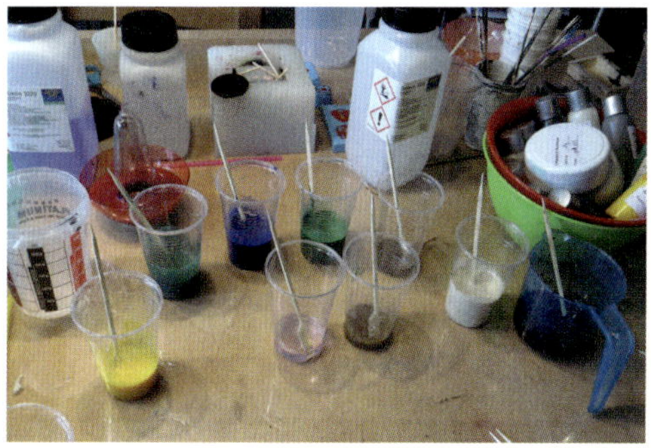

Die einzelnen Farben sind angerührt.

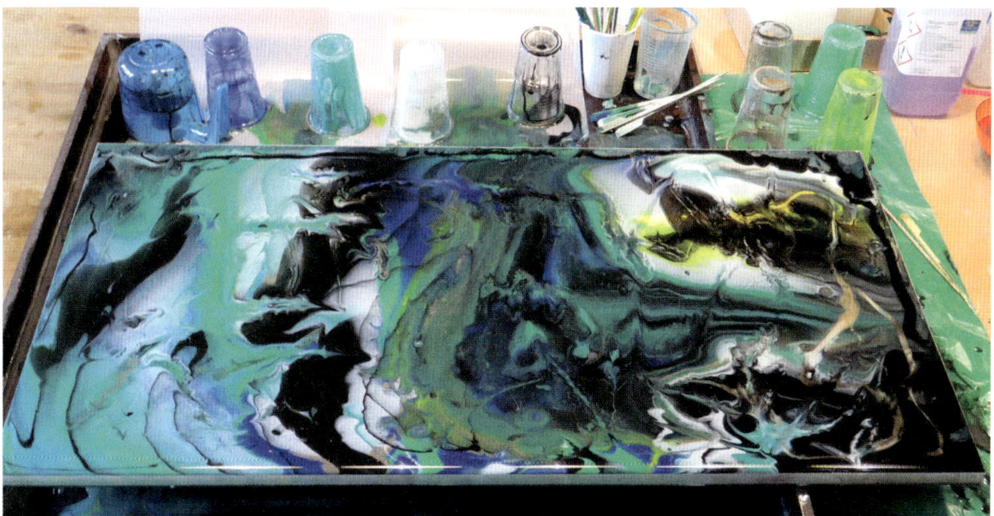

Gegossen, wie oben im Text beschrieben

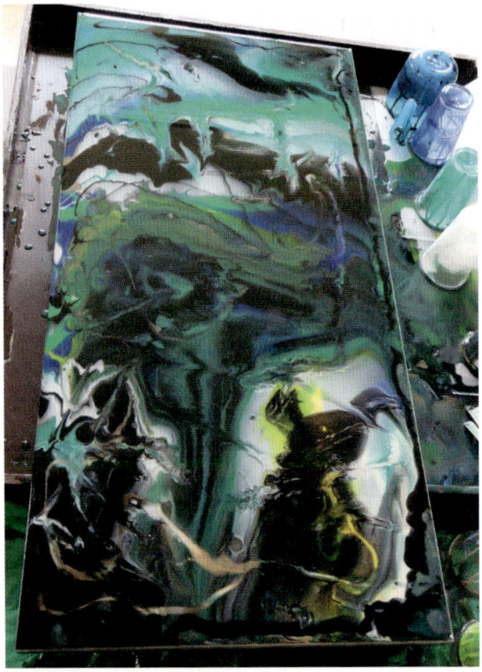

Die Farben sind schön ineinandergelaufen.

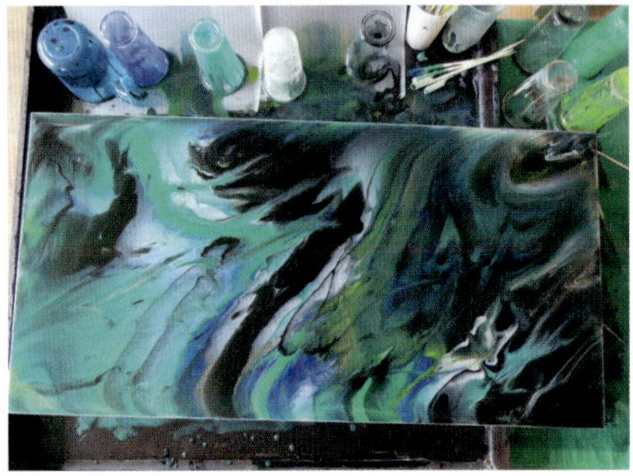

Das Bild habe ich noch etwas geschwenkt, um die Farben ein bisschen besser zu verteilen.

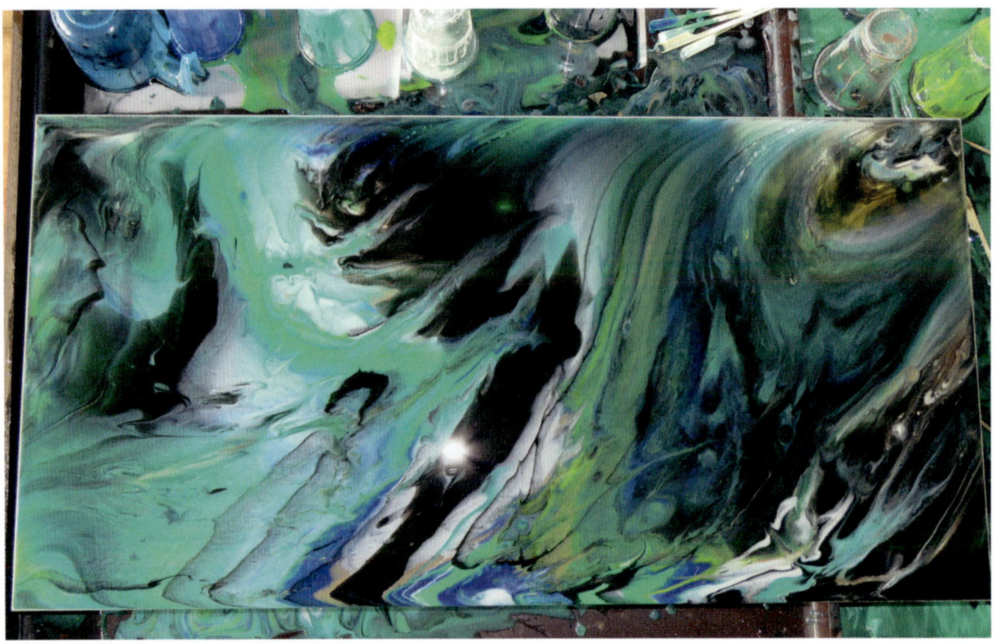

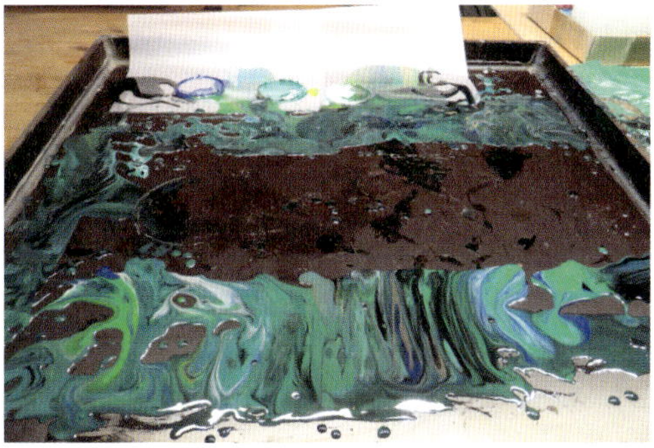

Ein Arbeitsplatz nach dem Gießen

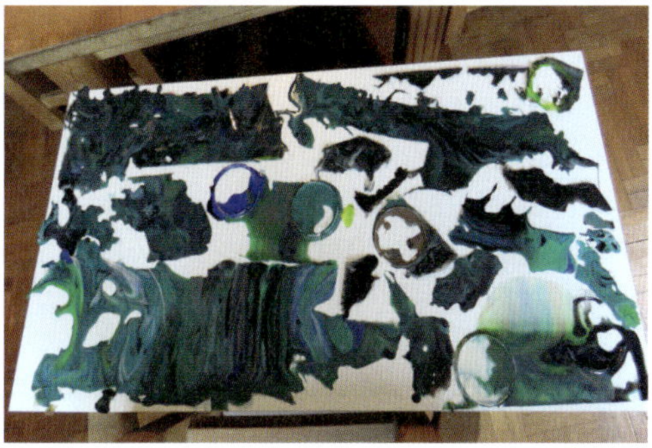

Die ausgehärteten Reste vom Arbeitsplatz abgelöst zur Weiterverwendung

Bild 2

Mischungen mit Farbpasten:

- je 93 g Rapsgelb, Orange, Pinkbeauty und Bordeauxviolett
- je 124 g Tiefschwarz und Perlweiß
- 33 g Silber

Einen Dirty-Pour-Becher mit ca. der Hälfte von Tiefschwarz, Bordeauxviolett und Orange mischen.

Einen Dirty-Pour-Becher mit ca. der Hälfte von Perlweiß, Rapsgelb und Pinkbeauty mischen.

Je einen Becher rechts und links als Dirty Pour aufgießen und die restlichen Farben willkürlich drumherum verteilen.

Die Farben durch Bewegen und Schwenken des Brettes fließen lassen, dann das Silber dünn und willkürlich über dem Bild verteilen. Nochmals fließen lassen.

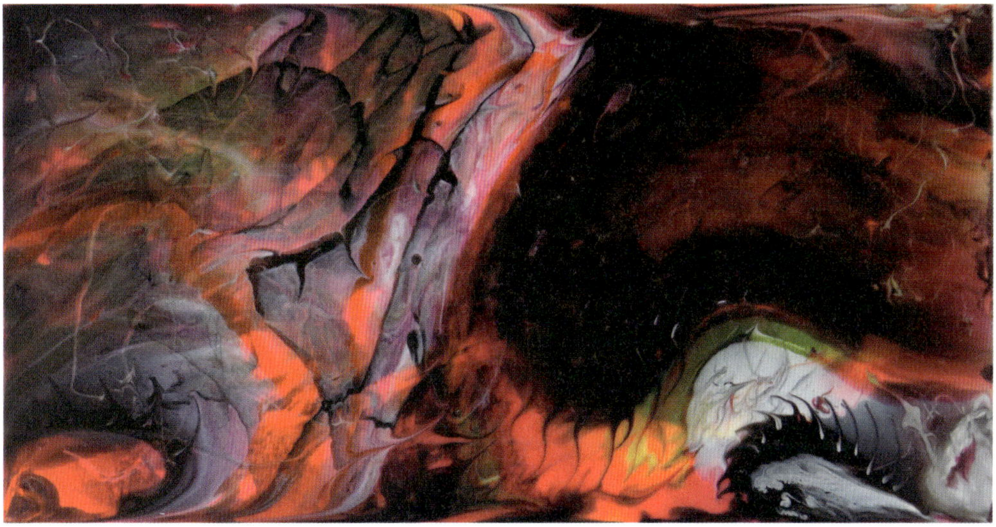

DREIECKE MIT RESI-BLAST FÜR DIE ZELLBILDUNG Größe: 40 x 40 x 40 cm

Resi-Blast ist ein Zusatzmittel. Die Flüssigkeit wird tröpfchenweise verarbeitet und sorgt für die so genannten Zellbildungen beim farbigen Gießen. Man bekommt es z. B. über Amazon.

Resi-Blast hinterlässt nach dem Aushärten ggf. kleine Dellen auf der Oberfläche des Bildes. Falls das der Fall ist, muss die Fläche gründlich mit Alkohol gereinigt werden, dann kann noch eine dünne Schicht Resin über das Bild gegossen werden. Viele Tipps zum Resi-Blast findet man auf Youtube.

Ich habe 4 „Varianten" ausprobiert. Jedes Dreieck wurde mit 3 Farben gegossen, Schwarz und Perlweiß habe ich bei jedem Dreieck benutzt und dann je eine der folgenden Farben dazu.

Bei allen habe ich nach dem Gießen noch je 3 Tropfen Resi-Blast aufs Gegossene gegeben.

Nach dem Trocknen der Bilder liegt das Resi-Blast wie ein Film auf dem Bild, das sieht ähnlich aus wie Spülmittelflecken. Dieser Film kann ganz einfach mit einem weichen Tuch abgewischt werden.

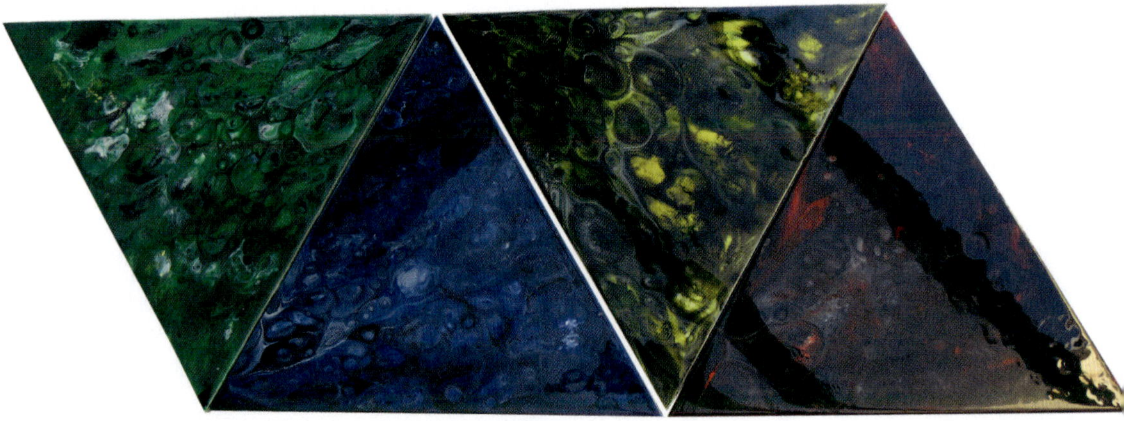

Vier Dreiecke mit Resi-Blast für die Zellbildung

Gelbes Dreieck

Dirty-Pour-Becher, Gelb als erste und letzte Farbe, Resi-Blast als Letztes in den Becher und einmal umgerührt. Nach dem Gießen stark fließen lassen.

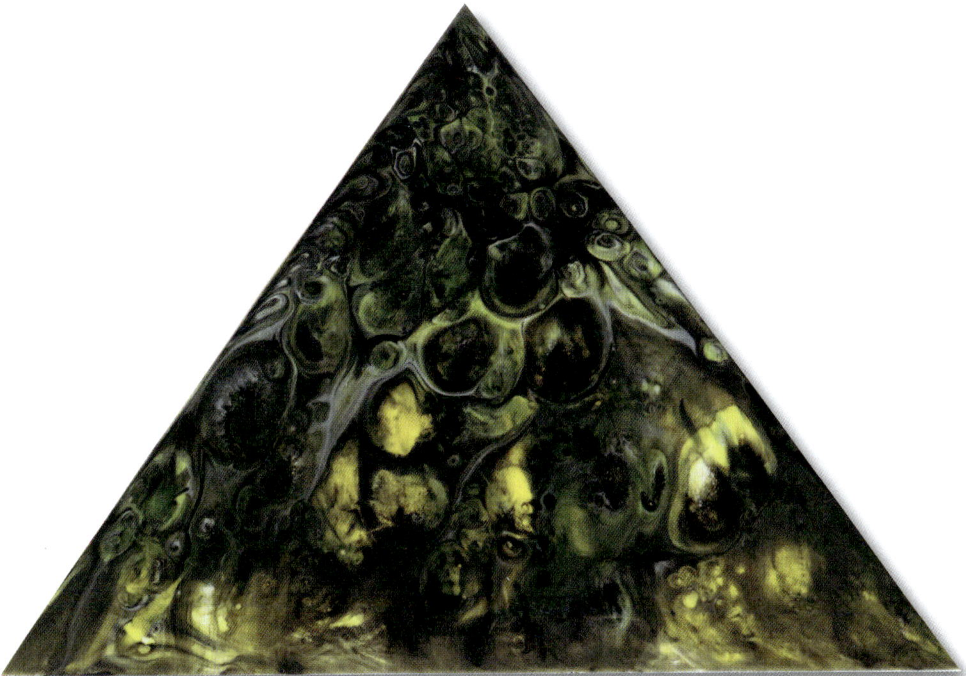

Das gelbe Dreieck

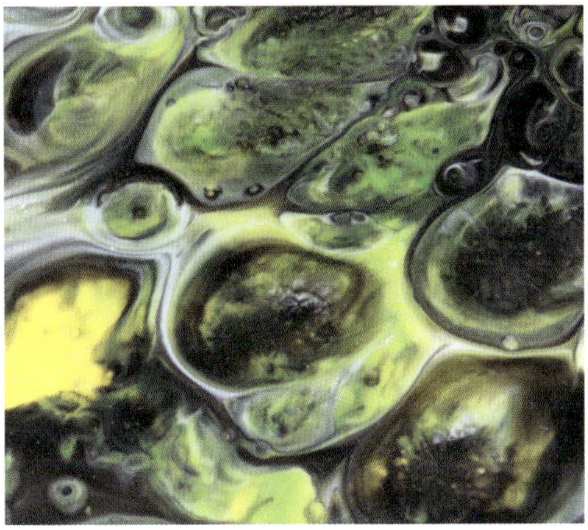

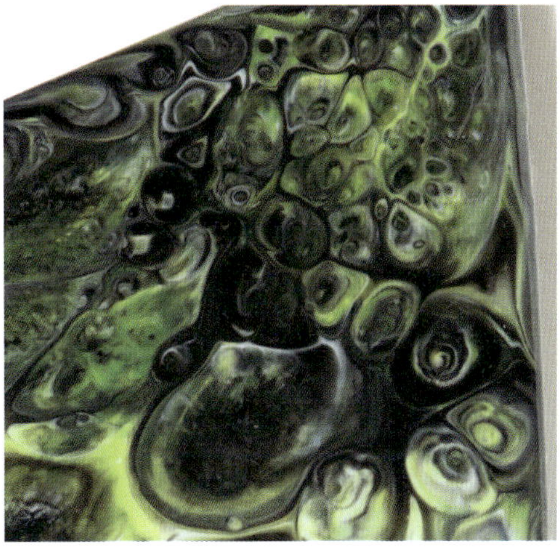

Detailbilder vom Dreieck

Oranges Dreieck

Mit Dirty-Pour-Bechern gearbeitet, aber als Flip Cup, sonst wie beim gelben Dreieck, außer dass ich es nur wenig geschwenkt habe.

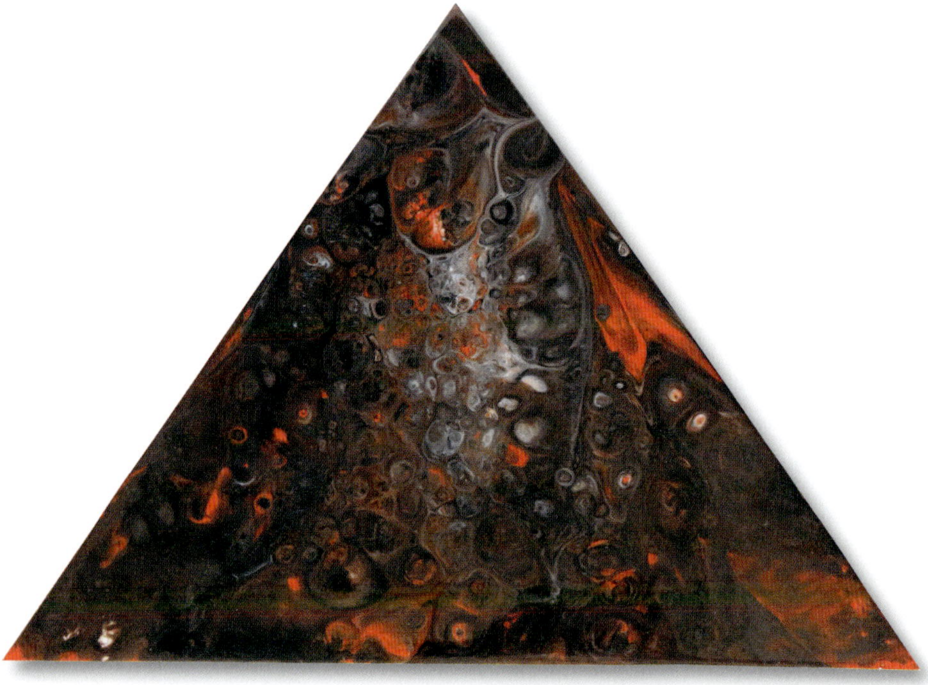

Das orange Dreieck

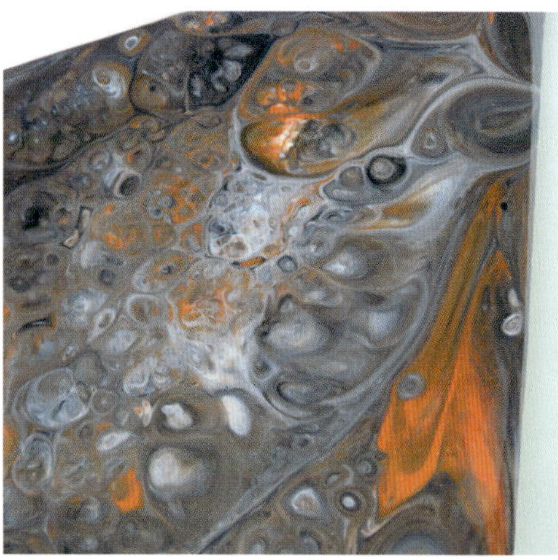

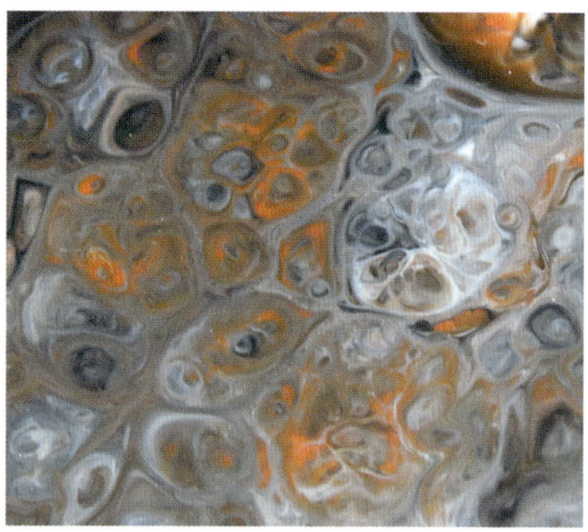

Detailbilder vom Dreieck

Grünes Dreieck

Dirty-Pour-Becher, aber als Flip Cup, das Resi-Blast nur ins Grün gegeben, den Flip Cup sofort hochgenommen und das Bild leicht geschwenkt.

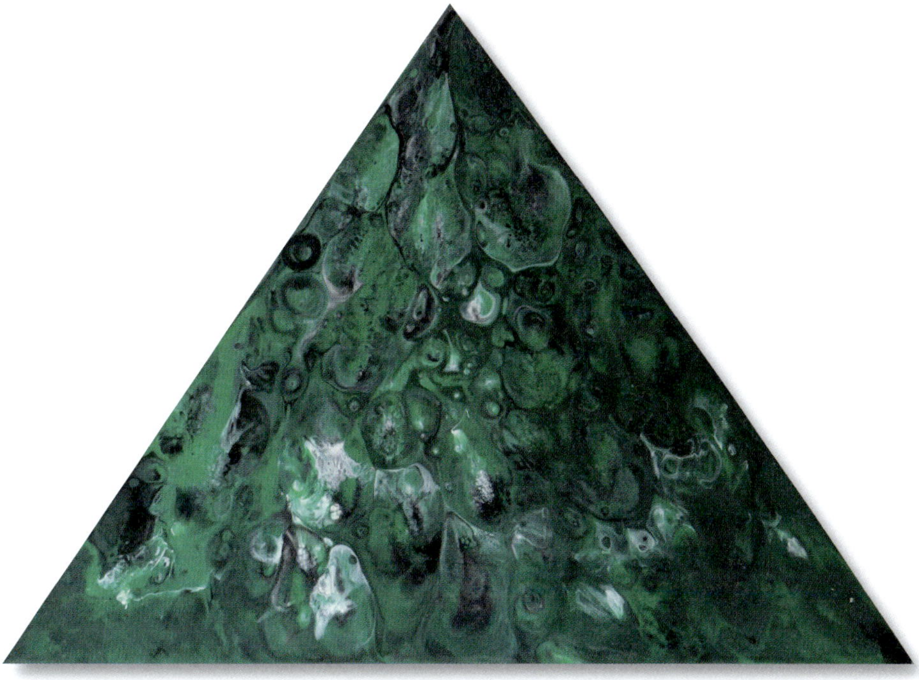

Das grüne Dreieck

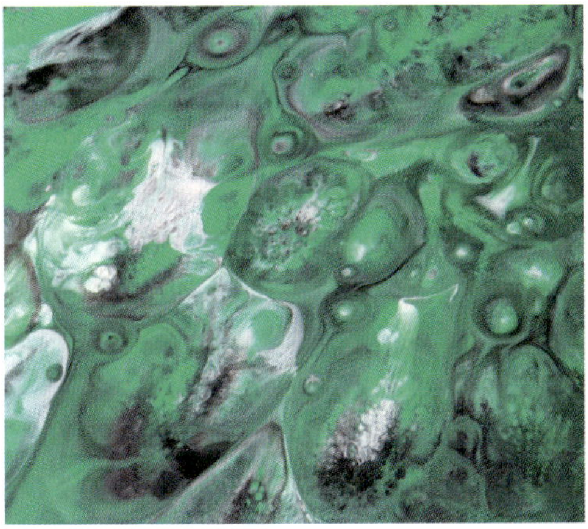

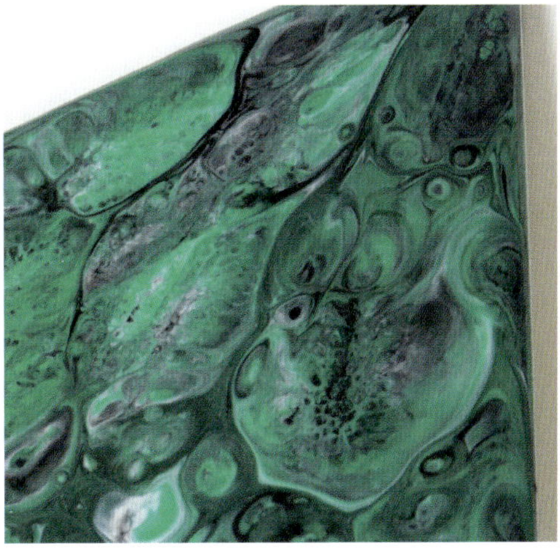

Detailbilder vom Dreieck

Blaues Dreieck

Dirty-Pour-Becher, aber als Flip Cup, das Resi-Blast nur ins Blau gegeben, den Flip Cup 20 Minuten stehen gelassen und das Bild nicht geschwenkt

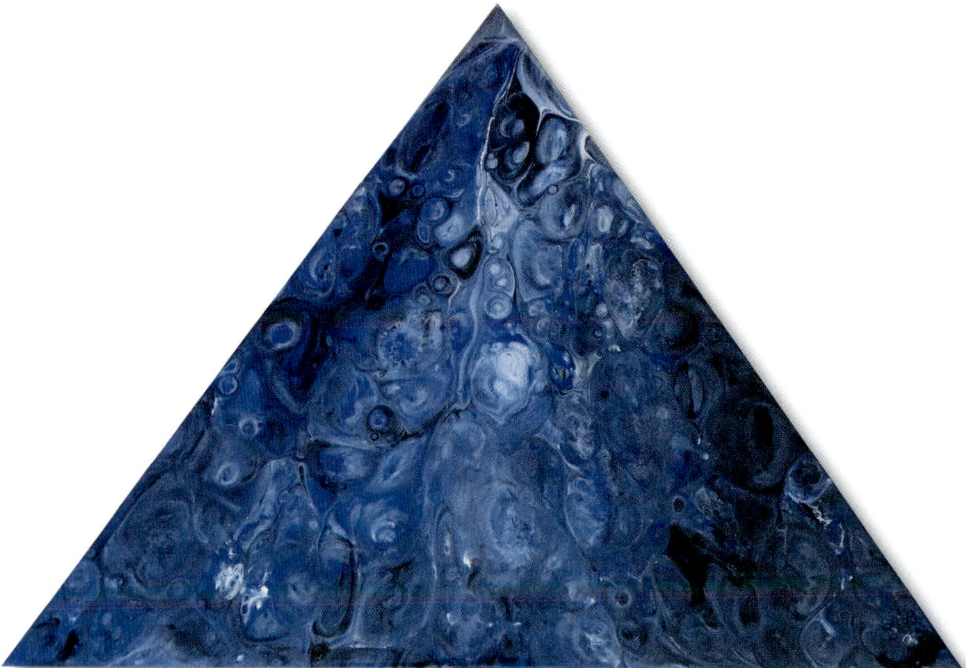

Das blaue Dreieck

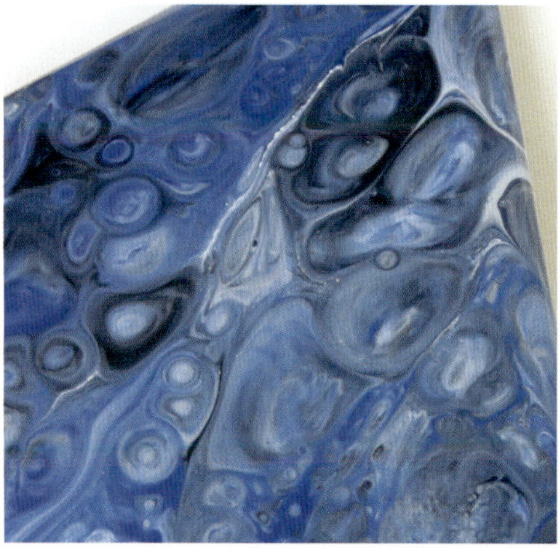

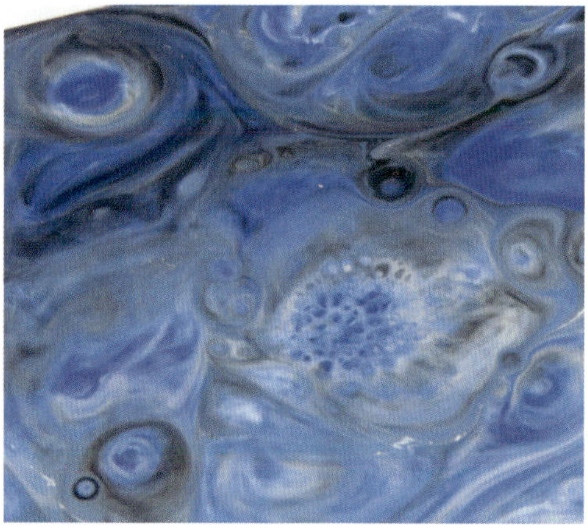

Detailbilder vom Dreieck

EINFACHE KACHELN MIT RESIN ART GESTALTEN

Eine, wie ich finde, superschöne Sache ist das Gestalten von einfachen Kacheln.

Ich hatte bei uns im Keller alte weiße Fliesen gefunden, die ich gereinigt und dann mit Resin gestaltet habe. Die Technik ist dieselbe wie bei den Resin-Bildern.

Verwendet hab ich auch hier das SKresin 3220 und deckende Farbpasten.

Bei der nächsten Badrenovierung werden auf jeden Fall diese selbst gestalteten Fliesen verwendet werden.

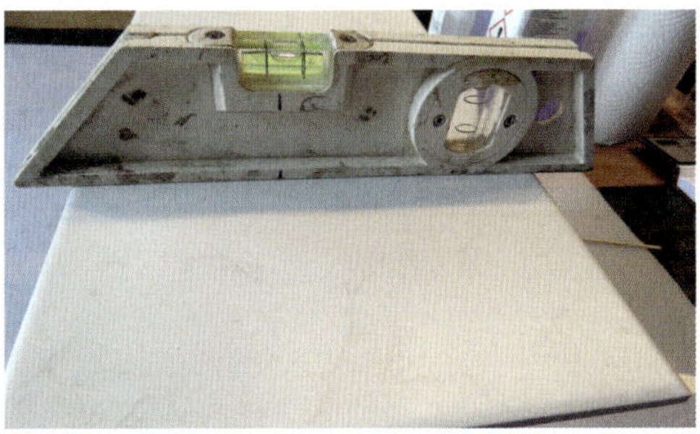

Prüfen, ob die Kacheln ...

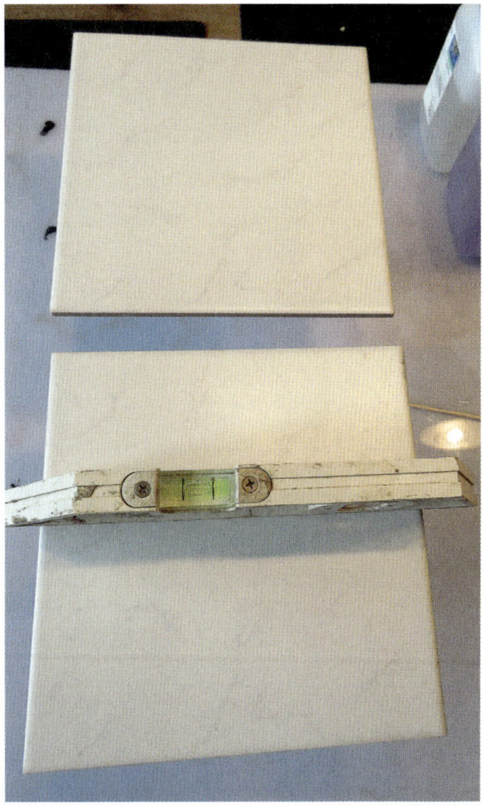

... in Waage liegen.

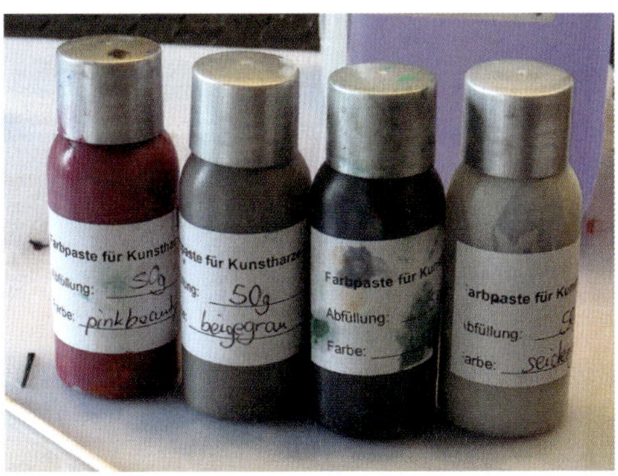

Farbwahl für die Kacheln

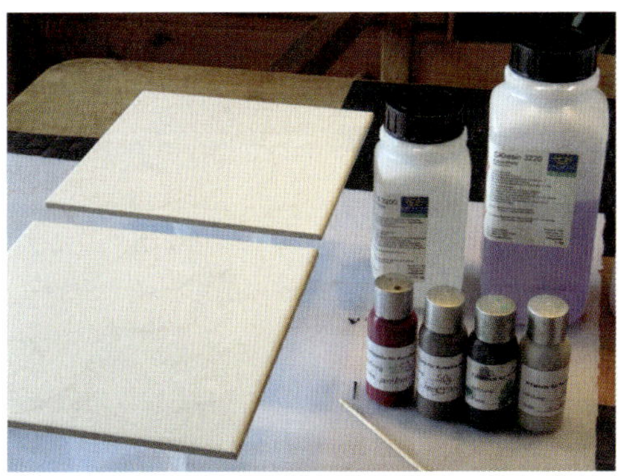

Farben und Resin stehen bereit.

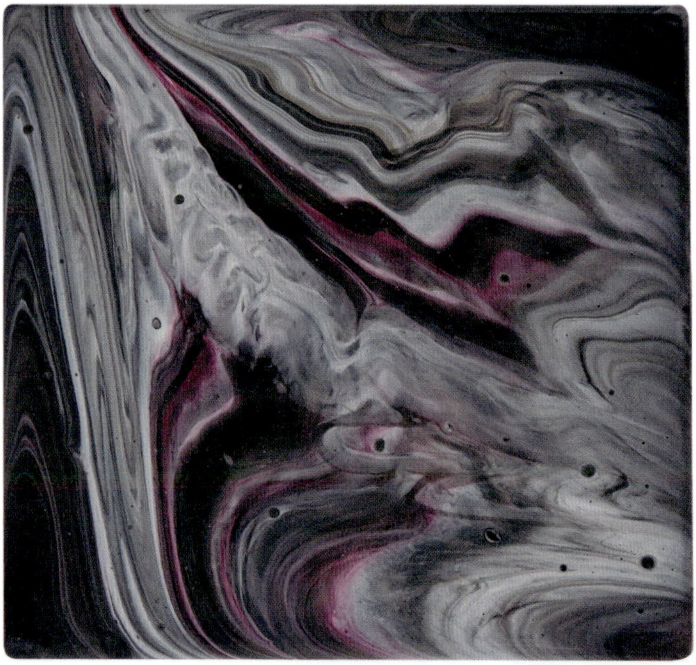

Die fertig übergossenen Kacheln

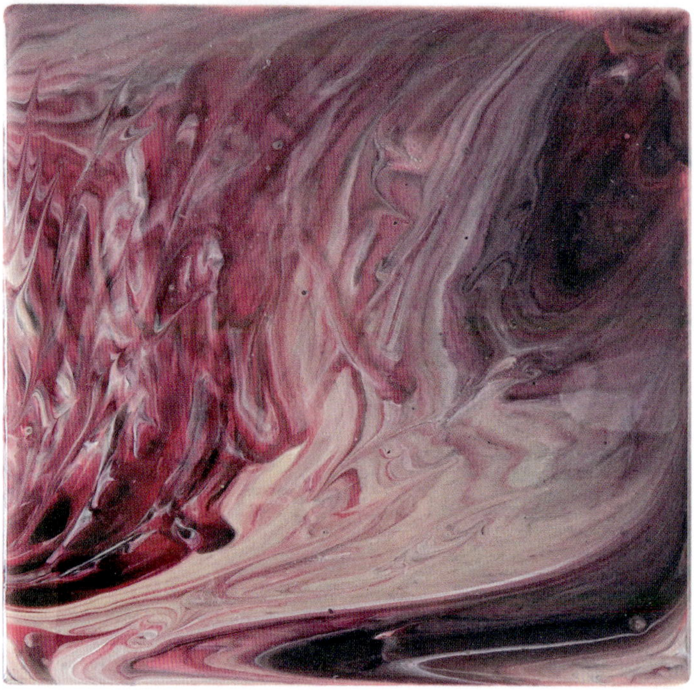

RESTEVERWERTUNG VON RESIN-ART-BILDERN – DAS ÜBERGELAUFENE RESIN

DÜNNES BRETTCHEN IN HERZFORM

Hier habe ich einen großen Rest vom Resin-Art-Bild genommen, in dem ein Becher stand – diese Öffnung bietet sich dafür an, ein Foto hineinzugeben. Natürlich kann man das Holzherz auch mit verschiedenen Farben neu gestalten, wenn man keine Reststücke hat.

Das Reststück in Form des Holzherzens ausschneiden und ein beliebiges Foto in die Öffnung einpassen. Mein Foto habe ich mit einem Tintenstrahldrucker selbst auf Fotopapier ausgedruckt.

Das Holzherz auf 3 Bechern in die Waage legen, das zugeschnittene Reststück mit dem Foto auf dem Herz platzieren und das Herz mit Klebeband umschließen. Nach oben einen ca. 5 mm (oder mehr) Rand stehen lassen. Mit einer dünnen Schicht klarem Resin vorsichtig übergießen, bis sowohl das Reststück als auch das Foto erstmal bedeckt sind, also eine glatte Fläche vorhanden ist. Trocknen lassen und noch eine Schicht aufgießen, da das Reststück nach dem Gießen etwas hochschwimmt und nun mit dem letzten Guss dann eine glatte Fläche entsteht.

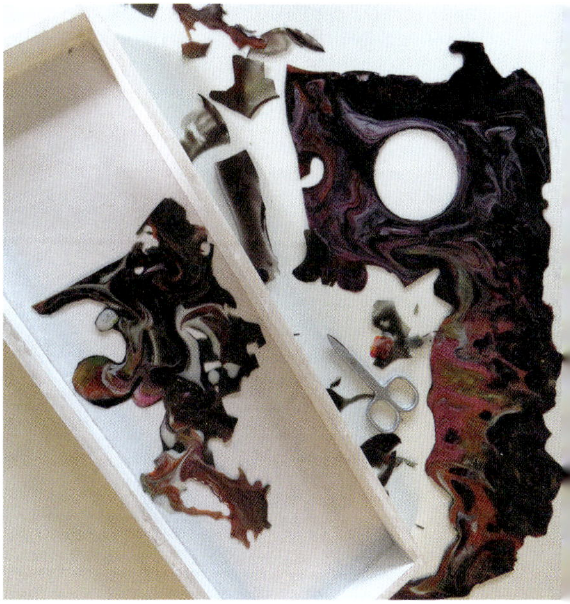

Verschiedene Resinreste

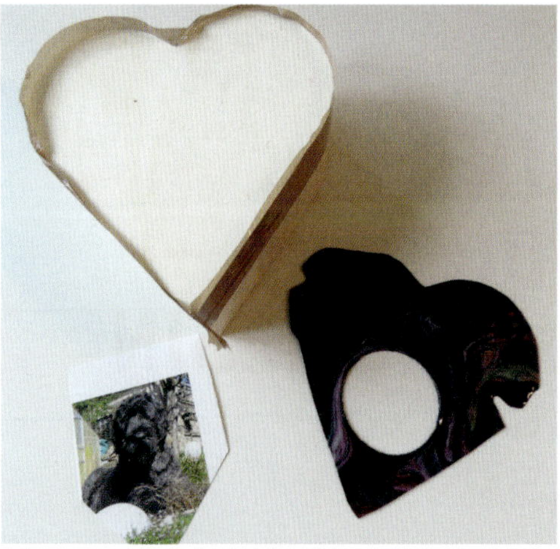

Das Holzherz mit Paketband abkleben, die Reste vom Resin Art mit einer Schere passend zurechtschneiden und ein Foto ausdrucken und ebenfalls zurechtschneiden.

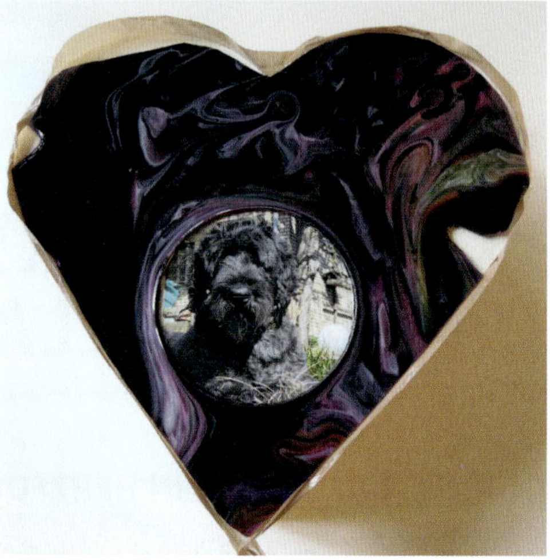

Den Resin-Art-Rest und das Foto auf dem Holzherz platzieren und vorsichtig mit klarem Resin übergießen, ca. 12 Stunden aushärten lassen.

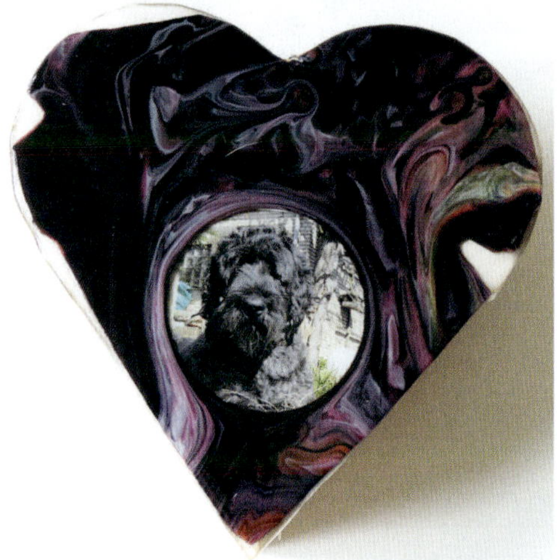

Das Paketband vorsichtig entfernen, das Herz auf die ...

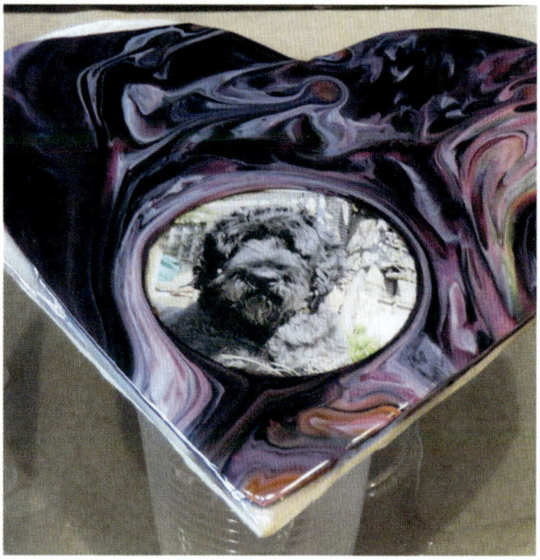

... Becher legen und nochmal dünn mit Resin übergießen.

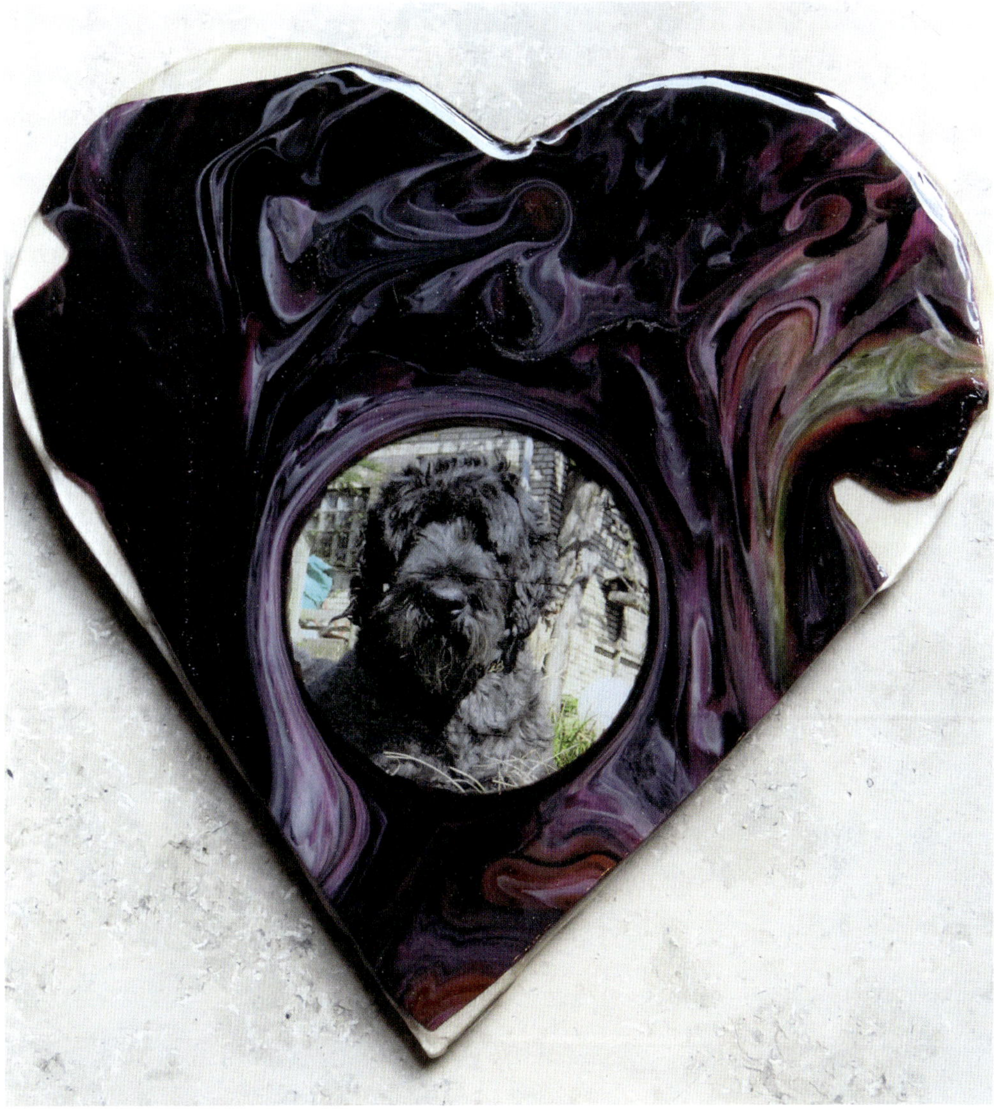

Das fertige Holzherz mit Foto

TABLETT MIT DEN RESTEN VON RESIN ART – ALTERNATIV AUS GESAMMELTEN RESTEN VORHERIGER GIESSLINGE

Ich habe ein einfaches Tablett aus einem 1-€-Shop verwendet. Da man sich – grad bei so günstigen Artikeln – nie sicher sein kann, ob das Produkt wirklich dicht ist, habe ich das Tablet rundherum und unten mit Paketband abgeklebt, um ein Herauslaufen des Resins zu verhindern.

Am Boden eine dünne Schicht Resin, eingefärbt mit der Farbe Pinkbeauty (es geht natürlich auch jede andere Farbe), eingießen und mit einem behandschuhten (!) Finger etwas Resin an den inneren Rändern und dem oberen Rand dünn verschmieren. Wenn die Schicht geliert ist – also fast getrocknet –, die Reststückchen darauf anordnen.

TIPP! Anordung der Teile

Vorher schon ausprobieren, wie die Teile angeordnet werden sollen, und sie daneben passend zurechtlegen.

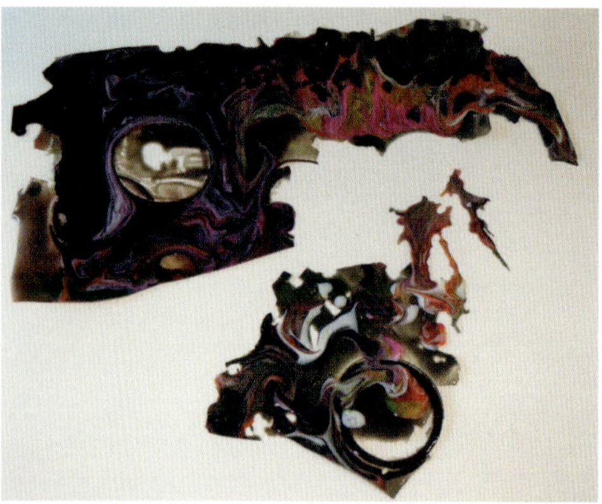

Viele bunte Resinreste

Ein paar Minuten stehen lassen, dann noch etwas (ich habe 31 g genommen) Resin anrühren und mit Perlweiß einfärben. Das weiße Resin mit einem Zahnstocher in die pinken Stellen eintropfen und etwas vermischen.

Trocknen lassen und zum Schluss noch eine dünne Schicht klares Resin auftragen, die dann alle eingelegten Teile bedeckt und eine glatte Oberfläche entstehen lässt.

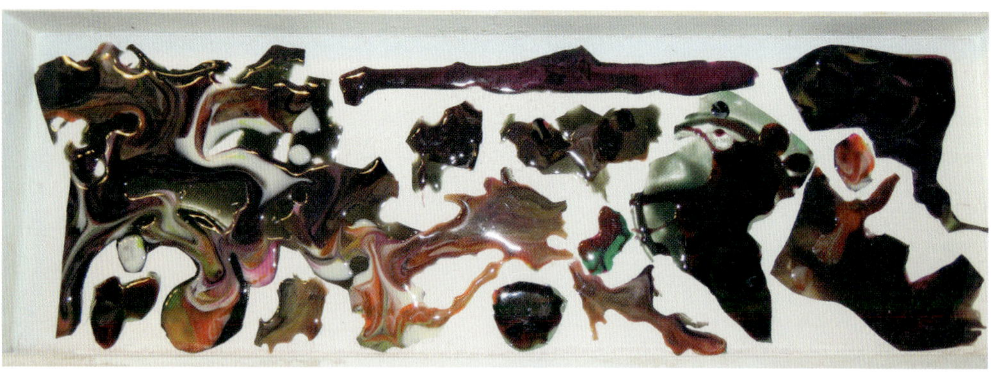

Grobe Anordnung im Tablett

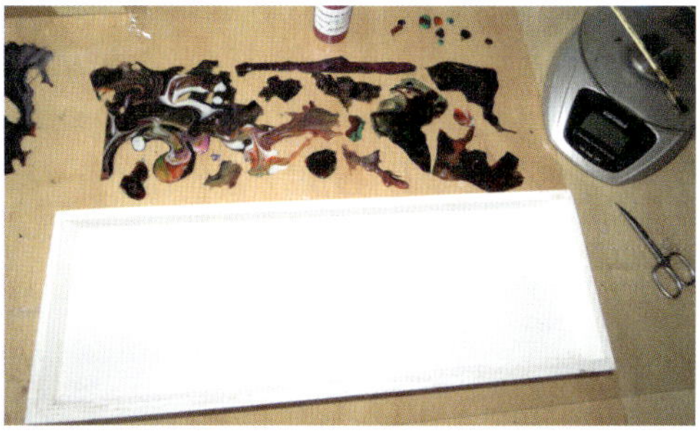

Das Tablett und die Resinreste

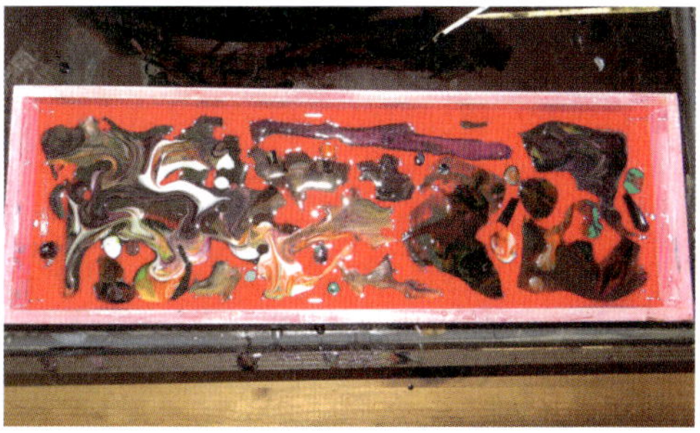

In eine dünne Schicht Resin die Resinreste einlegen.

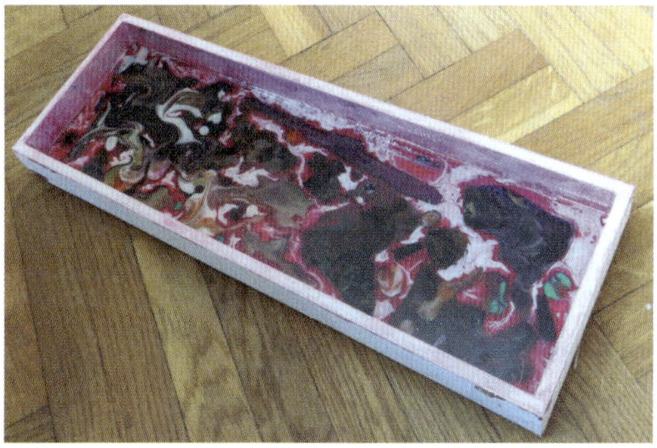

Alles aushärten lassen.

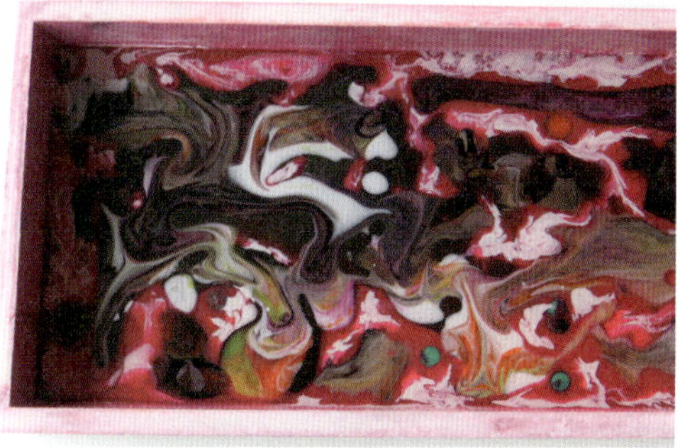

Detailaufnahme des Tabletts

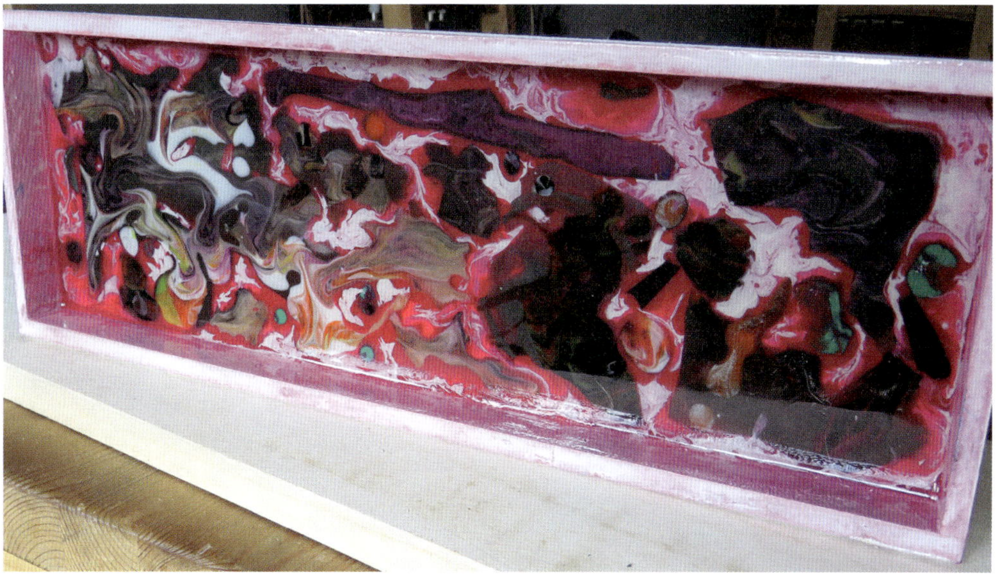

Das fertige Tablett

SCHMUCK MIT RESIN-RESTEN

Die hier verarbeiteten Reste sind ebenfalls von den Resin-Art-Bildern übriggeblieben.

Verwendet habe ich einen Anhänger, eine Lünette, die in Shops für Schmuckgestaltung erhältlich sind, und einen Armreif, der in Shops zu bekommen ist, die auch Zubehör fürs Perlenhäkeln führen.

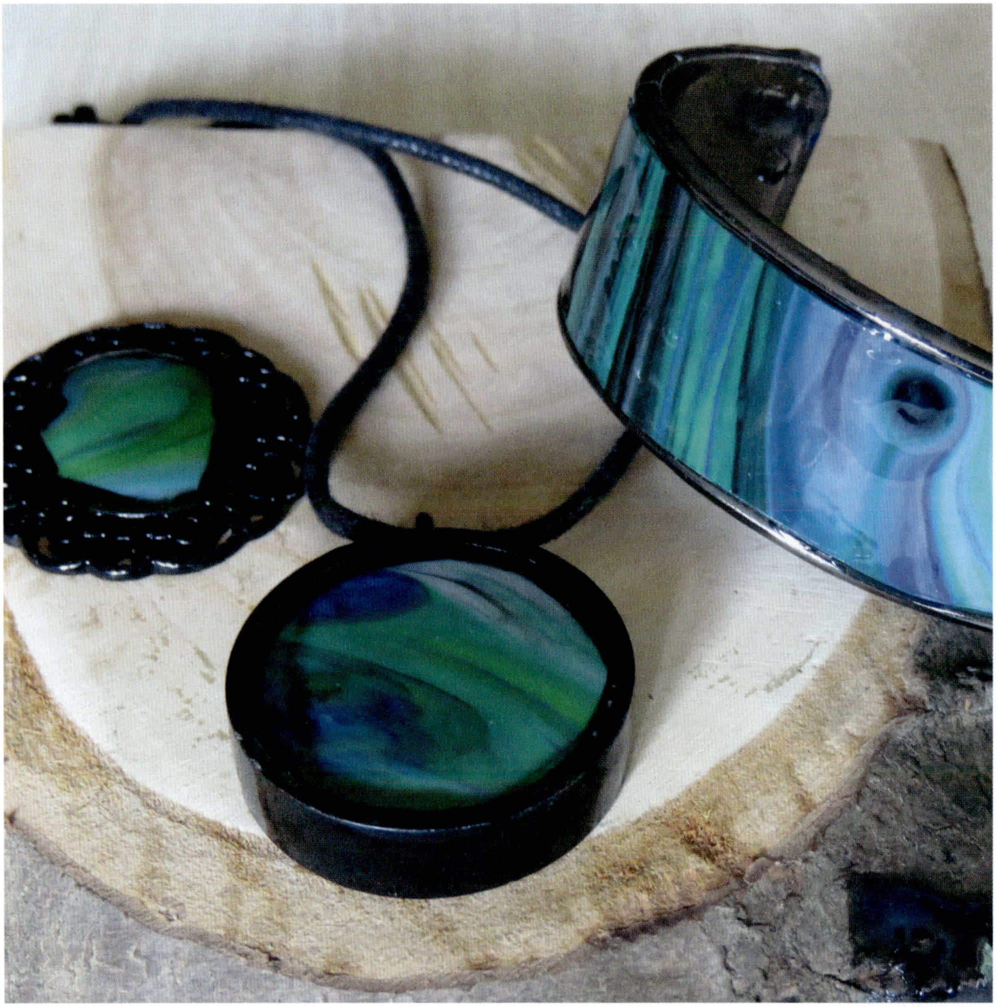

Verschiedene Schmuckstücke aus Resinresten

Zuerst wieder passende Reste suchen und zurechtschneiden, beim Anhänger und der Lünette wird das Resin wie immer eingegossen.

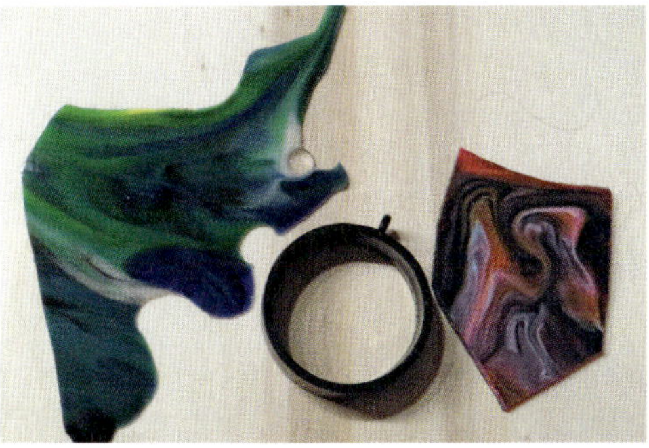

Resinreste für die offene Lünette

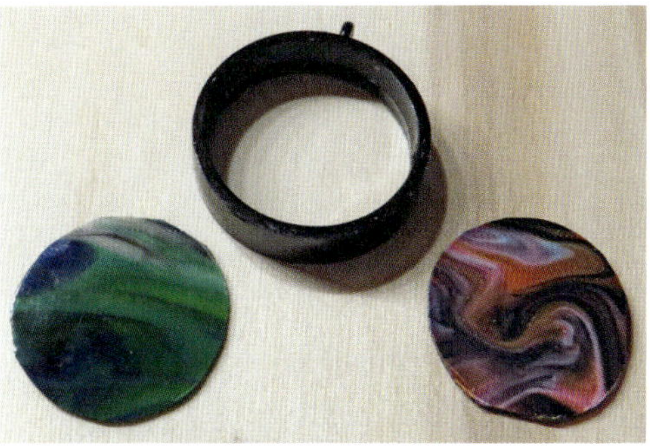

Die Resinreste, passend zugeschnitten

Etwas komplizierter ist es mit dem Armreif.

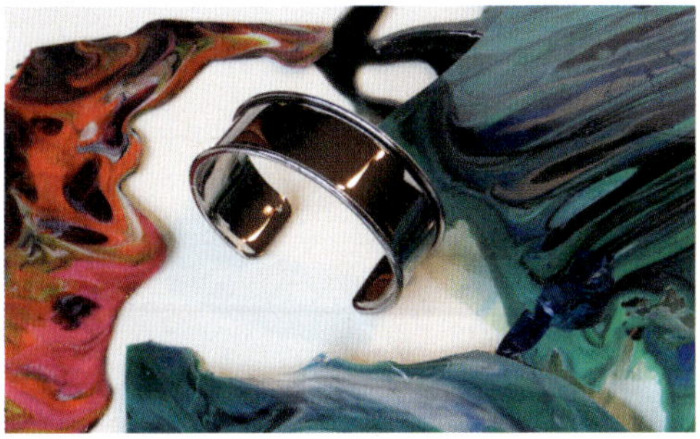

Zuerst wieder passende Reste heraussuchen, je dünner die Reststücke sind, desto leichter lassen sie sich biegen. Die Reststücke sollten nicht älter als 7–10 Tage sein, sonst sind sie evtl. nicht mehr biegsam genug.

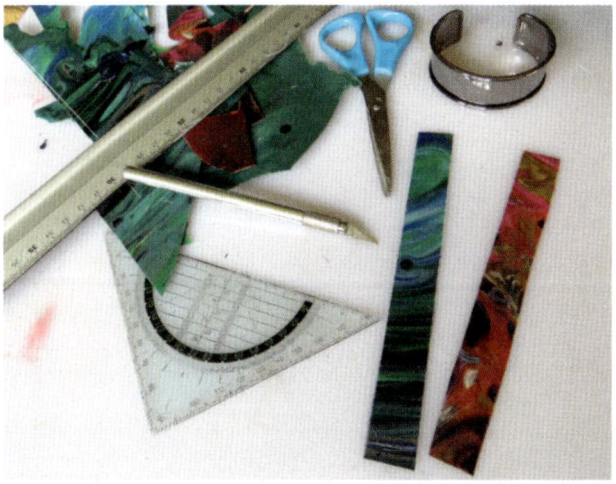

Die Reste dann mit einer Schere passend zuschneiden.

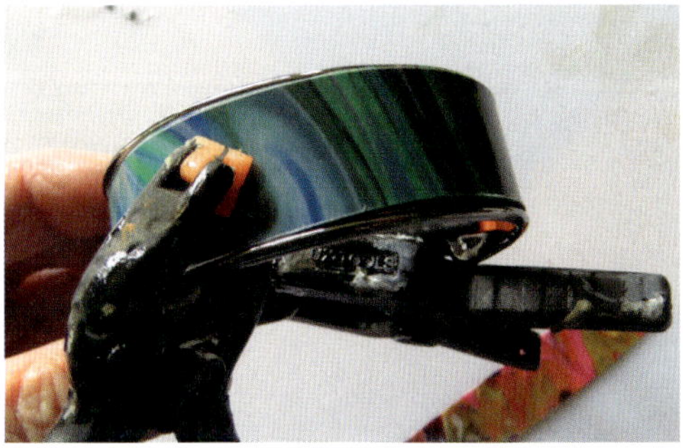

Nun benötigt man kleine Klemmen. Den Armreif innen mit Resin einstreichen, das ausgeschnittene Stück einlegen und mit den Klemmen fixieren.

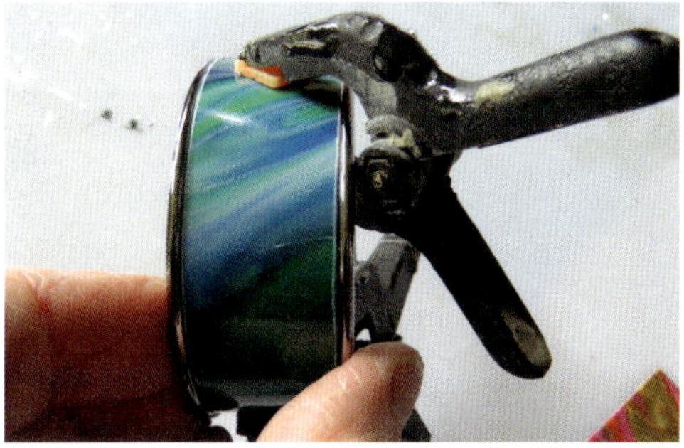

Die Klemmen an verschiedenen Stellen anbringen und ggf. noch etwas Resin nachstreichen.

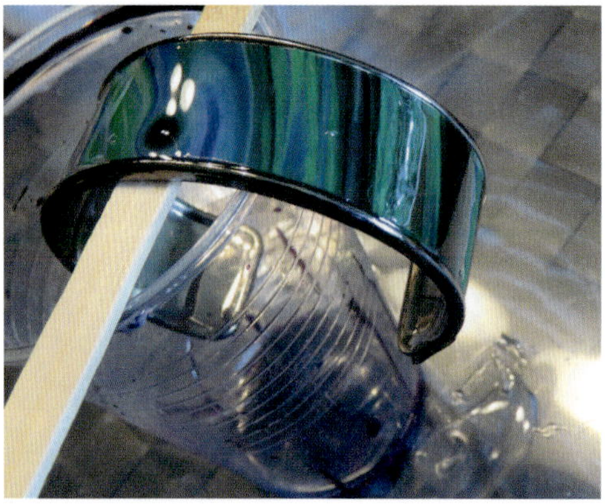

Sobald der Resineinleger hält, den Armreif mit Hilfe eines Holzspatels über einen Becher hängen und die Oberfläche mit Resin übergießen.

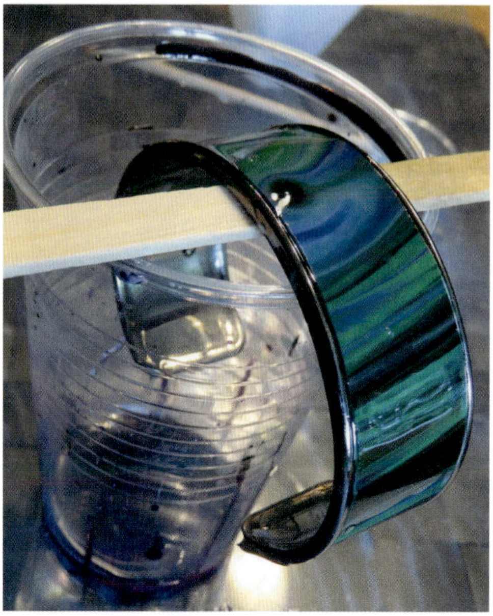

Die Schicht aushärten lassen, kontrollieren, ob es noch Lücken gibt und ggf. nochmal mit Resin nachstreichen.

RESIN UND HOLZ

SCHÜSSEL AUS HOLZRESTEN

Mit dünnen Holzscheiben kann man tolle Schüsseln machen.

Man benötigt:

- als Resin empfehle ich das SKresin 72
- dünne Holzscheiben
- 2 Plastikschüsseln, eine etwas größere, die innen glänzend ist, und eine etwas kleinere, die außen glänzend ist.
- Steine, um die innere Schüssel zu beschweren.
- Ich habe kein Trennmittel verwendet.

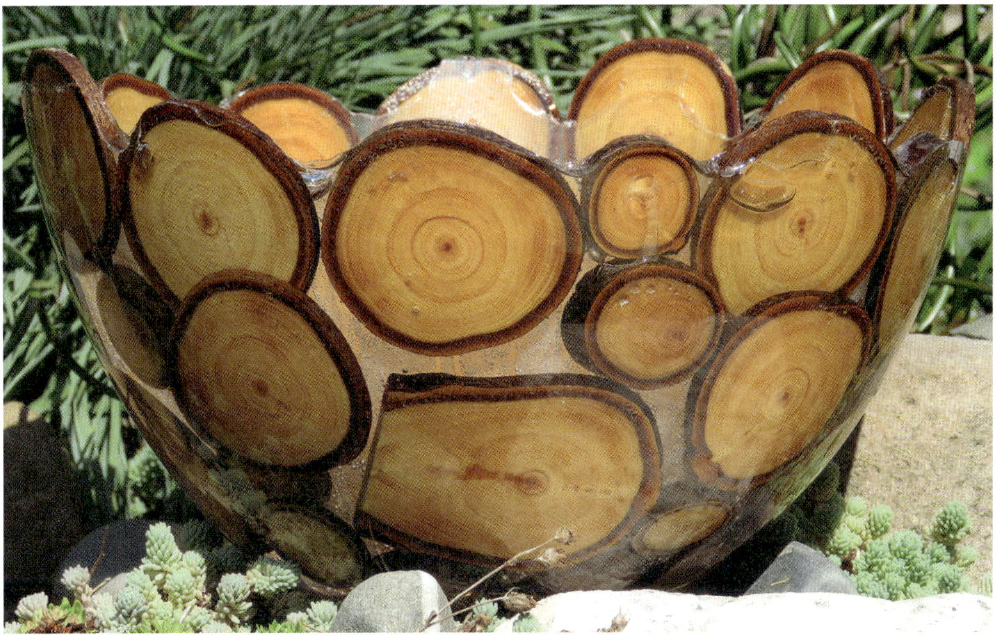

Resinschale mit Holzscheiben

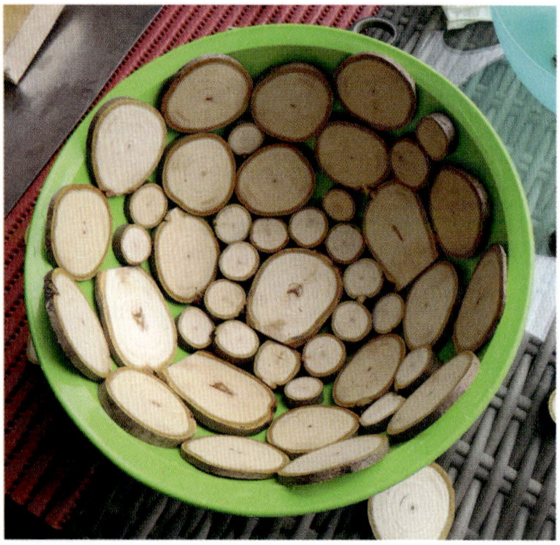

Die größere Schüssel mit den Holzscheiben auslegen.

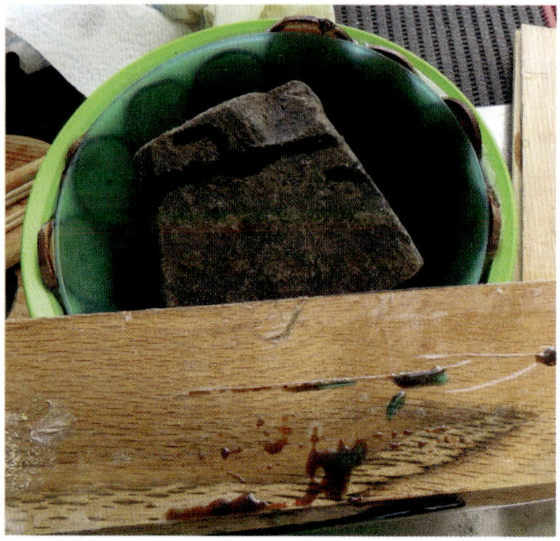

Die kleinere Schüssel in die ausgelegte Schüssel hineinstellen und mit den Steinen beschweren.

Dann langsam das Resin eingießen und mit dem behandschuhten Finger die nach oben rausguckenden Holzscheiben mit dem Resin bestreichen.

Das Resin aushärten lassen. Die Innenschüssel lässt sich einfach mit ein wenig Druck herausnehmen, die äußere Schüssel von außen etwas abklopfen. Sobald Luft zwischen Schüssel und Resin gelangt, lässt sich die Schüssel leicht entfernen.

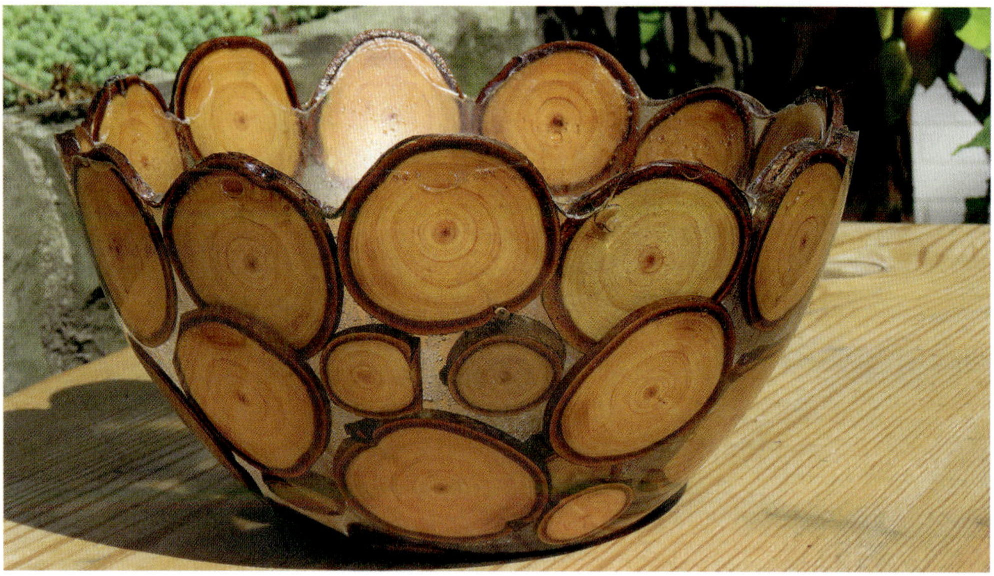

Auf diese Art und Weise lassen sich nicht nur Schüsseln mit Holz gießen, sondern z. B. auch Schüsseln mit Reststücken von Resin Art. Es können Wollfäden mit eingegossen werden, getrocknete Blumen, Holzstäbe und vieles mehr. Bitte bei all dem immer erst an kleinen Projekten testen, da z. B. Wolle abfärben könnte. Wichtig ist, dass Plastikschüsseln verwendet werden, da man bei Schüsseln aus Metall ohne Trennmittel die gegossene Schüssel nur mit einem Trennschleifer herausbekommt – ich habe es getestet.

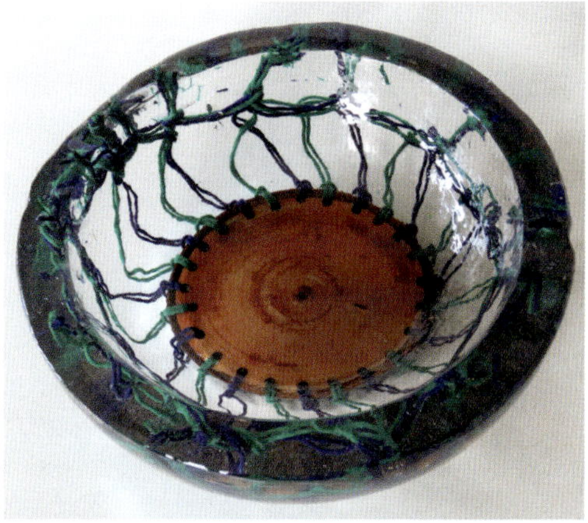

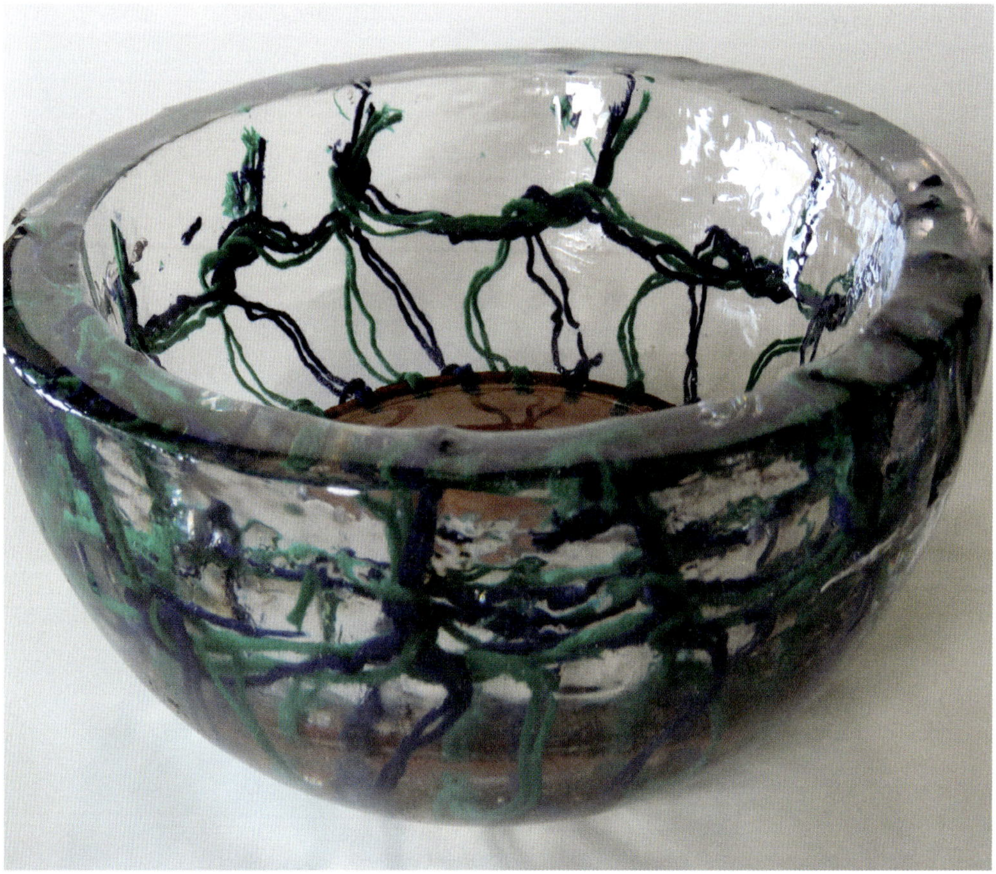

Resinschale mit Wollfäden und Astscheibe

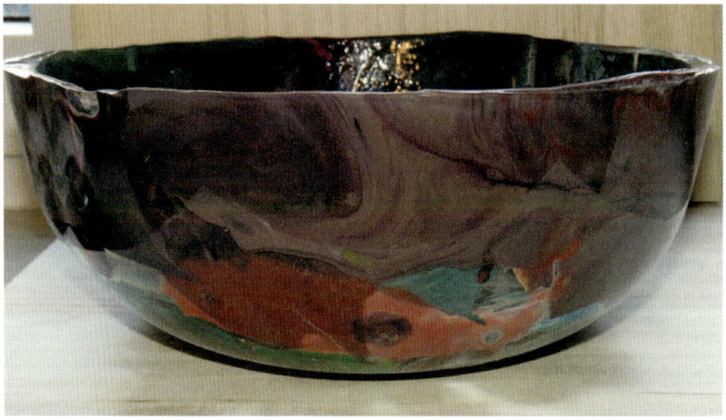

Große Resinschale mit Resinresten von Resin Art

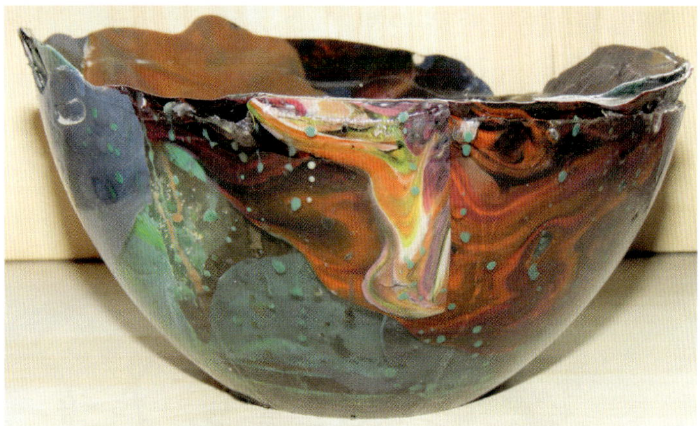

Kleine Resinschale mit Resinresten von Resin Art

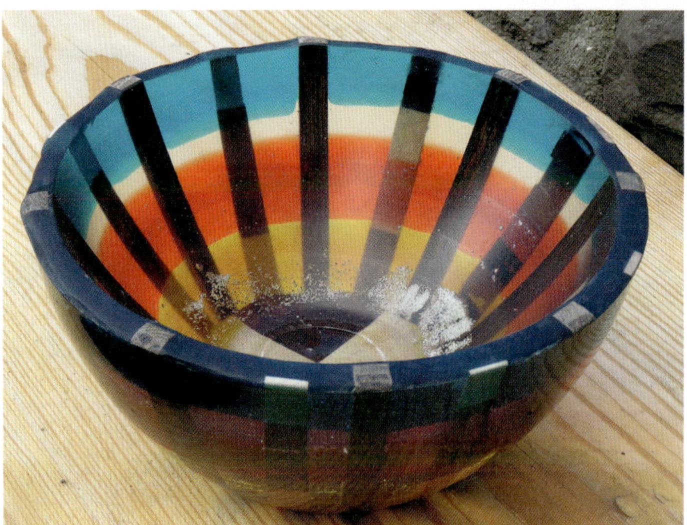

In farbigen Schichten gegossene Resinschale mit Holzstücken

LED-LAMPE

Diesen Resinblock als Treibholzlampe habe ich mit dem SKresin 72 gegossen.

Man benötigt:

- glatte Holzleisten, um den Gießrahmen zu bauen, dazu Hammer und Nägel.
- einen Bohrer, um den Ein- und Auslass für den Schlauch zu bohren.
- eine Acrylplatte oder Fensterglas-Folie als Boden für den Gießrahmen
- Paketband, um den Gießrahmen von innen zu bekleben.
- Silikon zum Abdichten des Gießrahmens
- ein Stück transparenter Schlauch
- eine LED-Lichterkette
- ein Stück Treibholz
- wenn man möchte, eine silberne Farbpaste und transparentes Blau, um das Resin teilweise leicht einzufärben.

Das Treibholz mit einer dünnen Schicht Resin überziehen, um übermäßige Luftblasen zu verhindern. Die Mülltüte auf dem Foto wurde nur kurzfristig als Untergrund verwendet, da die rote Schrift darauf abfärbt.

Den Rahmen auf Wunschgröße bauen – in diesem Fall 20 x 40 x 10 cm.

Den transparenten Schlauch und das Treibholz platzieren, den Ein- und Auslass vom Schlauch anzeichnen und die Löcher bohren.

Den Rahmen von innen mit Silikon abdichten, den transparenten Schlauch von außen mit Silikon abdichten.

Die Gießhöhe ist ca. 8,5 cm, diese hätte ich mit dem SKresin 72 in einem Arbeitsdurchgang gießen können, habe aber dennoch in Schichten gegossen, da ich noch etwas mit der silbernen Farbpaste „spielen" wollte. Es sollte kein glasklarer Lampenblock werden, sondern ich stellte ihn mir etwas milchig-silbern vor.

Das SKresin 72 benötigt ca. 2–3 Tage zum Aushärten. Dann den Block ausschalen, den Schlauch passend kürzen und die LED-Lichterkette durch den Schlauch führen.

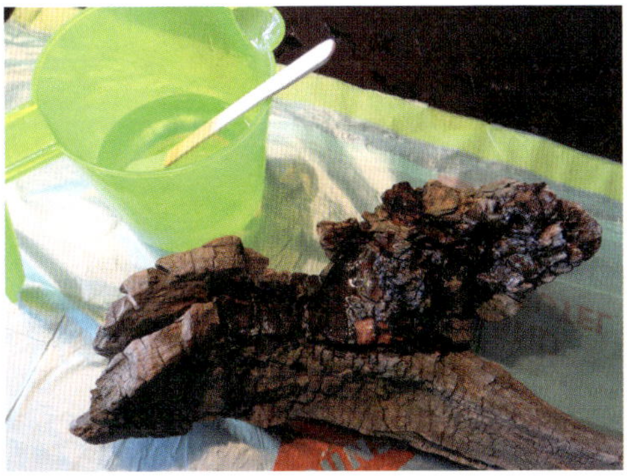

Das Treibholz vor dem Gießem mit Resin einpinseln.

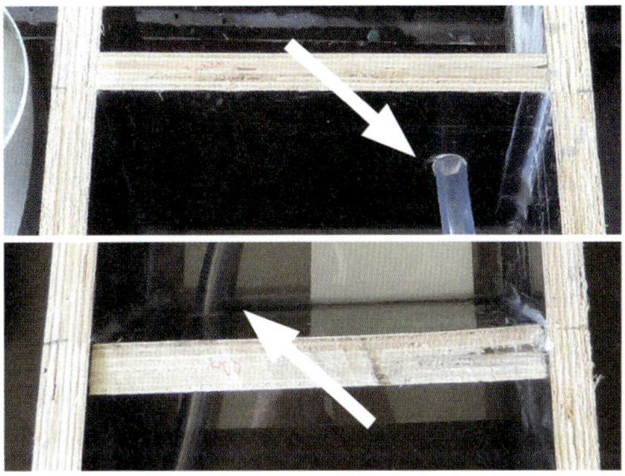

Detailaufnahme des Schlauchein- und -ausgangs

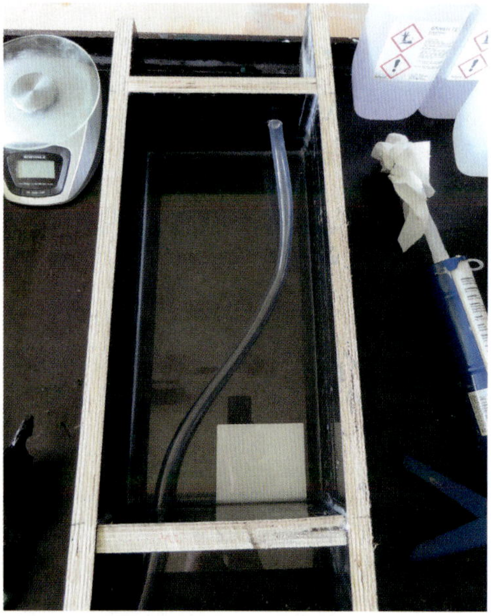

Die vorbereitete Gießform

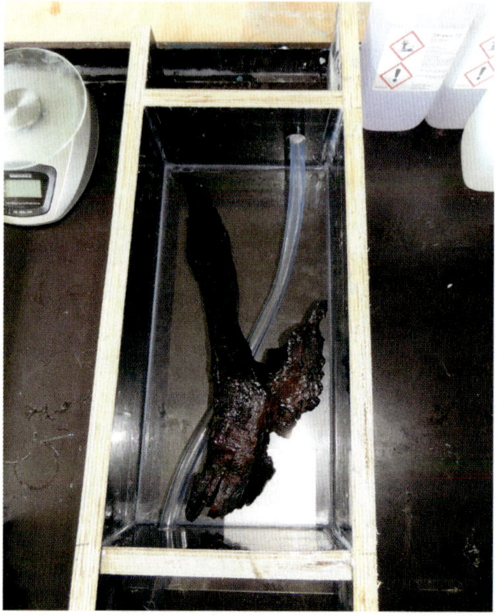

Platzierung des Treibholzes

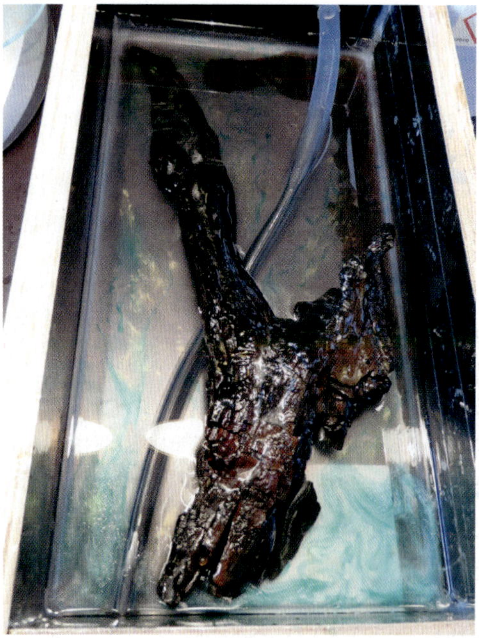

Das Treibholz in Schichten eingießen.

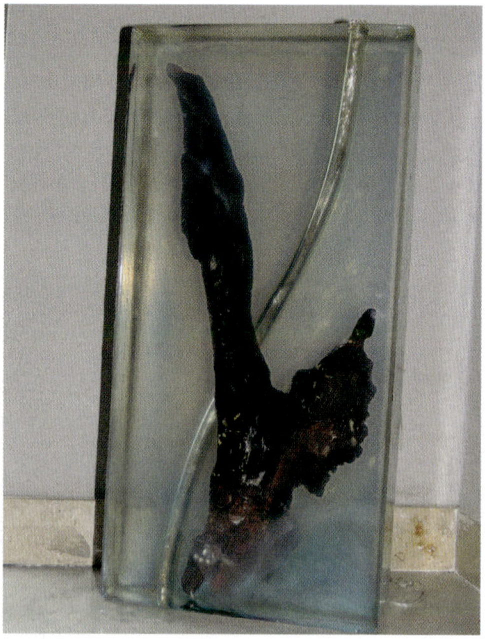

Die ausgeformte Treibholzlampe

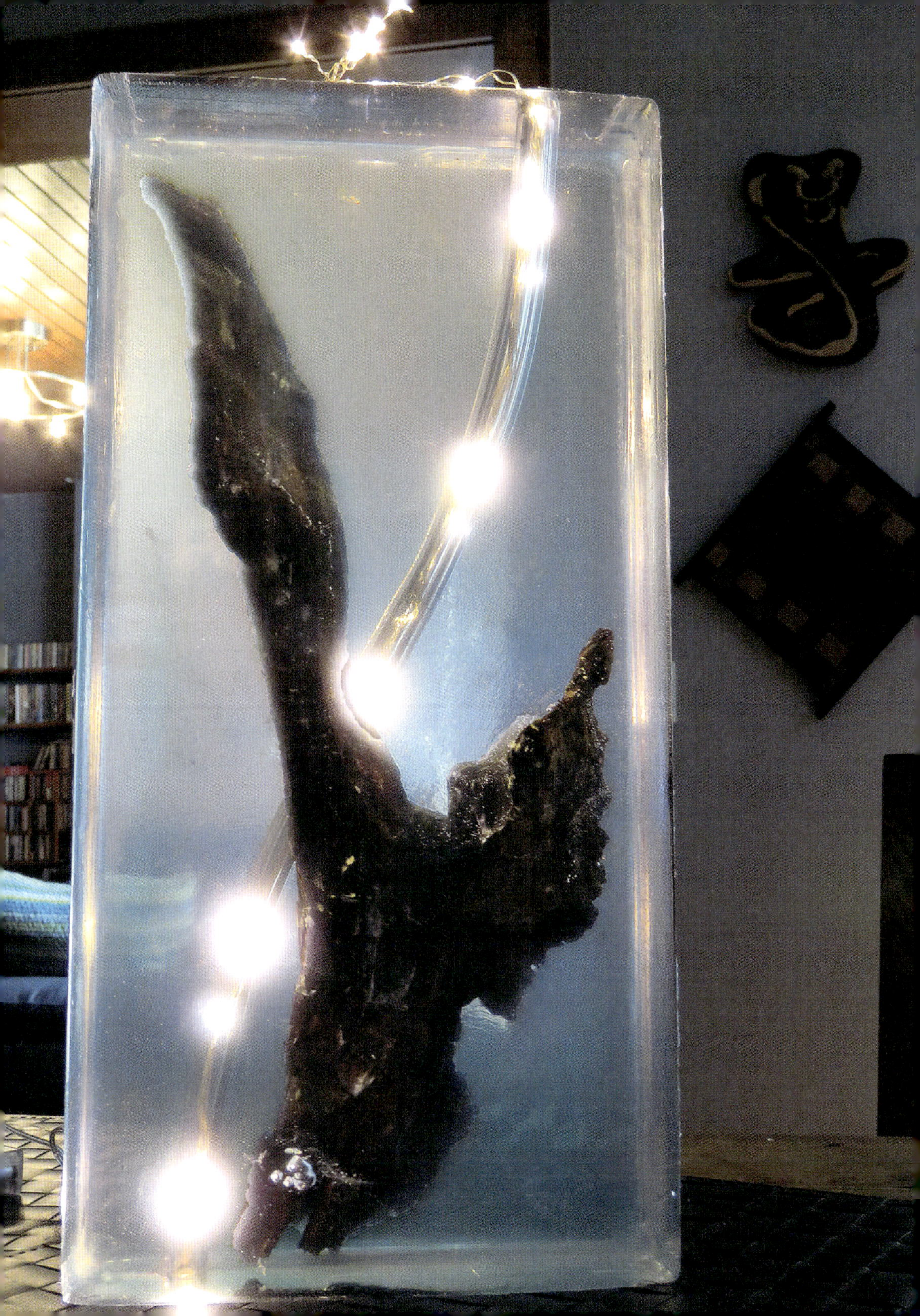

WANDBILD AUS EINER TISCHPLATTE

Unser alter Wohnzimmertisch hatte leider die besten Zeiten hinter sich. Die Tischplatte bestand aus einem Rahmen, in dem eine Glasplatte lag.

Den hölzernen Rahmen habe ich zum Gießen verwendet und daraus ein großes Wandbild gemacht.

Was wird benötigt:
- Resin SKresin 72
- viele Holzscheiben und Holzstücke
- Holzleim
- eine Holzplatte, um dem Rahmen eine Rückwand zu geben
- Silikon zum Abdichten
- Schleifpapier und Holzöl für den Rahmen

Den Rahmen selbst habe ich mit Lichtenberg-Figuren gestaltet (Gestalten mit Starkstrom) und die „Rillen“ mit eingefärbtem Resin aufgefüllt. Um Lichtenberg-Figuren zu brennen, benötigt man einen Hochspannungs-Trafo (bitte nur von einem Elektriker bauen lassen), Kabel, 2 Pole – z. B. Nägel – und eine Leitflüssigkeit, hier Wasser, in welches Backpulver eingerührt wird. Und natürlich Sicherheitsmaßnahmen! Nie alleine arbeiten, Gummimatten zum Isolieren, Handschuhe und Schutzbrille. Und niemals auf das Holz fassen, wenn der Strom fließt.

Um Holz einzugießen, benötigt man ein gutes Harz, welches „sich selbst“ entlüftet und trotz Holz keine Luftblasen einschließt. Das heißt, das Harz sollte eine lange Verarbeitungszeit haben und ein Entlüfter sollte schon enthalten sein, da

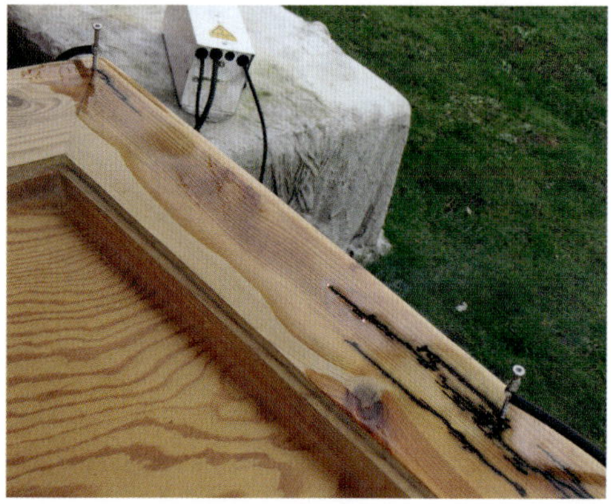

Lichtenberg-Figuren entstehen.

die Luftblasen dann länger Zeit haben aufzusteigen, insbesondere aus dem Holz.

In dieser Detailaufnahme sieht man gut, dass das SKresin 72 für Holz sehr gut geeignet ist.

An diesem Wandbild habe ich ca. 14 Tage gearbeitet.

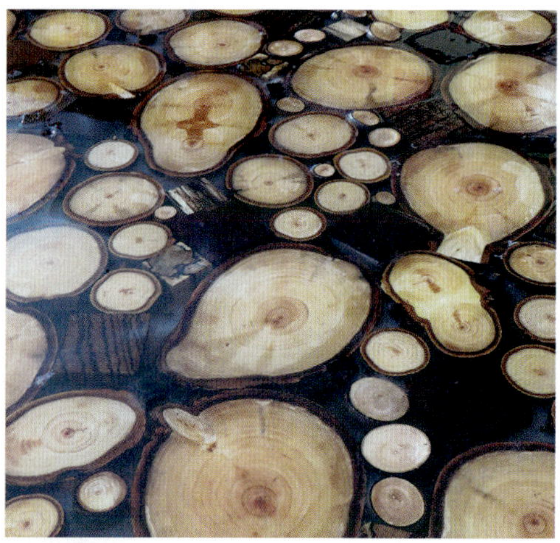

Eingegossenes Holz ohne Luftblasen – so soll es aussehen.

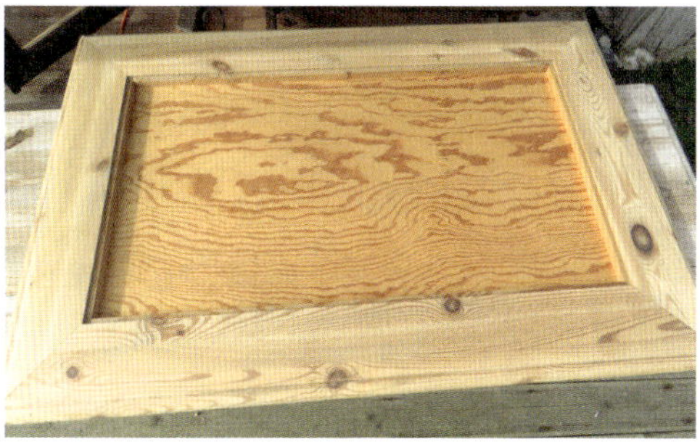

Der rohe Rahmen mit der Rückwand, die inneren Kanten wurden mit Silikon abgedichtet.

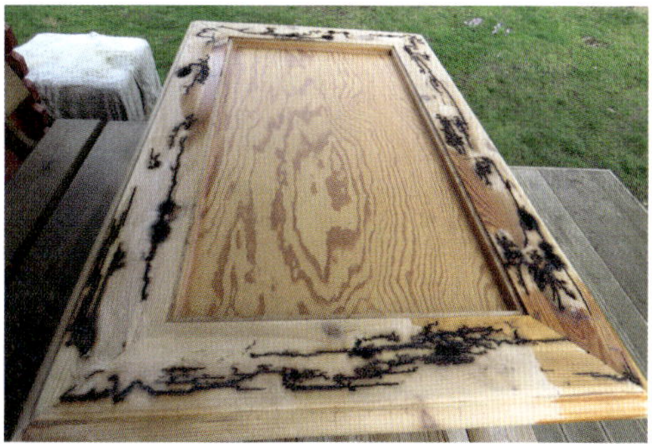

Lichtenberg-Figuren auf dem Rahmen

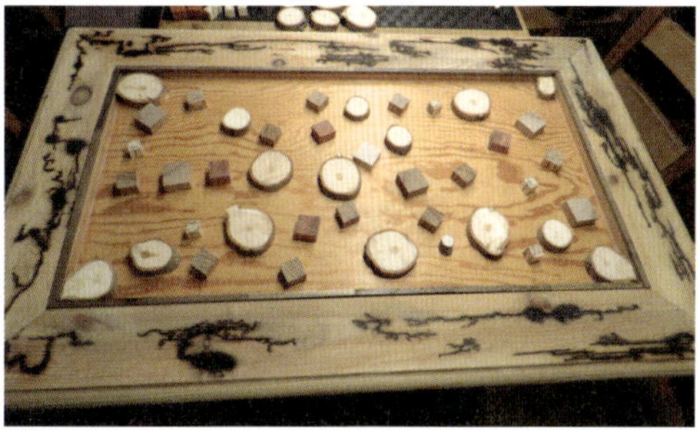

Grobe Anordnung der Holzstücke

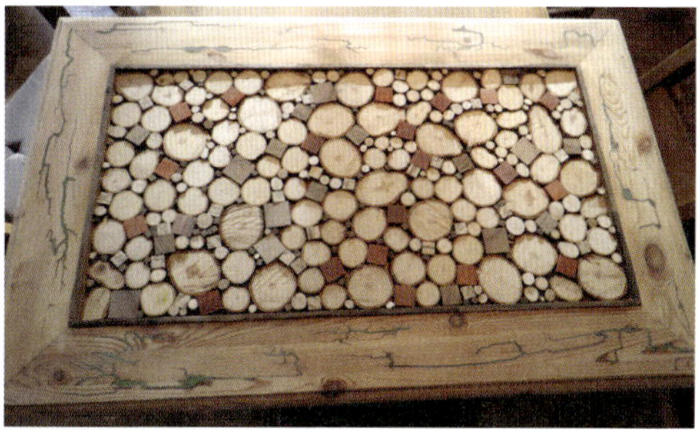

Alle Holzstücke wurden eingelegt und auf dem Boden festgeleimt.

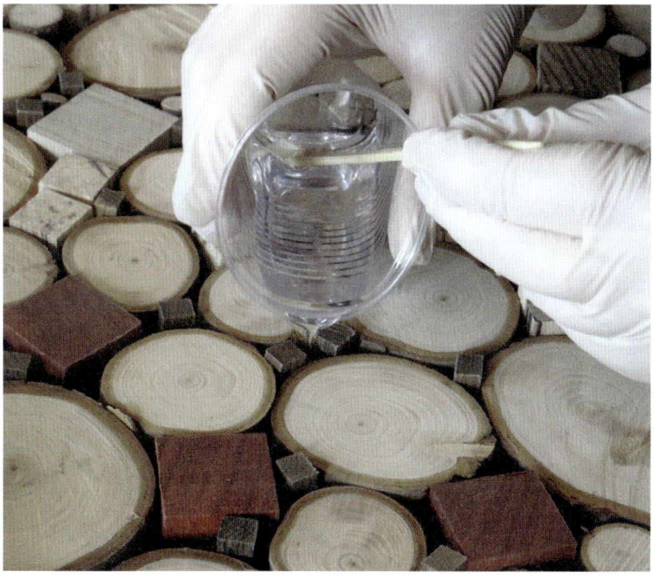

Langsames Eingießen des SKresin 72 – ich habe in 2 Schichten gegossen. Die erste Schicht habe ich 2 Tage aushärten lassen und dann die 2. Schicht gegossen. Erst langsam in die Zwischenräume gießen, so findet das Resin erstmal seinen Weg und verteilt sich, danach komplett ausgießen.

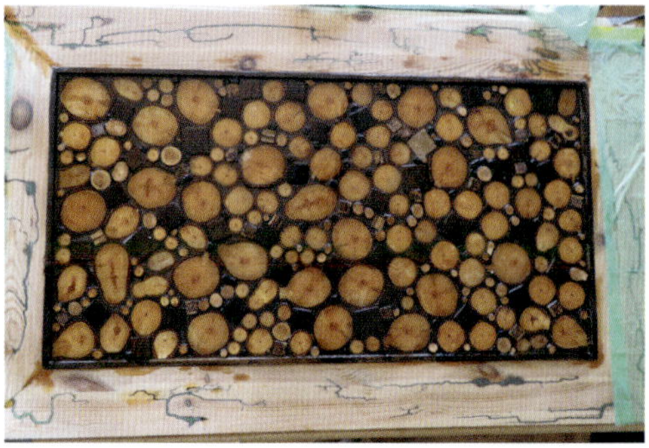

Der Rahmen ist geschliffen und die Lichtenberg-Figuren mit Resin aufgefüllt – das geht am besten mit einer Spritzenkanüle.

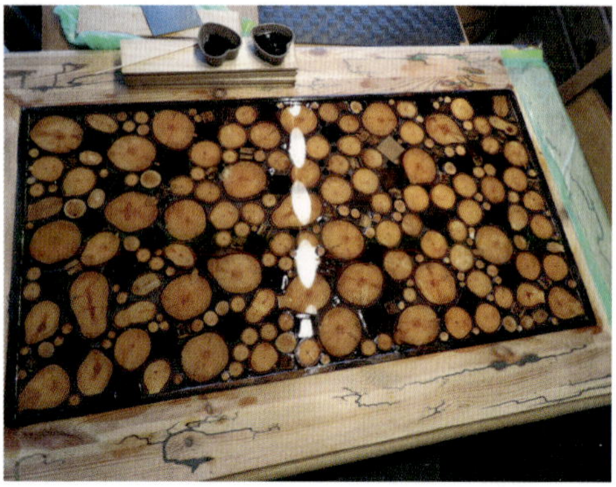

Die letzte Schicht Resin wurde eingegossen.

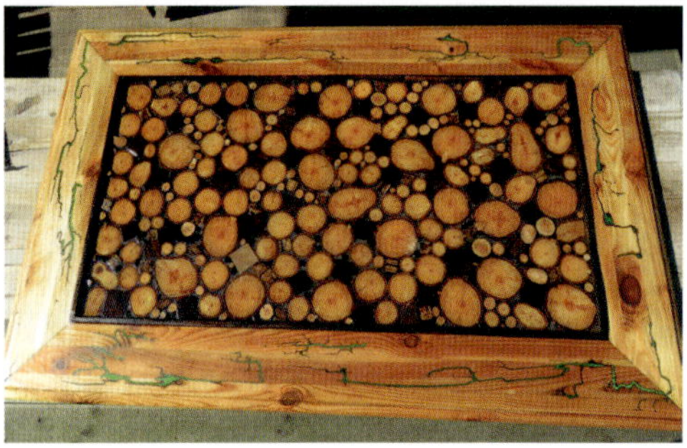

Der Rahmen ist nun geölt.

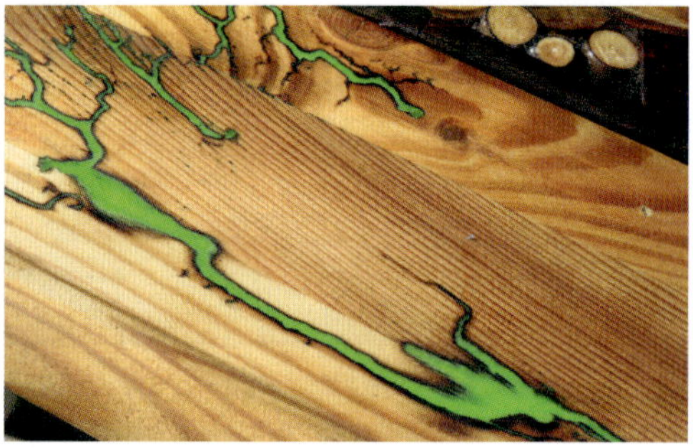

Detail der gefüllten Lichtenberg-Figuren

Fertig ist das neue Wandbild!

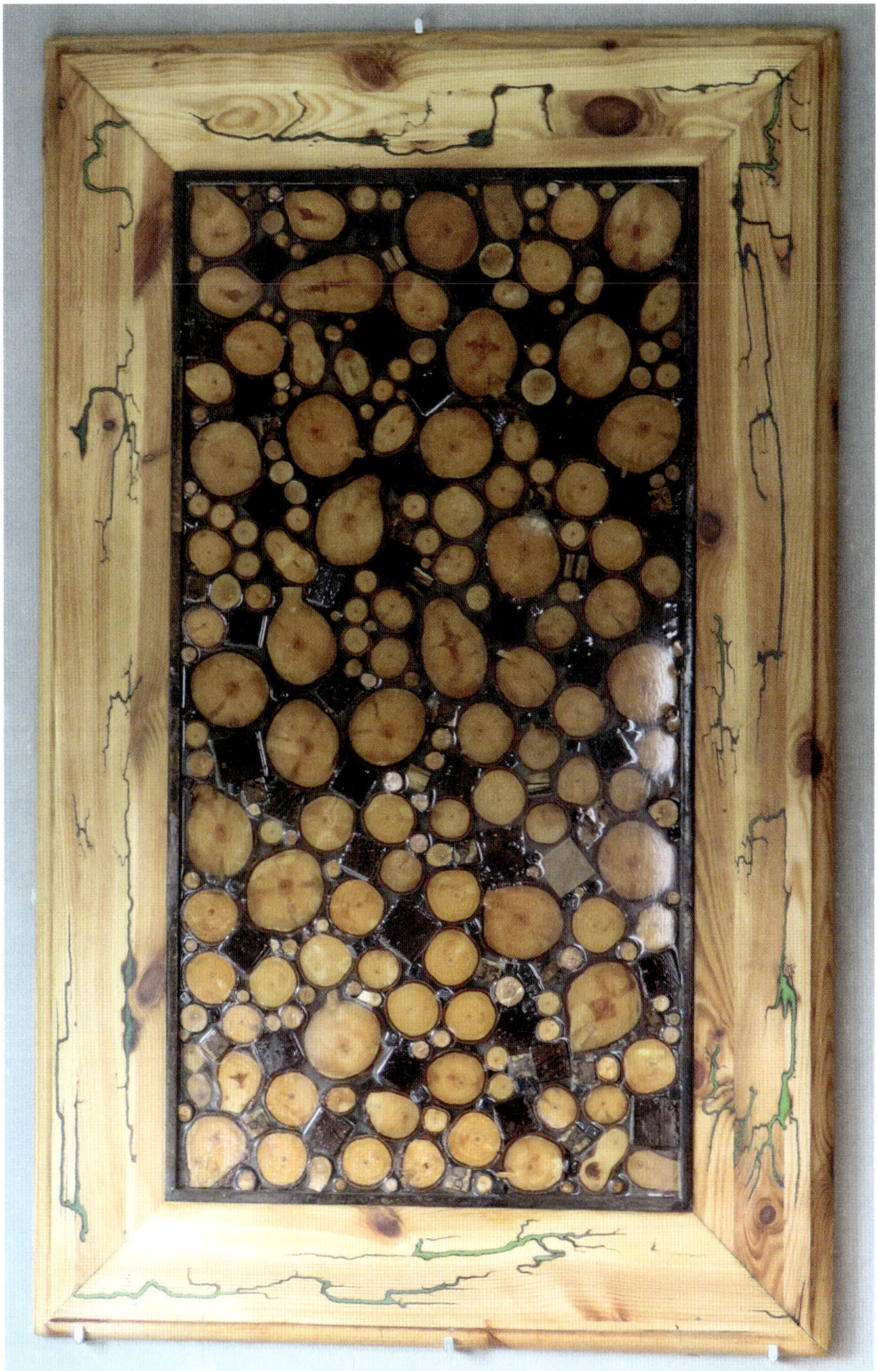

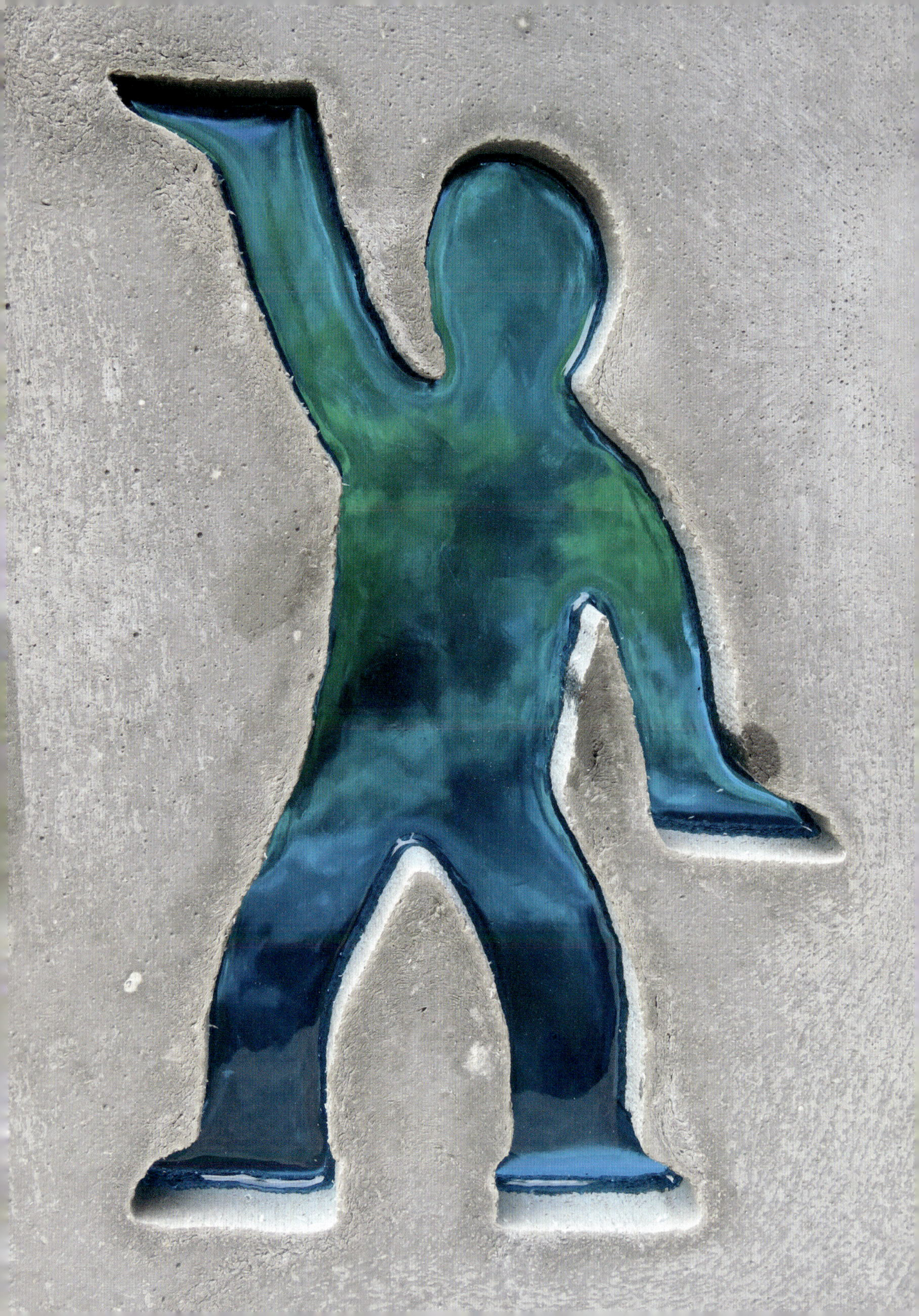

RESIN UND BETON

Beton und Resin passen sehr gut zusammen, um z. B. im Garten schöne Akzente zu setzen. Mit einer LED-Beleuchtung wird die Deko dann zum absoluten Hingucker.

Man sollte sich etwas mit Beton auskennen, um diese Ideen nacharbeiten zu können, verwendet habe ich:

- Pagel Vergussbeton, das ist eine Fertigmischung, in die nur Wasser gegeben werden muss.
- 6 cm dicke Styrodur-Platten, um die Motive auszuschneiden.
- Dekupiersäge zum Ausschneiden – es geht auch mit einem heißen Draht.
- Schalbretter, um die Gießformen zu bauen.
- Schalöl, damit der Beton nicht am Holz haftet.
- Hammer und Nägel, um die Styrodur-Formen in der Gießform zu fixieren.
- jede Menge Resin SKresin 3220 und transparente Farben
- Moniereisen, auf dieselbe Länge geschnitten, um die aufgestellten Bilder zu fixieren.
- Wasserfeste LED-Schläuche, um von hinten Lichtakzente setzen zu können.

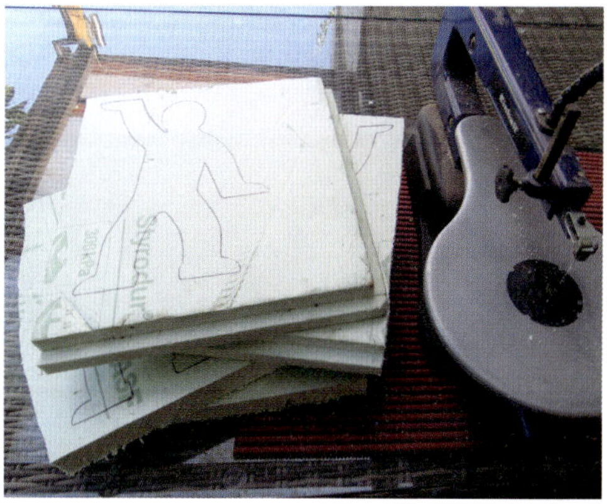

Motive auf das Styrodur aufzeichnen und aussägen, mit einem möglichst dünnen Sägeblatt erhält man glatte Schnittkanten.

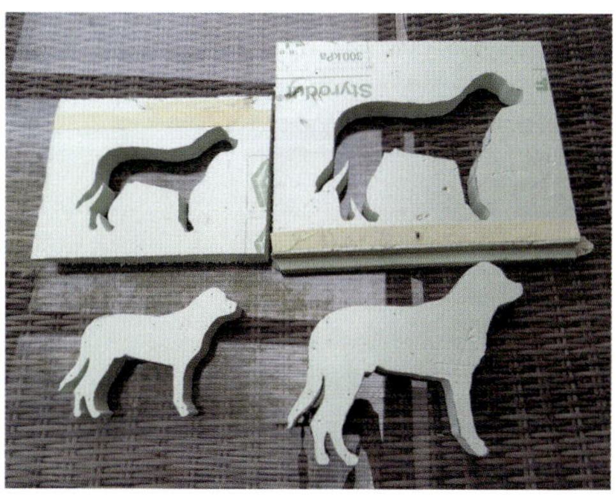

Die ausgesägten Motive

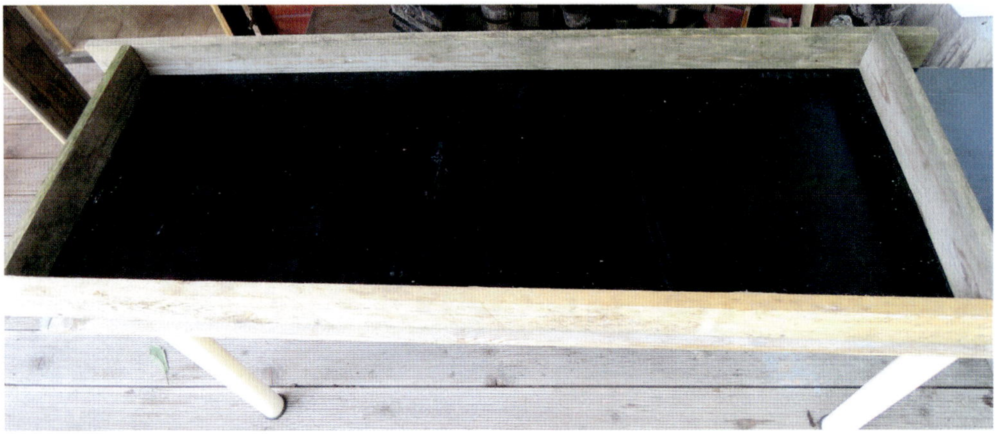

Aus Holz einen Gießrahmen bauen und den Rahmen innen mit Schalöl großzügig auspinseln.

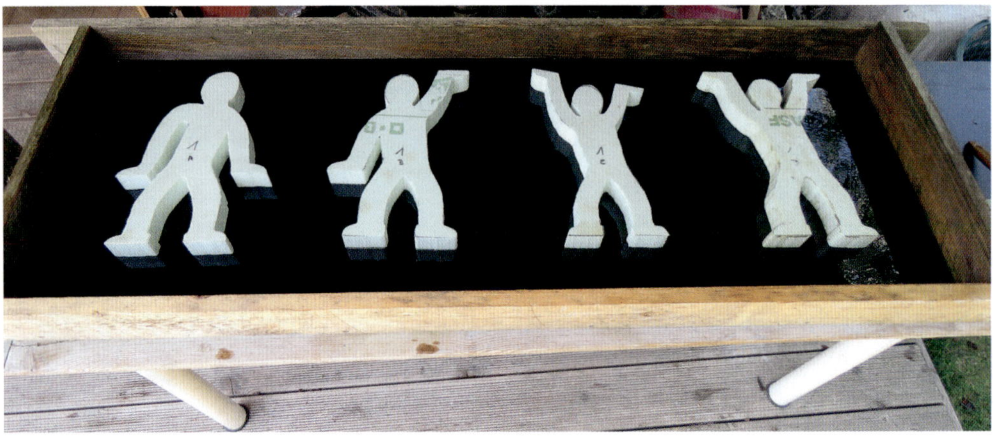

Die Motive im Rahmen platzieren.

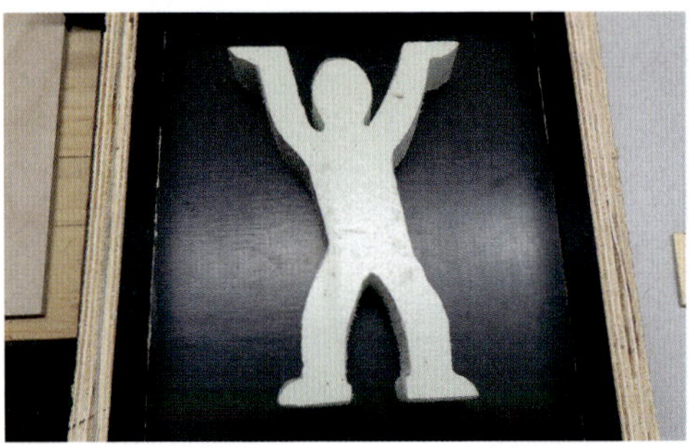

Auch die Styrodur-Formen müssen mit Schalöl eingepinselt werden.

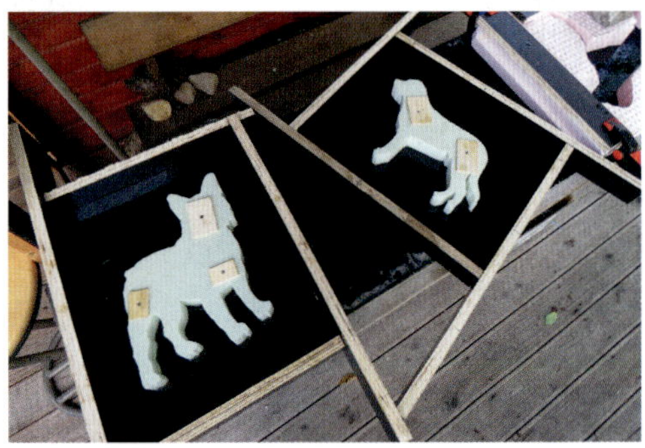

Mit kleinen Holzplättchen und Nägeln fixieren.

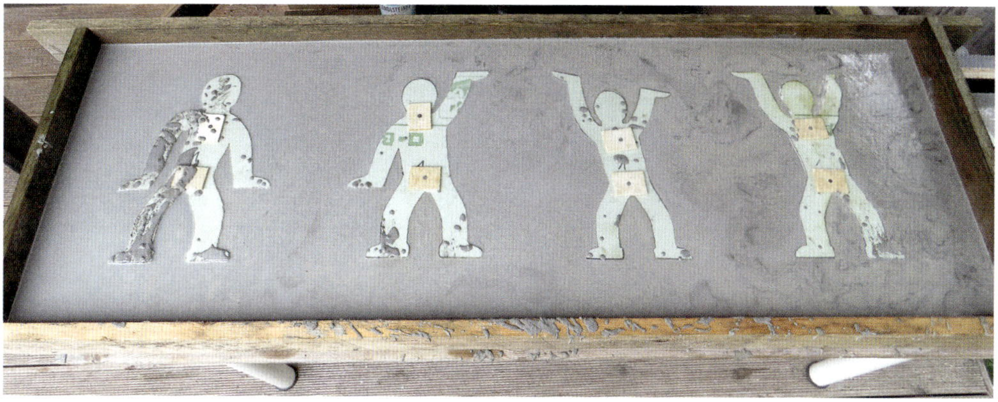

Der Beton wird um die Motive herumgegossen und die Motive werden hinterher herausgedrückt.

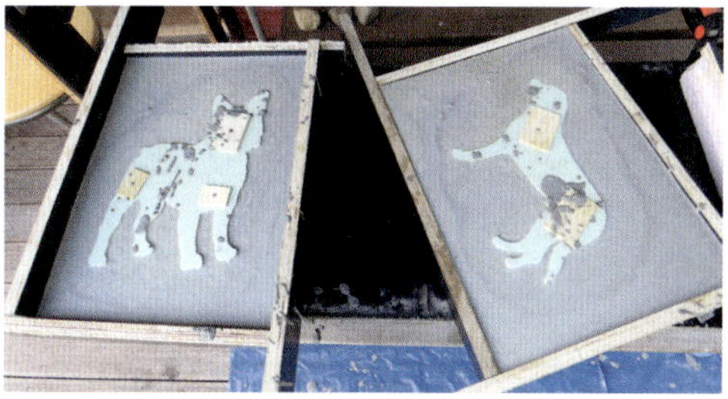

Den gegossenen Beton in Ruhe abbinden lassen, je nach Größe der Platte lasse ich die Teile 7–14 Tage liegen, bevor ich sie ausschale.

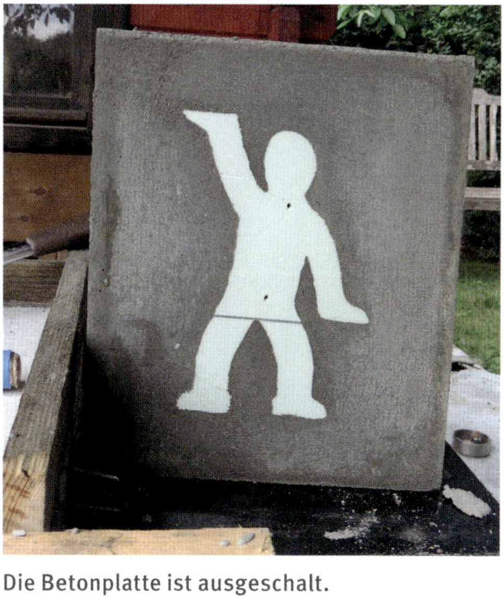

Die Betonplatte ist ausgeschalt.

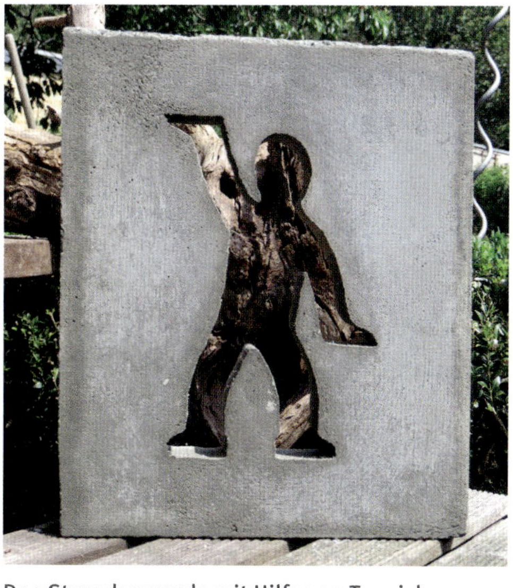

Das Styrodur wurde mit Hilfe von Teppichmessern und Schraubendrehern vorsichtig entfernt.

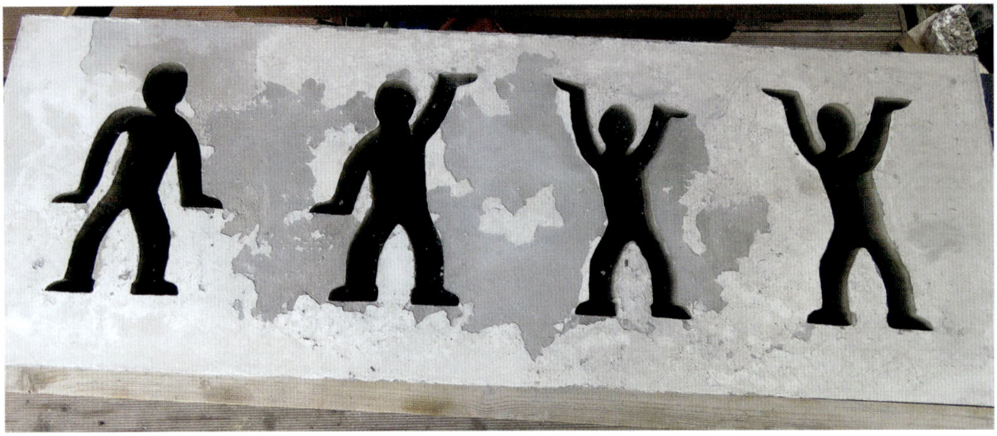

Die Betonplatte vorsichtig abschleifen, um Zementreste zu entfernen.

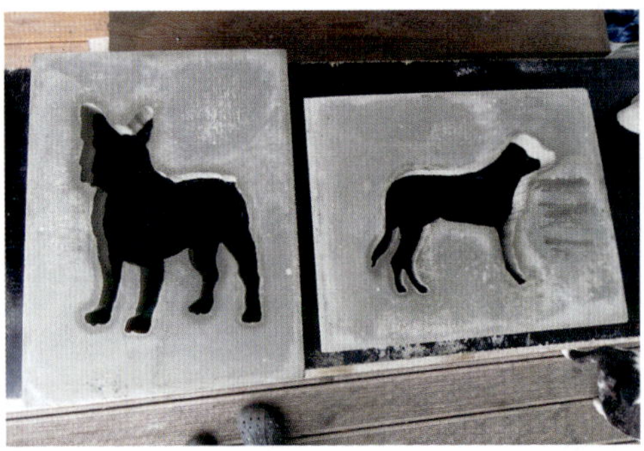

Die Platten sind fertig, um mit Resin ausgegossen zu werden.

Als Gießunterlage habe ich eine Polystyrol-Platte verwendet.

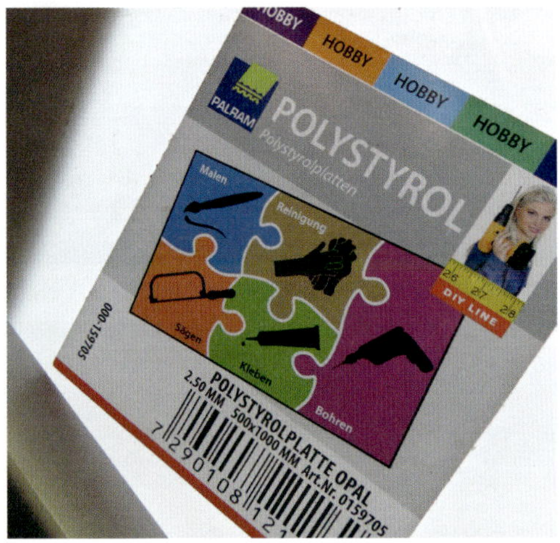

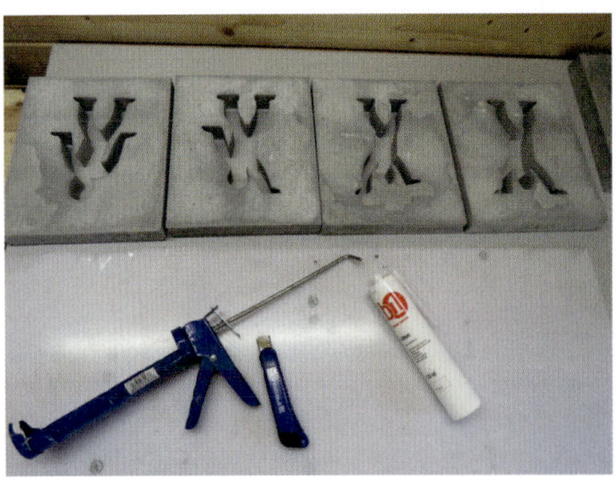

Silikon zum Abdichten auf der Rückseite um die Motive auftragen, damit kein Resin auslaufen kann.

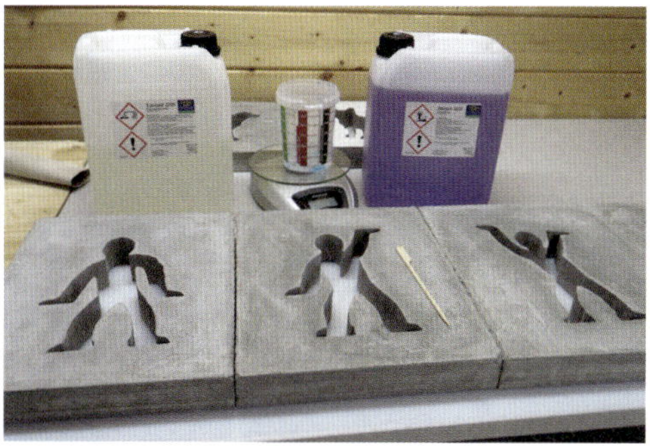

Die Betonplatten auf die Polystyrol-Platte legen und fest andrücken. Das Silikon bis zum nächsten Tag trocknen lassen.

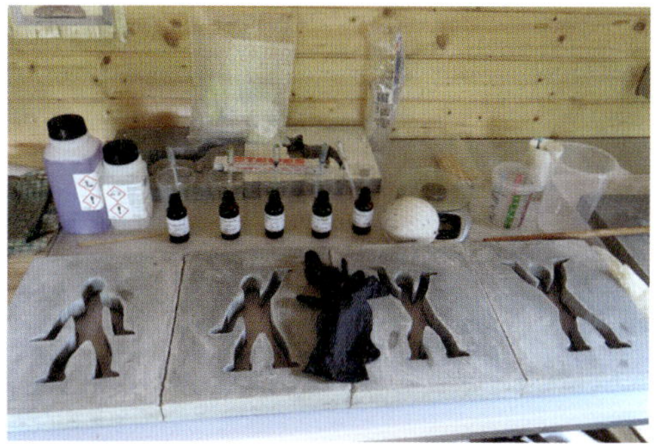

Alles an Farben und Zubehör bereitstellen.

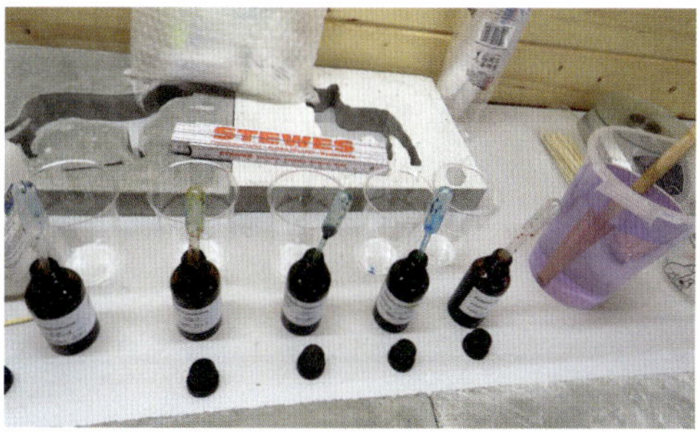

Das farbige Resin anmischen und hineingießen.

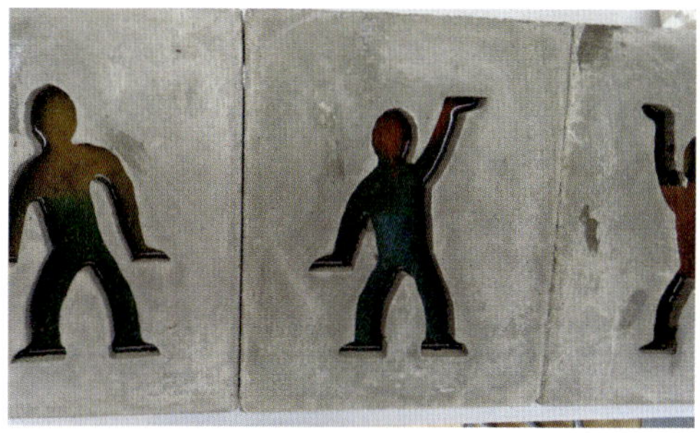

Ich habe die Motive nicht ganz ausgegossen, sondern nur ca. 1,5–2 cm hoch gegossen, so habe ich etwas „Tiefe“ im Bild. Natürlich könnte man die Motive auch ganz ausgießen

Hier ist Resin auf den Beton getropft. Nach dem Aushärten kann man es vorsichtig abschleifen.

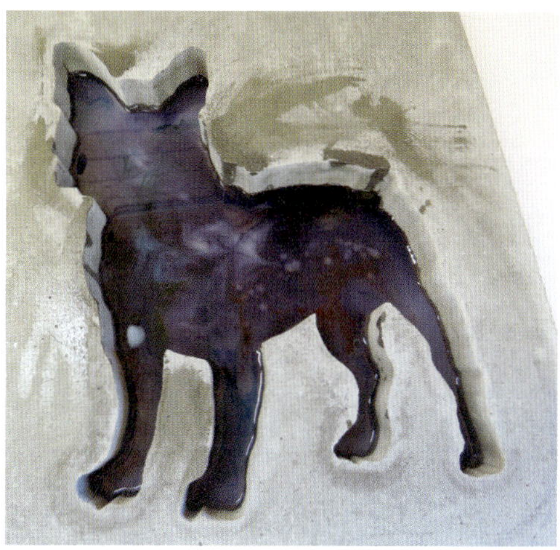

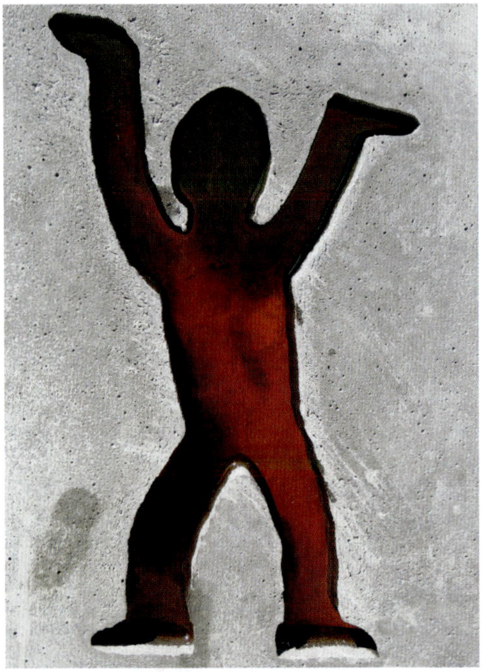
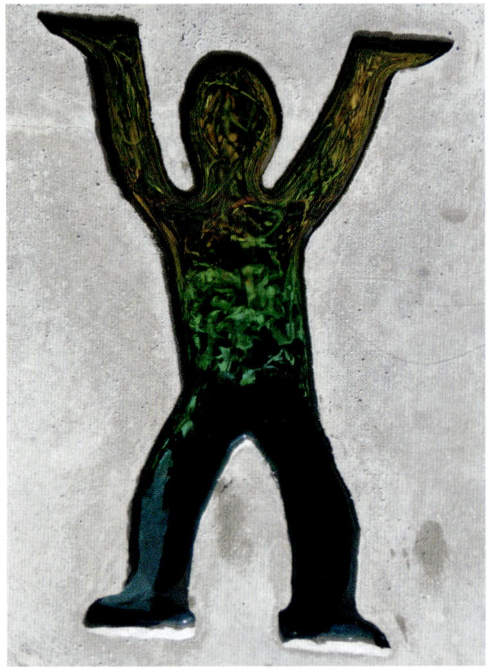
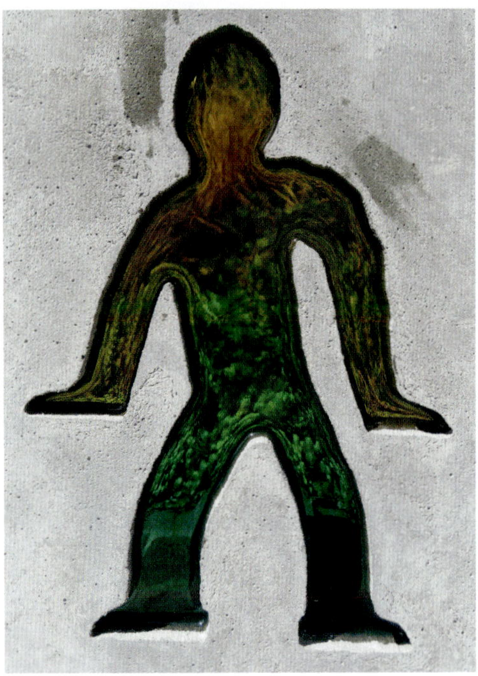
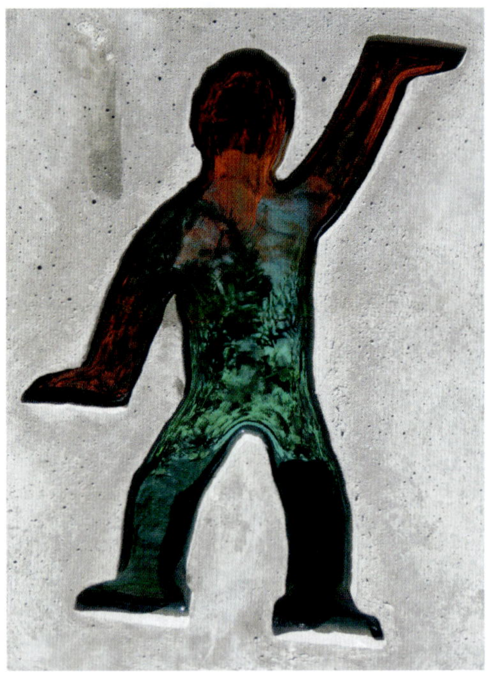

Durch die Witterung wurde noch etwas Zement ausgewaschen, der nun als Schleier auf dem Resin liegt. Der Schleier kann aber ganz leicht mit Wasser und ggf. ein wenig Zitronensaft entfernt werden.

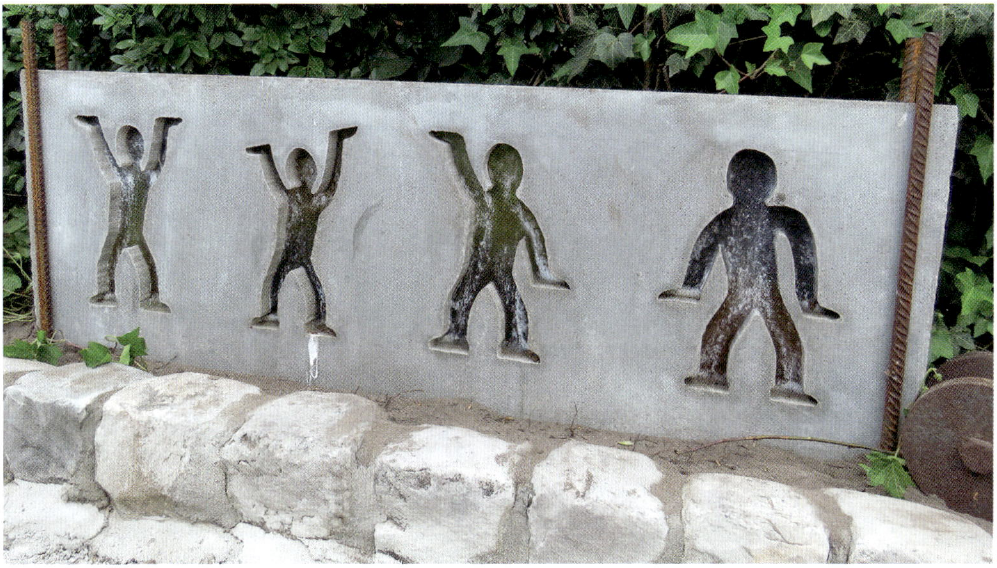

Fertige Gartendeko aus Beton und Resin, befestigt mit Bewehrungseisen

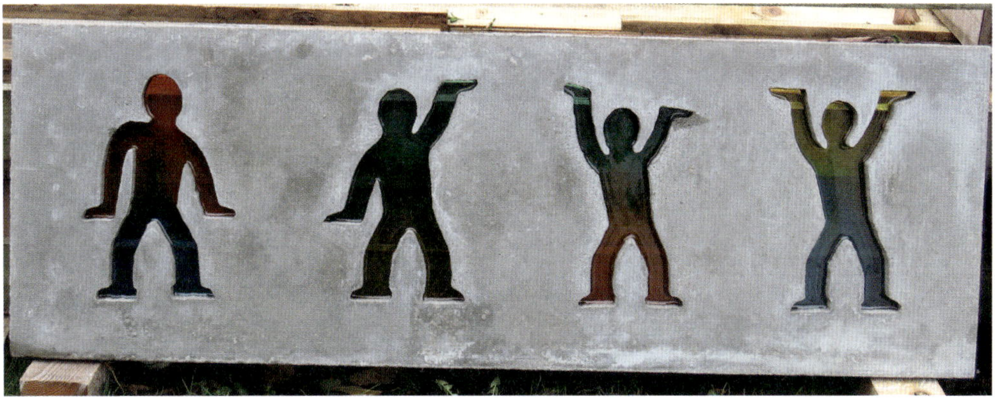

Wieder saubere Platte aus Beton und Resin

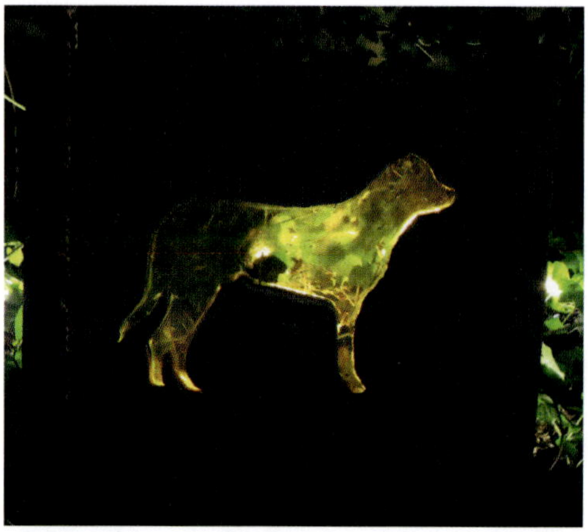

Beleuchtete Betonplatte mit Großem Schweizer Sennenhund aus Resin

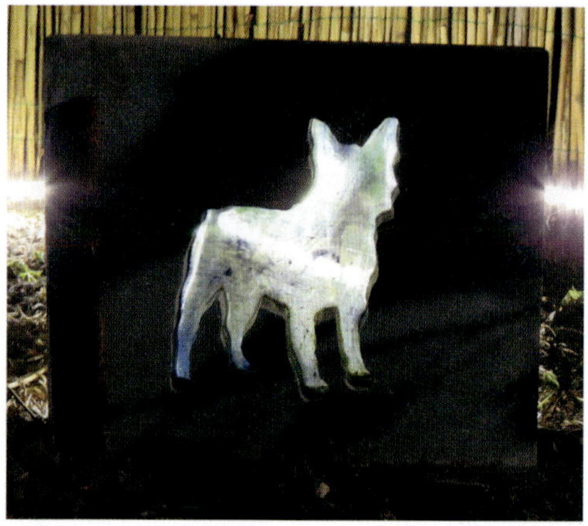

Betonplatte mit Bully

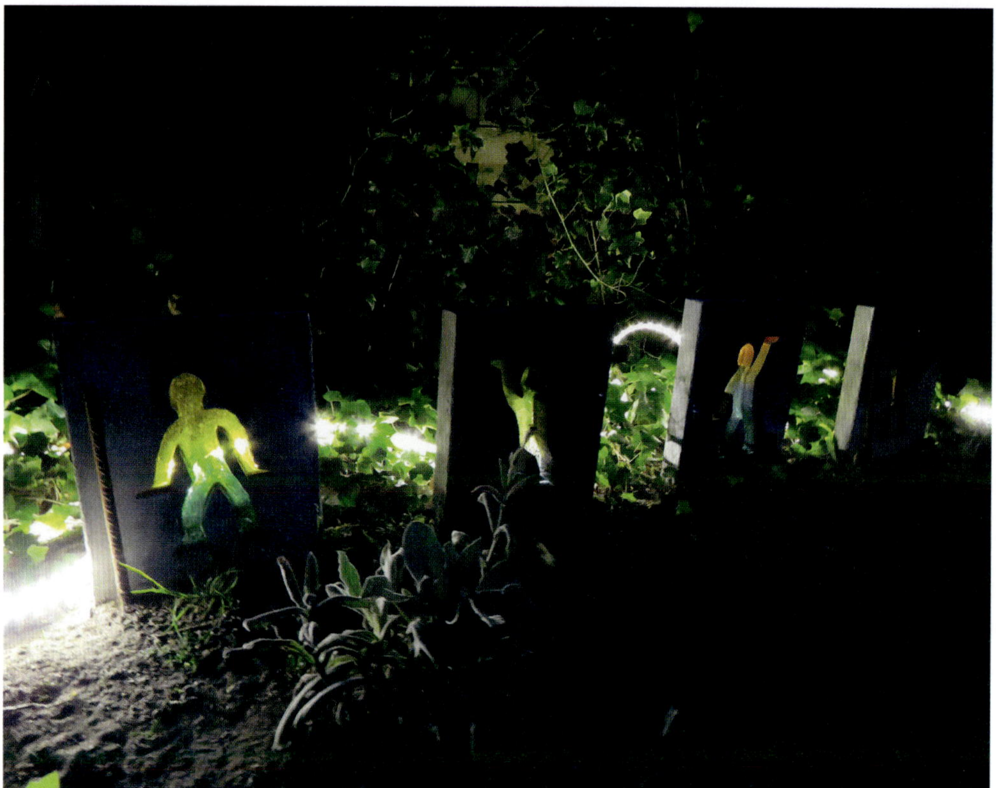

Betonplatten im Beet

EINE TISCHPLATTE AUS RESIN, HOLZ, BETON UND VIELEN FARBEN GESTALTEN

Meine Lieblingsmaterialien, um etwas zu gestalten, sind Resin, Holz, Beton und Farbe. Da ich schon länger geplant hatte, mir eine neue Tischplatte zu gießen, lag es nahe, diese Werkstoffe miteinander zu kombinieren.

Herausgekommen ist eine Tischplatte in der Größe von 73 x 73 x 2,8 cm, ich habe knapp 12 kg Resin – SKresin 3220 – darin verarbeitet, sie wurde in 12 Schichten gegossen und es wurden diverse Farben, Holz und Beton eingearbeitet.

Leider habe ich noch nicht die passenden Tischbeine dazu gefunden, sodass die Platte erstmal auf einem Betonstein liegt.

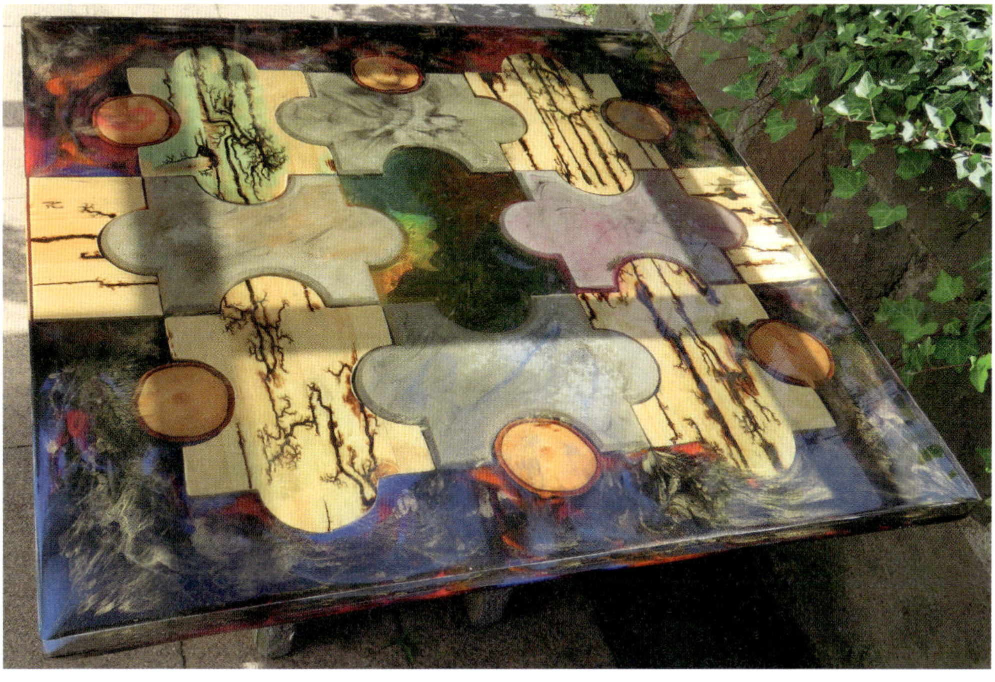

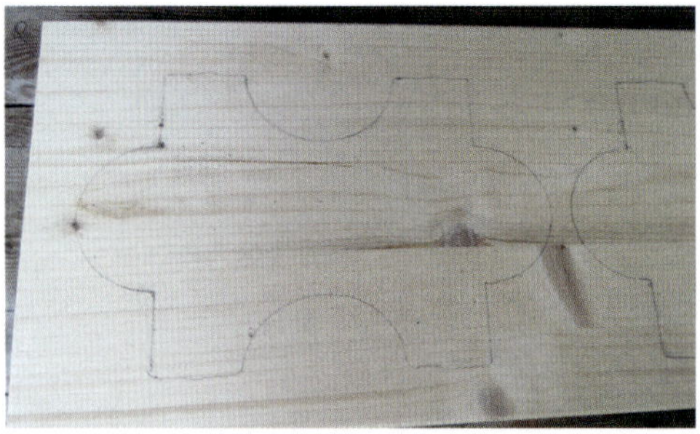

Zuerst habe ich die Holzpuzzleteile auf einem Leimholzbrett aufgezeichnet.

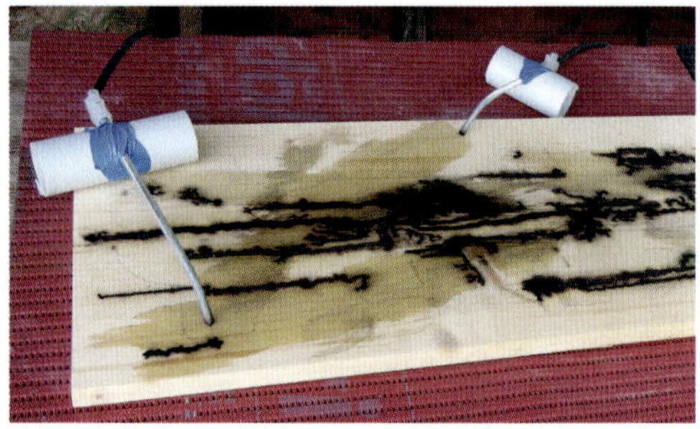

Dann die Lichtenberg-Figuren auf das Holzbrett gebrannt.

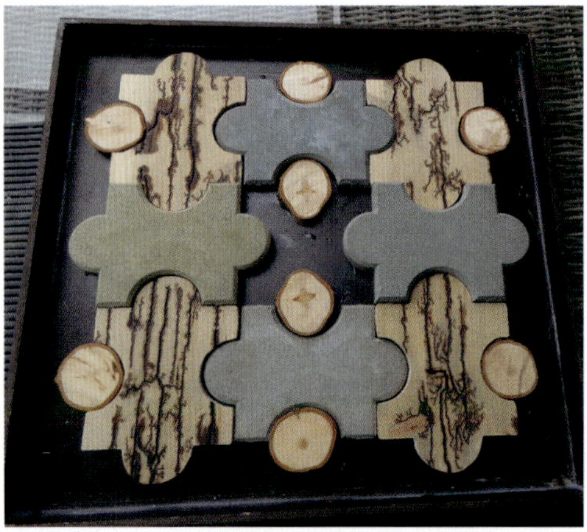

In einer Gießwanne aus beschichtetem Holz wurden die Holzteile und die vorher gegossenen Betonteile ausgelegt.

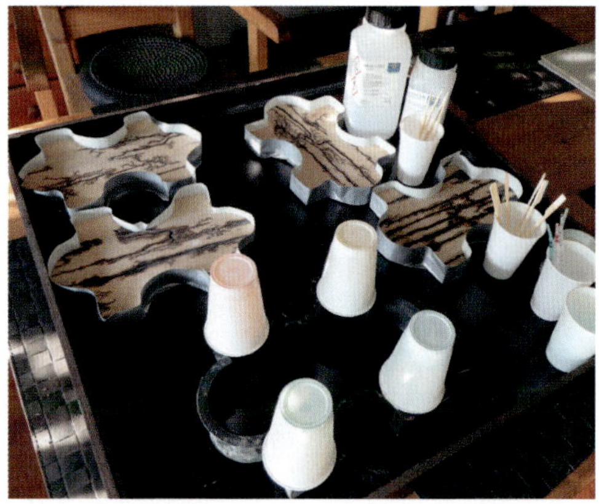

Die Holzpuzzleteile bekommen eine erste Schicht Resin und das mittlere Puzzleteil wird aus Resin gegossen – die Gießform ist aus Hartplastik und eigentlich für Betonpflaster gedacht.

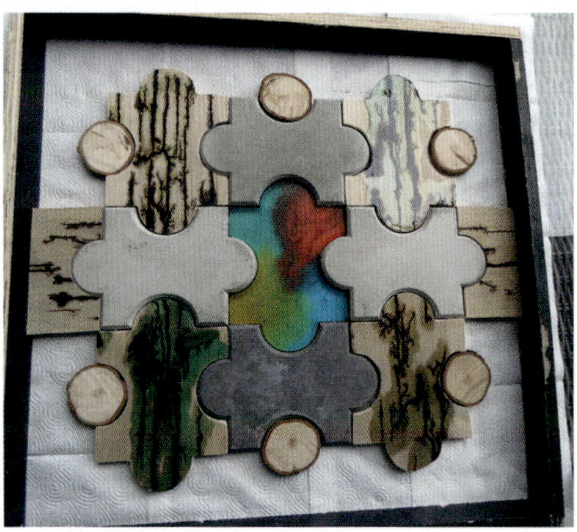

Nochmal alles auslegen und die kleinen Holzteile einpassen.

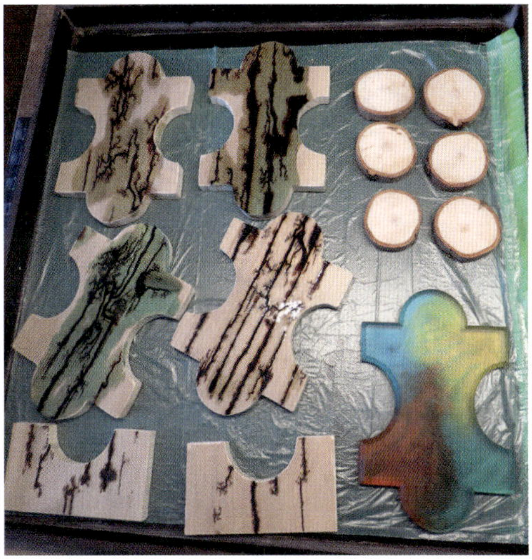

Alle Teile werden nun vorab mit Resin überzogen, die Betonteile auch, wenn sie komplett abgebunden sind.

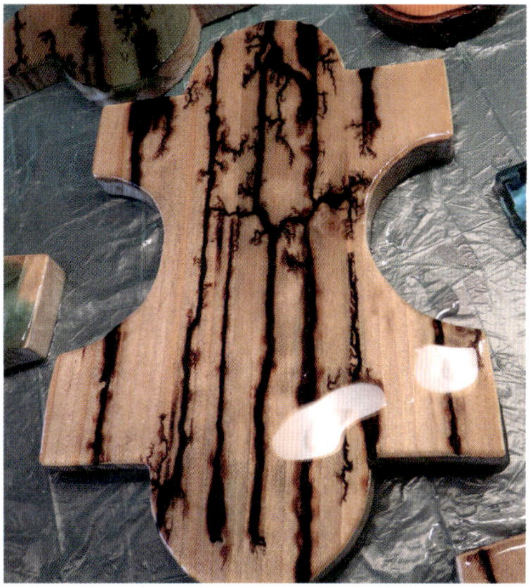

An dem hölzernen Puzzleteil sieht man den ersten Resin-Überzug besonders gut.

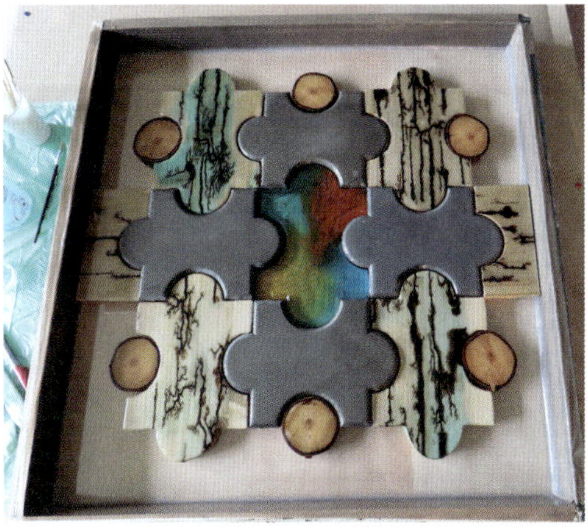

Bei dem Gießrahmen habe ich die Innenseiten komplett mit Paketband beklebt und vorher die Übergänge mit Silikon verschlossen. Die Teile liegen hier erstmal probehalber ohne Resin aus.

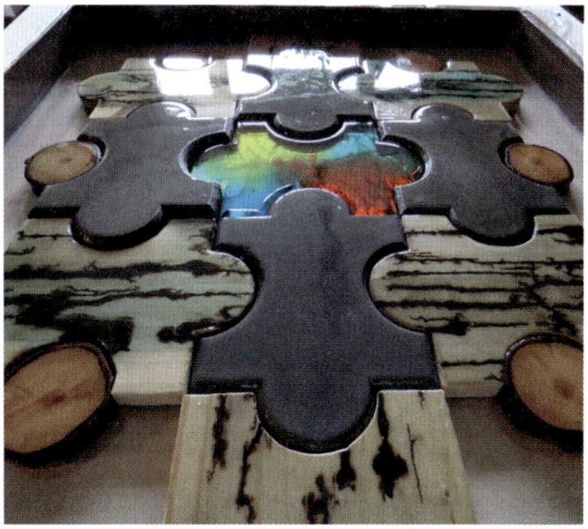

Nun trocknet erstmal alles. Wichtig: Die Betonteile müssen wirklich gut abgebunden sein! Zu feuchte Betonteile reagieren mit dem Resin und es fängt an, stark zu rauchen.

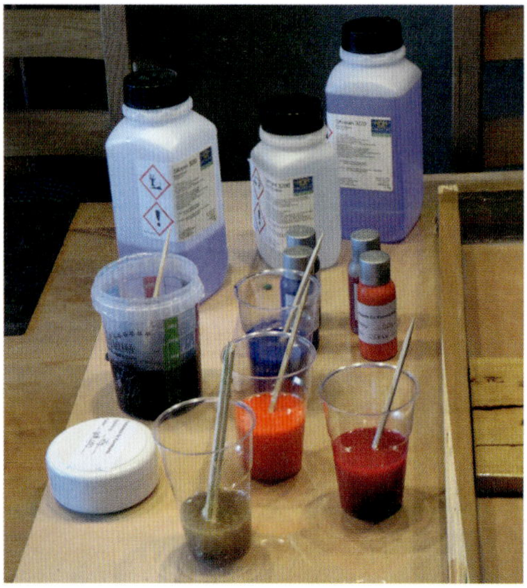

Wenn alles ausgehärtet ist, kann mit dem Gießen begonnen werden. Alle Materialien, wie Harz, Farbpasten, Becher etc., bereitstellen und wieder unbedingt an den Arbeitsschutz und die geöffneten Fenster denken!

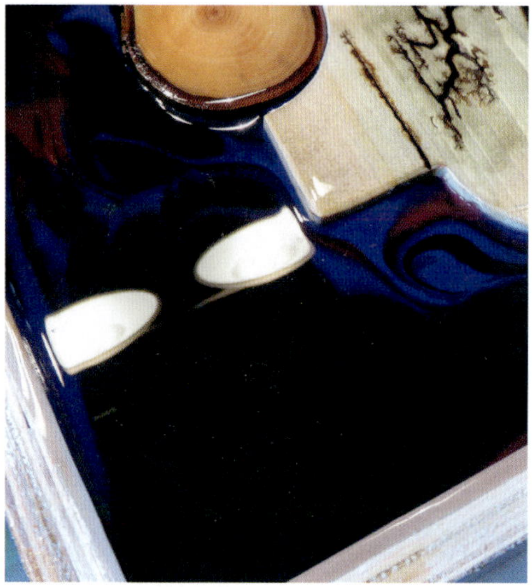

In verschiedenen Schichten lasse ich die Farben ineinanderlaufen.

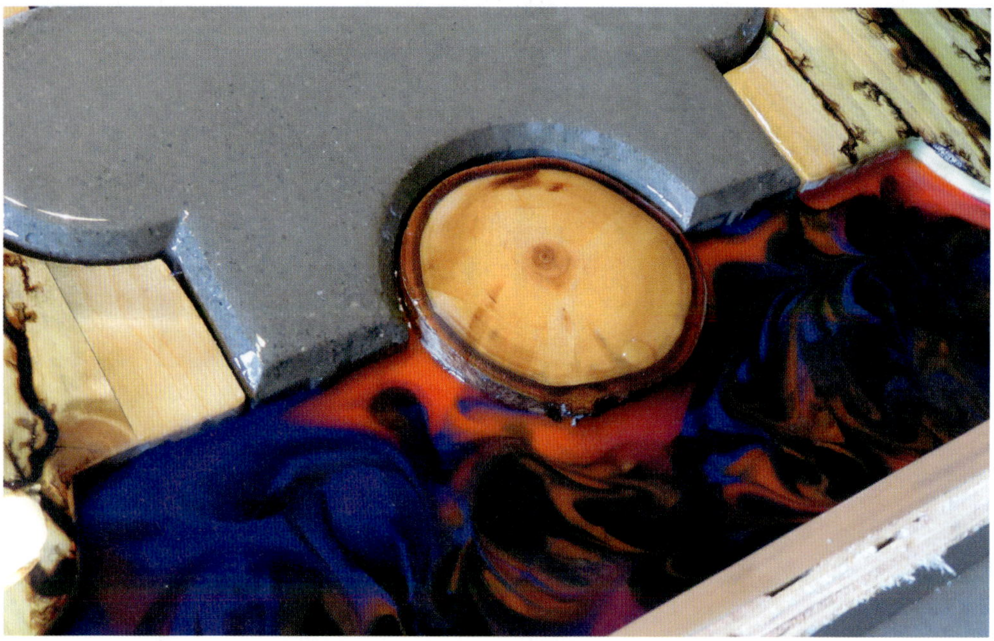

Hier sind die Farben noch mit einem Zahnstocher „verzogen" worden.

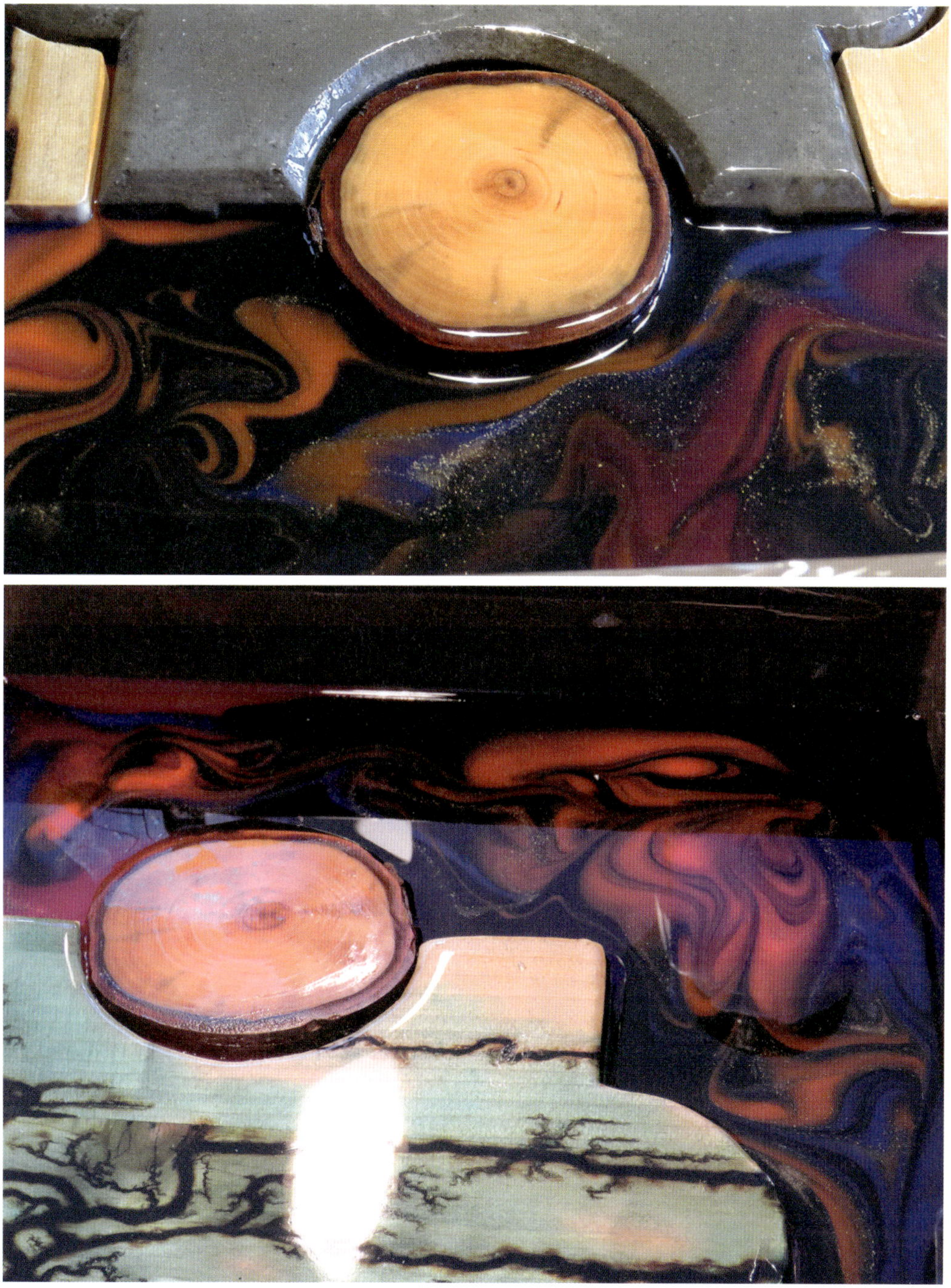

Kräftige Farben auf dunklem Untergrund

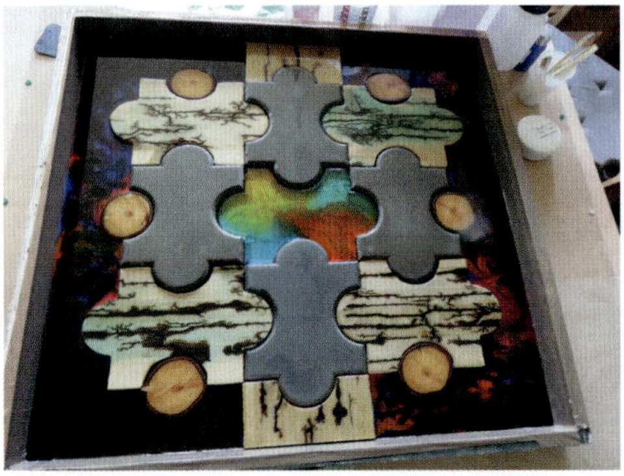

Wieder bis zum nächsten Tag alles aushärten lassen, bis es weitergehen kann.

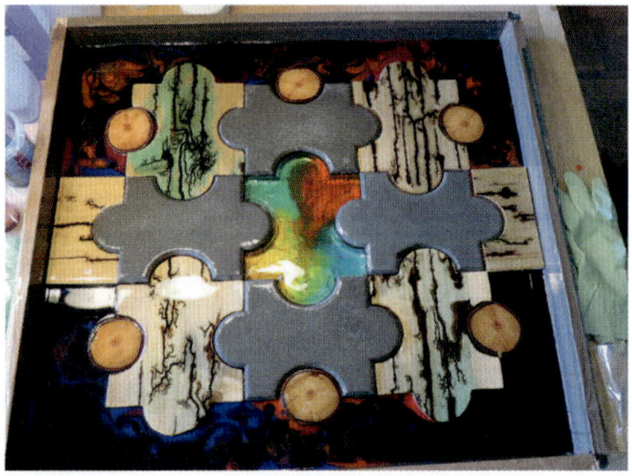

Die nächste Farbschicht ist aufgetragen.

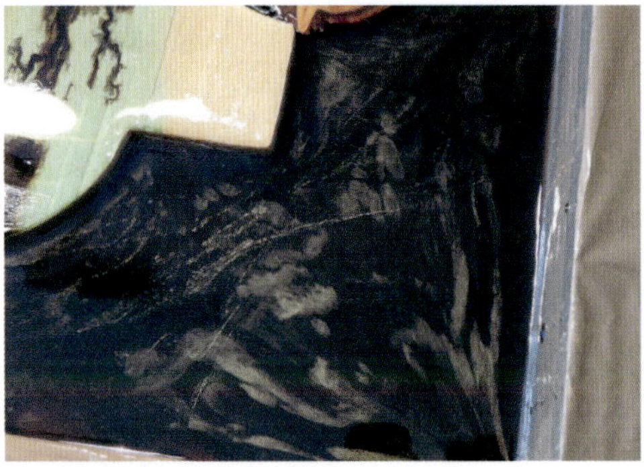

Diesmal wurde etwas Goldpaste mit eingearbeitet.

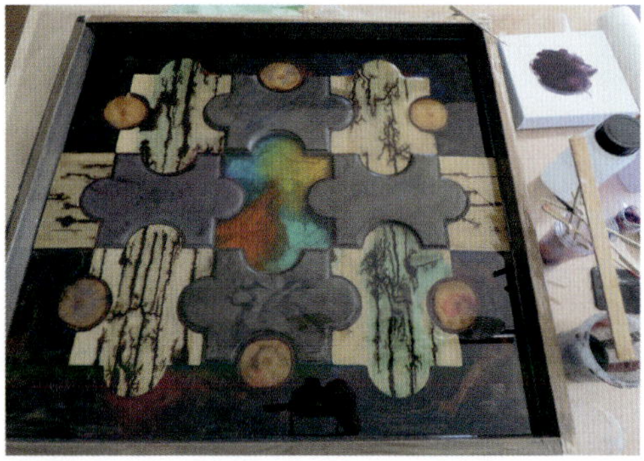

Die Platte ist nun fast fertig, es fehlen noch 1–2 Schichten klares Resin.

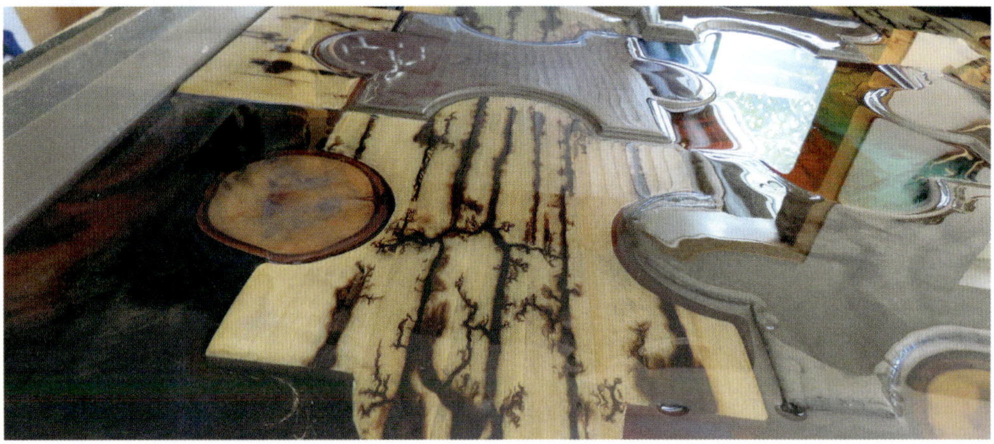

Hier sieht man ganz gut, dass noch eine minimale Schicht fehlt.

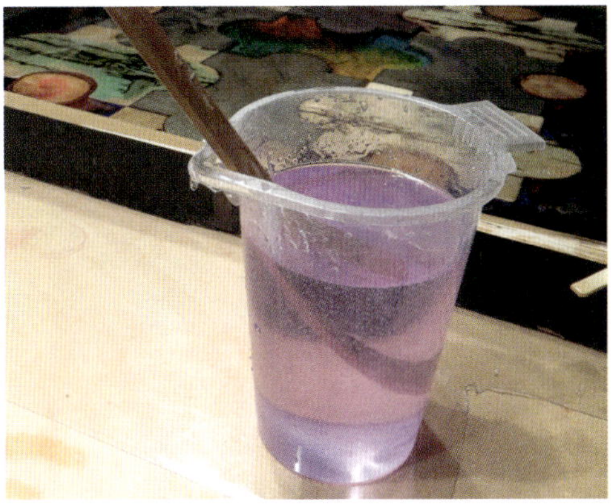

Die letzte Mischung Resin ist angerührt.

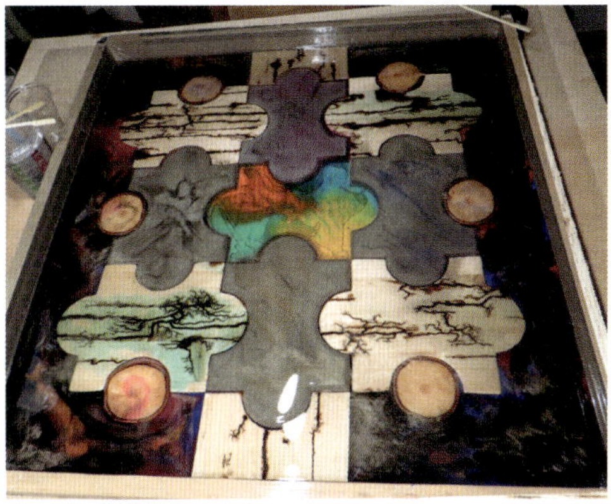

Es sind knapp 12 kg Resin gegossen worden, die Platte härtet nun erstmal 2 Tage aus.

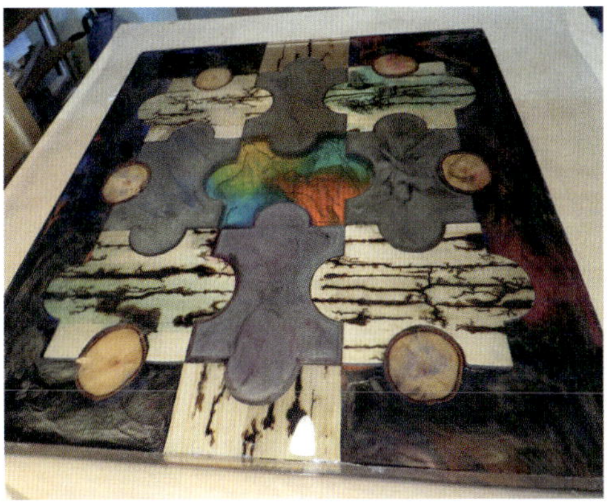

Hier die ausgeschalte Platte, durch das Abkleben mit Paketband ließ sich auch das Holz leicht entfernen.

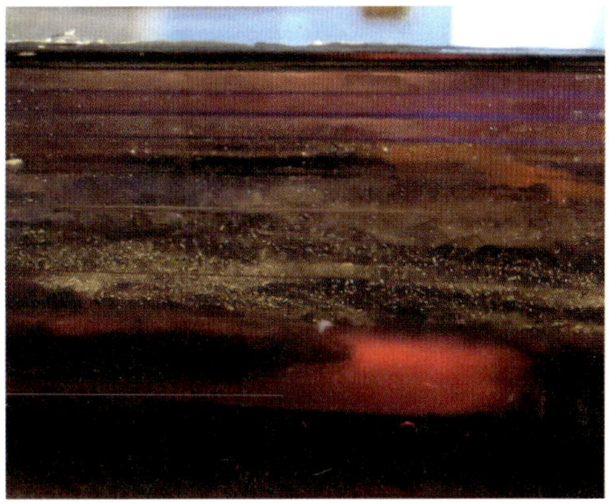

Bei der Seitenansicht sieht man die einzelnen Gießschichten.

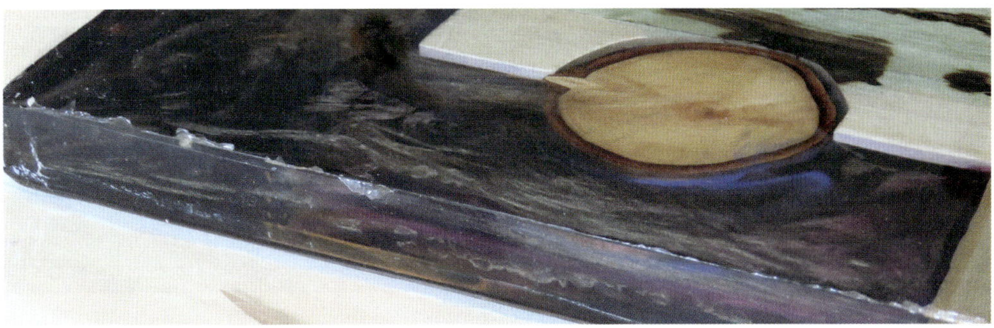

Den ausgefransten Rand habe ich mit einem scharfen Teppichmesser begradigt.

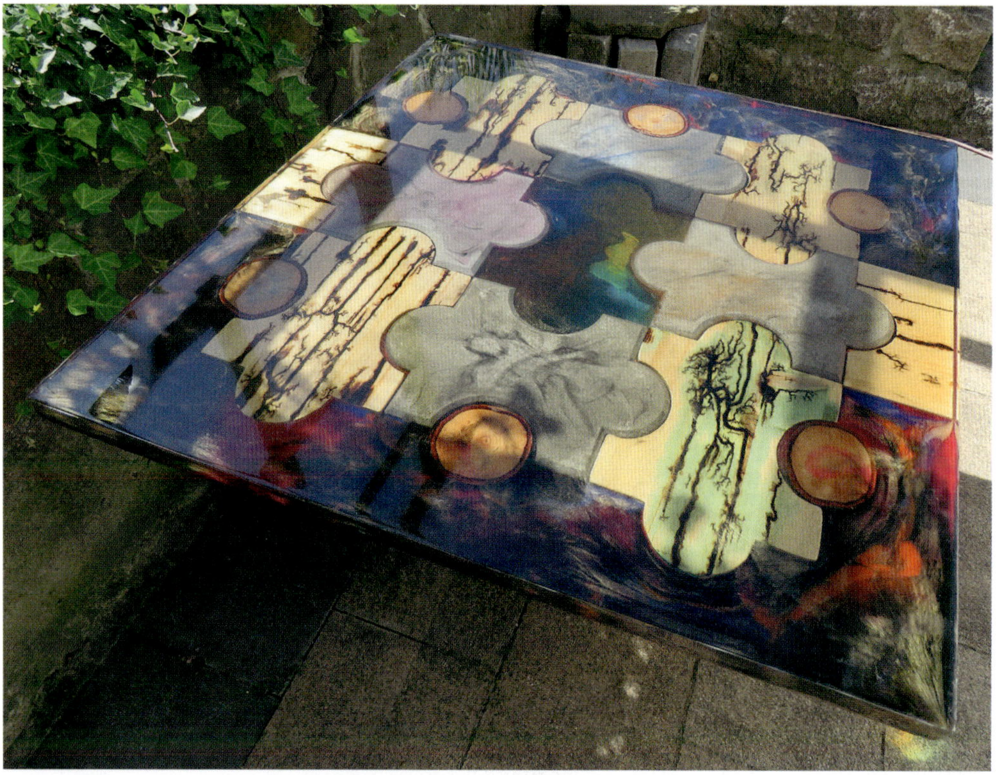

Tischplatte aus knapp 12 kg Resin mit Holz- und Betonelementen

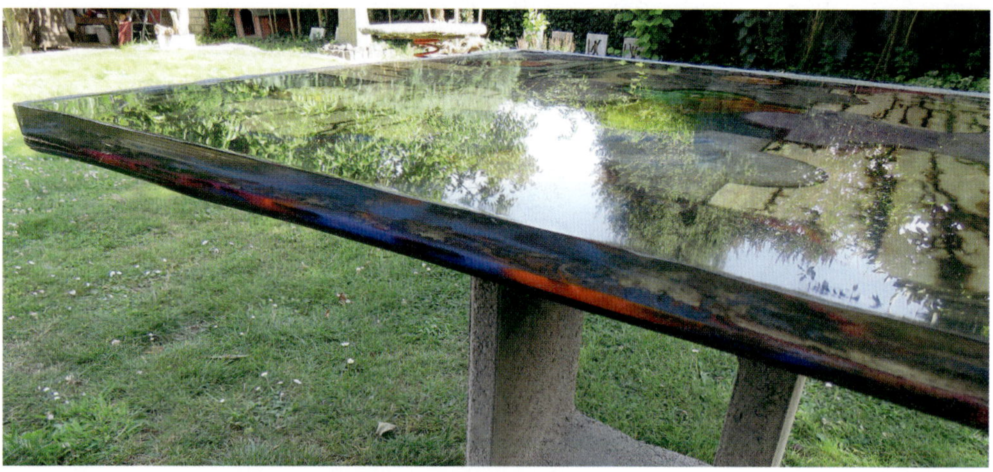

Seitenansicht der Farbschichten

WEITERE INSPIRATIONEN

SCHACHSPIEL

Mit Resin können auch Schachspiele gegossen werden – sowohl die Figuren als auch das Brett. Wie das gemacht wurde, sieht man auf Youtube im Videokanal von „Glitzer Else" – sie hat dieses Schachspiel nach meinen Tipps gegossen und erklärt auch gut, was alles zu beachten ist.

Die Figuren sind in Latex-Formen gegossen. Da die Gießlinge matt aus der Form kamen, wurden die Figuren teilweise noch mit klarem Resin bepinselt. Das ergibt die unterschiedliche Optik.

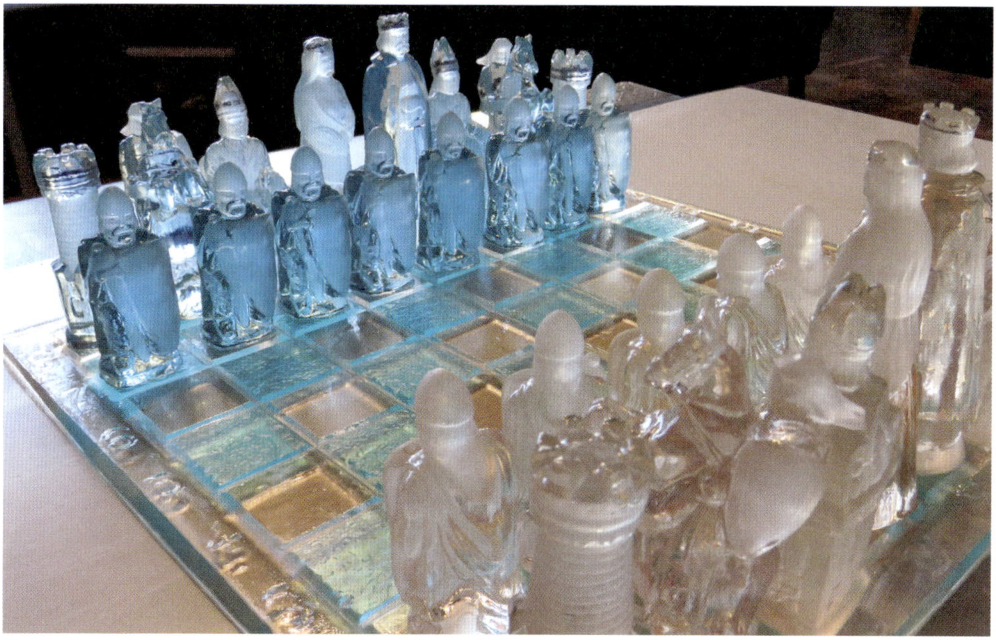

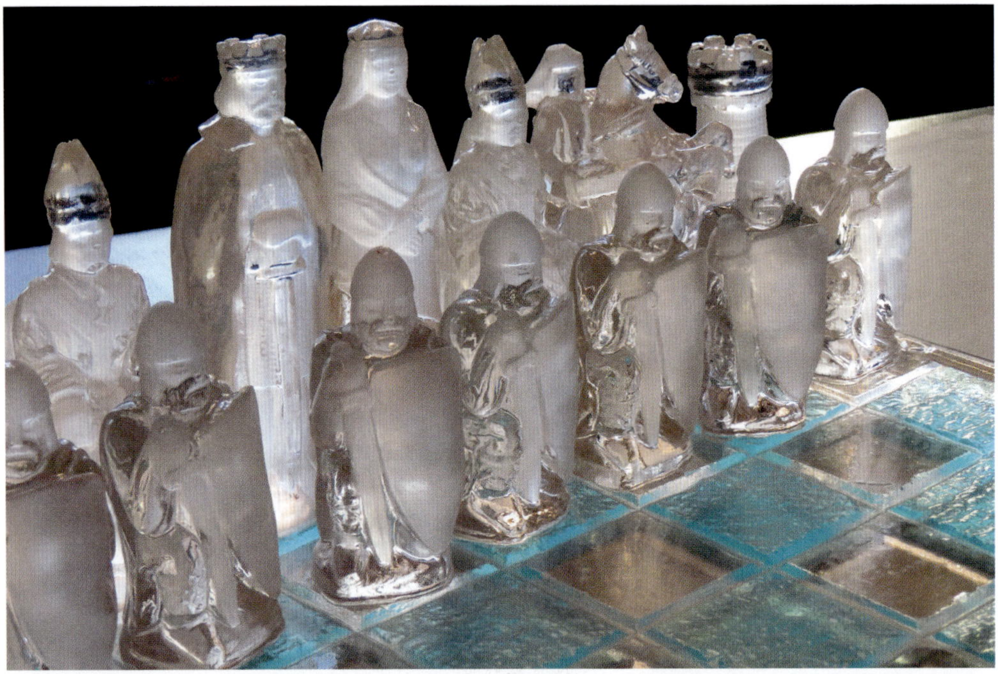

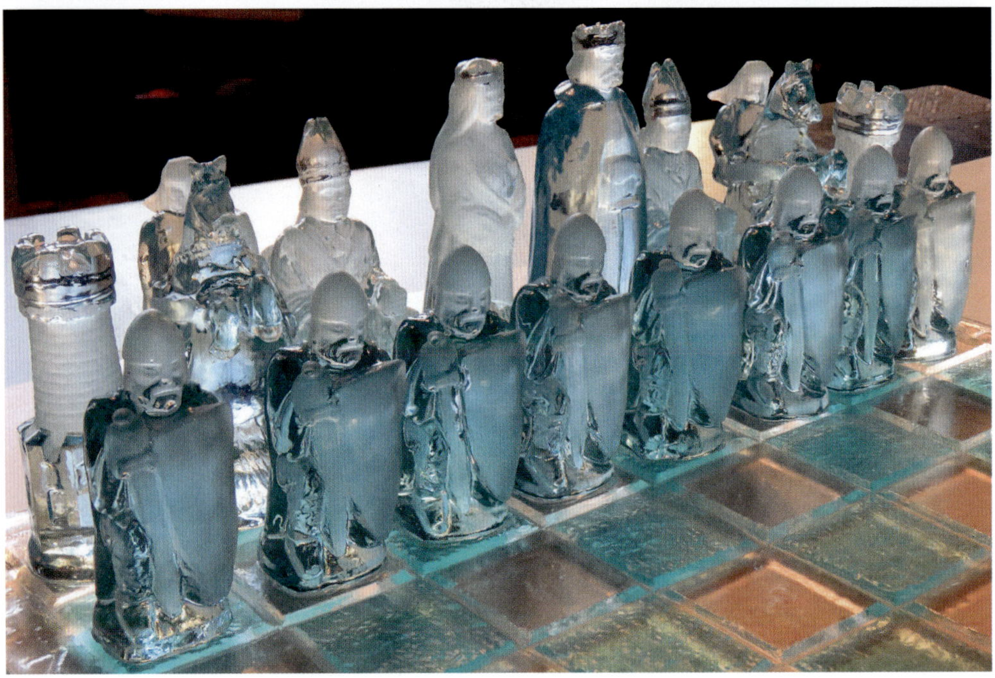

Schachspiel aus klarem und farbigem Resin

ROSE AUS EINER SELBSTGEMACHTEN SILIKONFORM

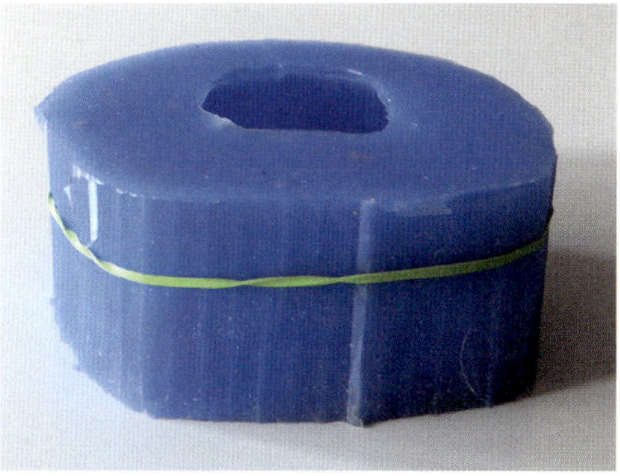

Silikongießform für die Rose

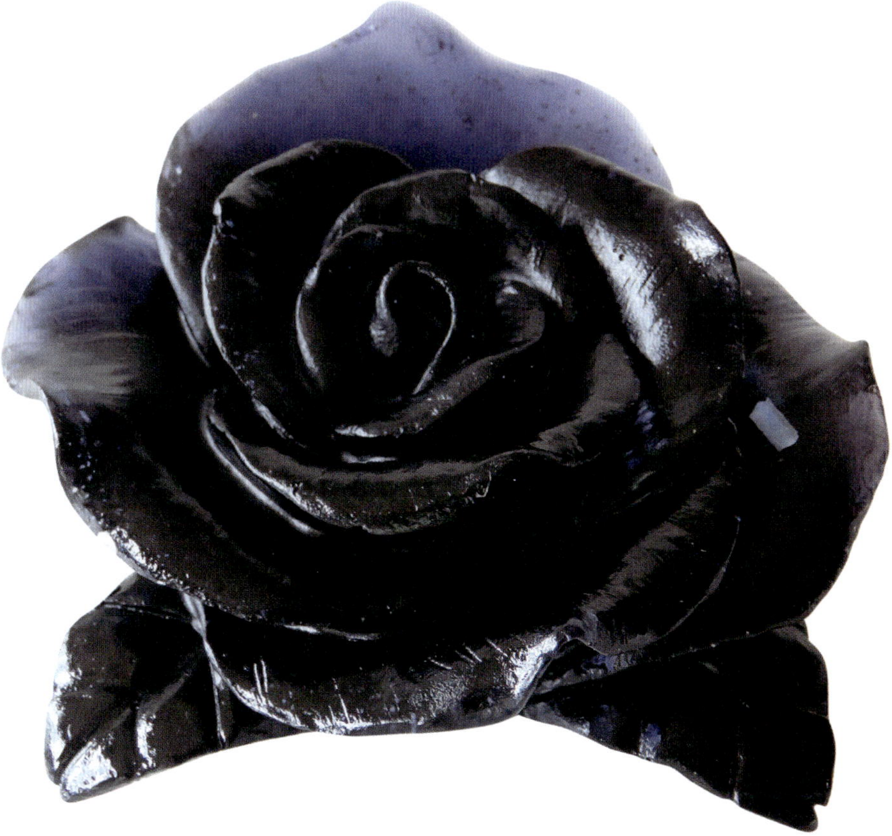

Rose aus schwarz eingefärbtem Resin

TEELICHTHALTER AUS EINEM EINFACHEN PLASTIKSCHÄLCHEN

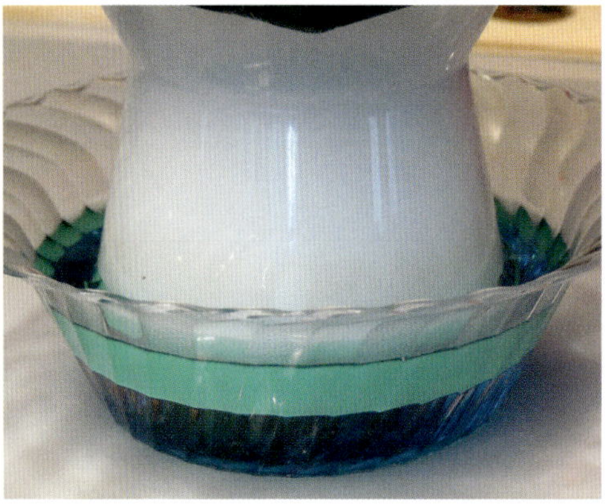

In einem Plastikschälchen gegossen

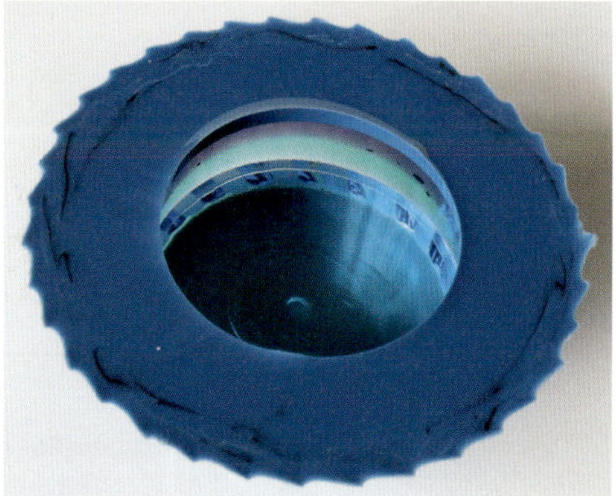

Teelicht aus Resin

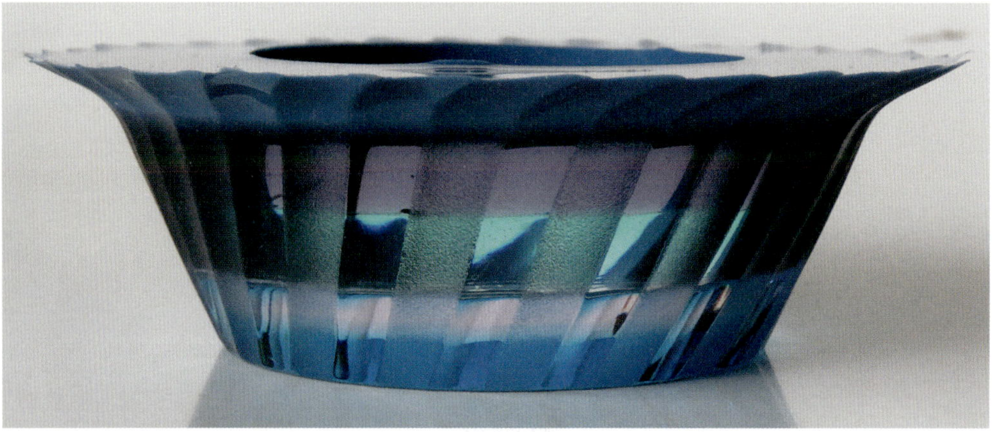

Seitenansicht der Farbschichten des Teelichts

EIN PAAR „FEHLSCHLÄGE“ – UND WARUM DAS PROJEKT FEHLGESCHLAGEN IST

Bei den Kugeln habe ich das falsche Harz für Holz verwendet und musste mich mit einer extremen Luftblasenbildung abfinden.

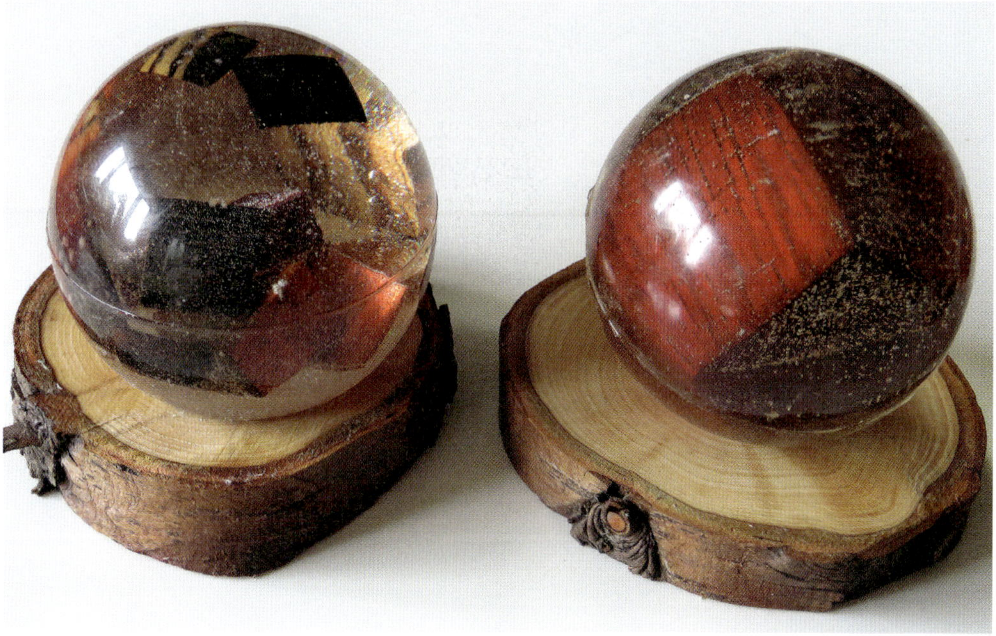

Kugeln mit Holzstücken

Bei der Rose in der Kugel stand das Harz zu lange und die Lagerzeit war überschritten.

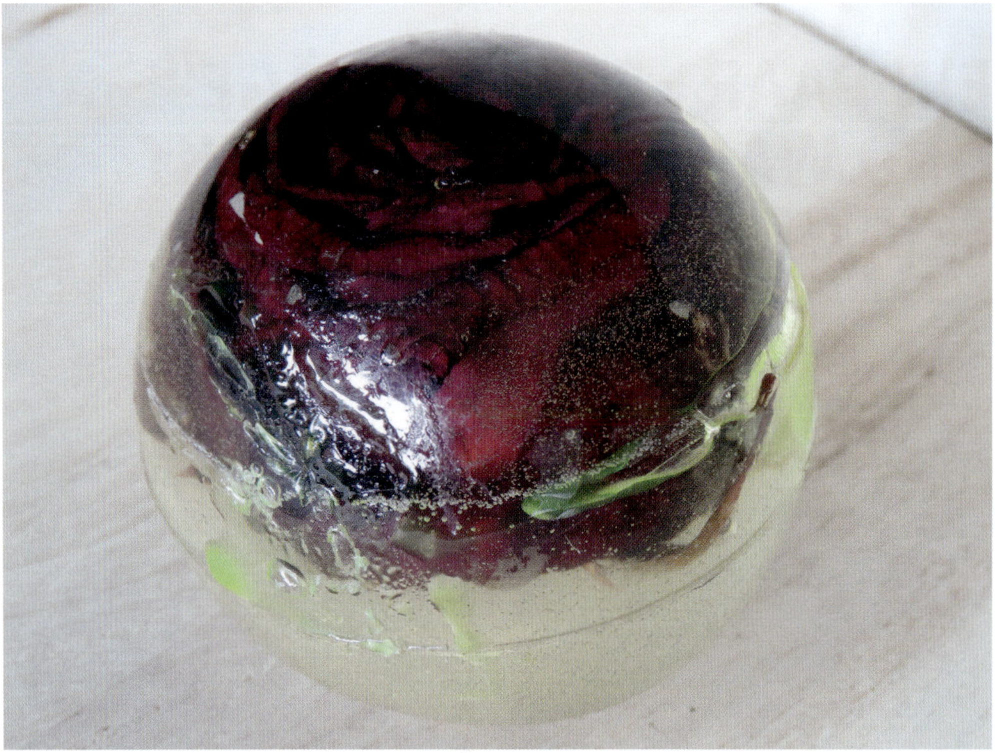

Misslungene Kugel mit Rose

Geckobild: Die 3 einzeln gegossenen Geckos sollten in klarem Resin eingebettet werden, sie wurden auf einer weißen Acrylplatte gegossen. Leider haben sich Harz und Acrylplatte nicht verbunden, da die Platte zum einen zu glatt ist und sich zum anderen das Harz nicht selbst nivelliert hat, sondern Blasen gebildet und schnell gelblich wurde, trotz UV-Stabilisator und Entlüfter.

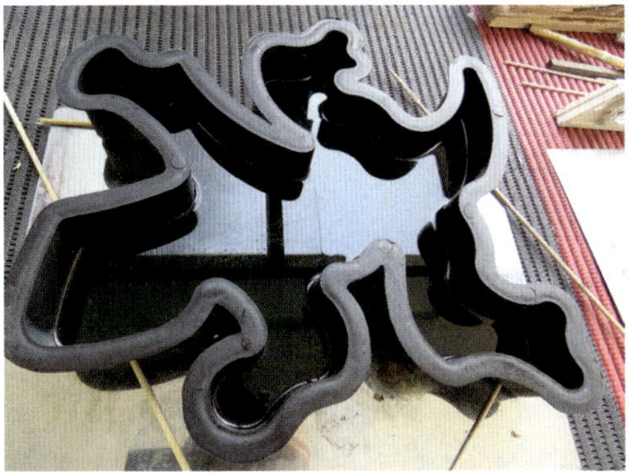

Hartplastik-Gießform

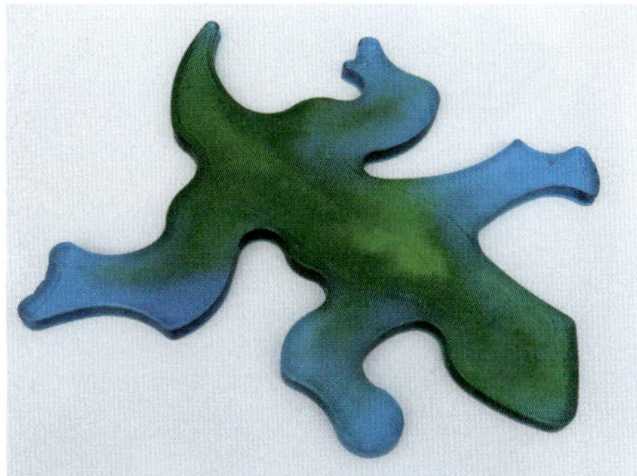

Einer von drei gegossenen Geckos

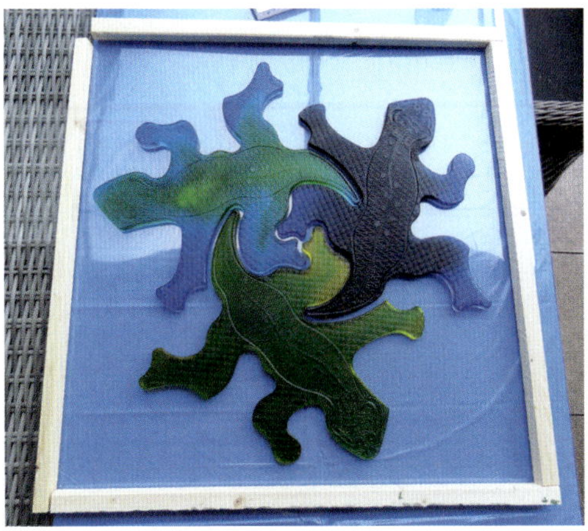

Gießrahmen mit 3 Geckos, mit klarem Resin ausgegossen

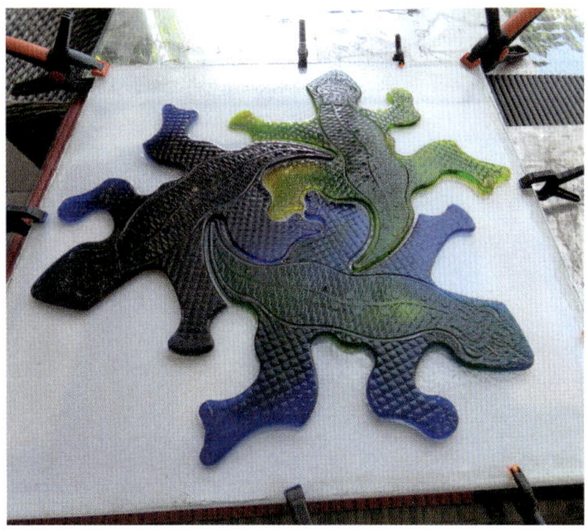

Die fertige Platte sollte mit einer Acrylplatte vergossen werden.

Fortsetzung auf der nächsten Seite

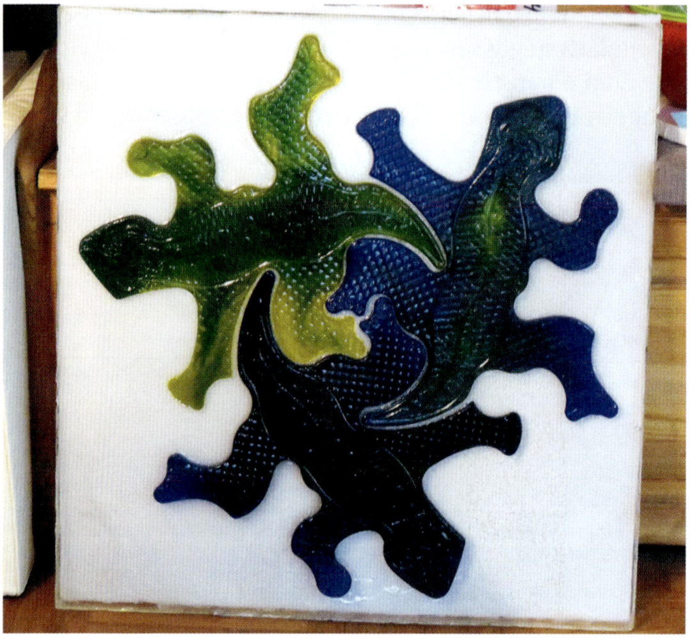

So sollte es eigentlich aussehen (links) – das Resin hat auf der Acrylplatte nicht gehalten (unten).

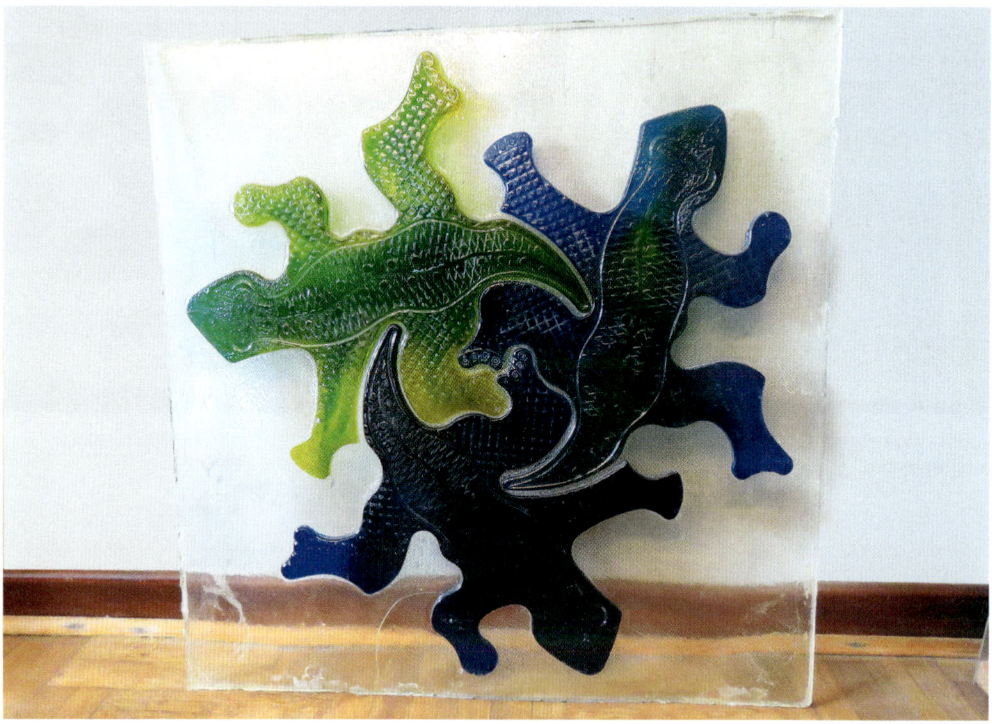

Für die Holzscheiben in der eckigen Schüssel war das Harz für Holz bzw. Schichtgießen ungeeignet, sodass sich leider sichtbare Schichtlinien und „weißer Schaum“ gebildet haben.

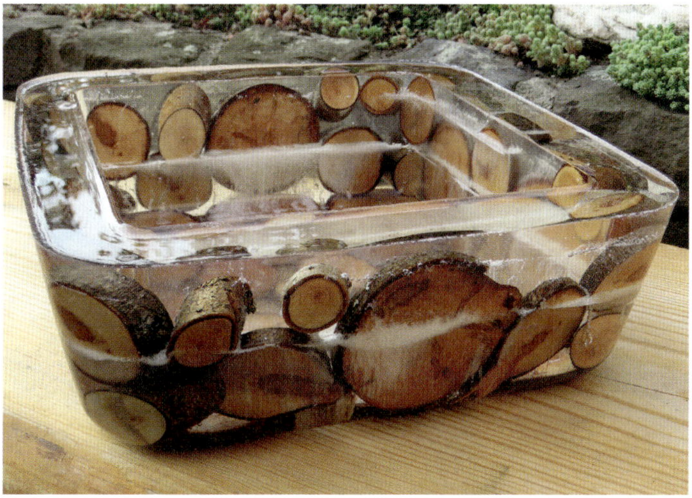

Eckige Resinschüssel mit Holz und ungeeignetem Resin gegossen

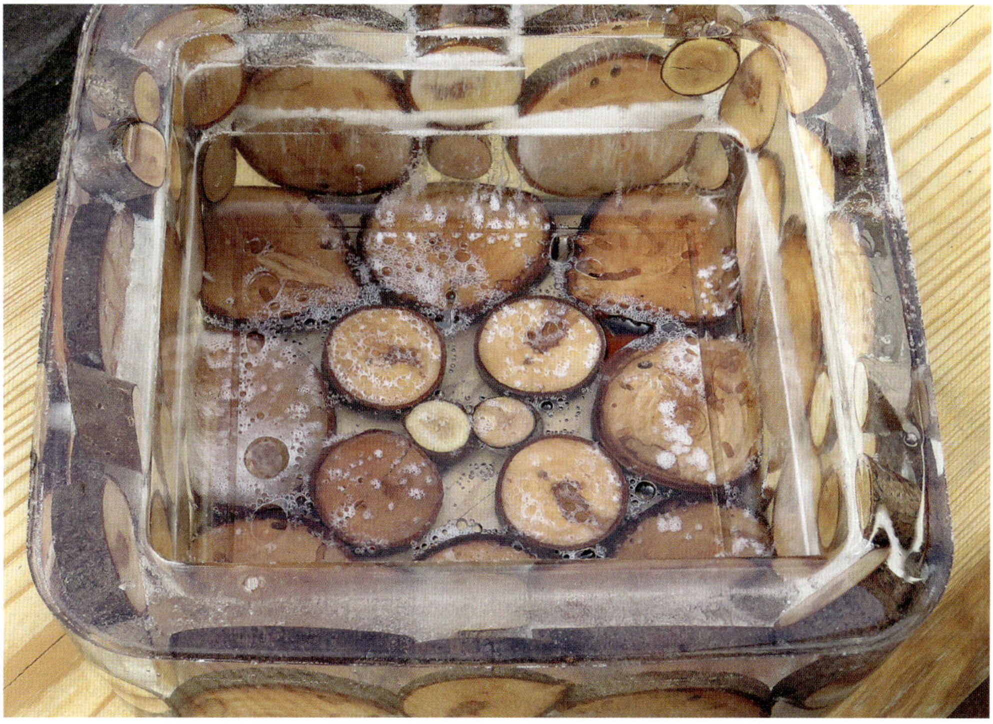

Bei der Wollschüssel habe ich die falschen Schüsseln zum Eingießen verwendet, da sich Metall und Resin miteinander verbinden. Die Schüsseln waren nicht mit Trennmittel eingesprüht. Die Metall-Schüsseln und die Resin-Schüssel mussten mit einem Trennschleifer voneinander getrennt werden, doch durch Schleifen und Domen konnte die Wollschüssel gerettet werden.

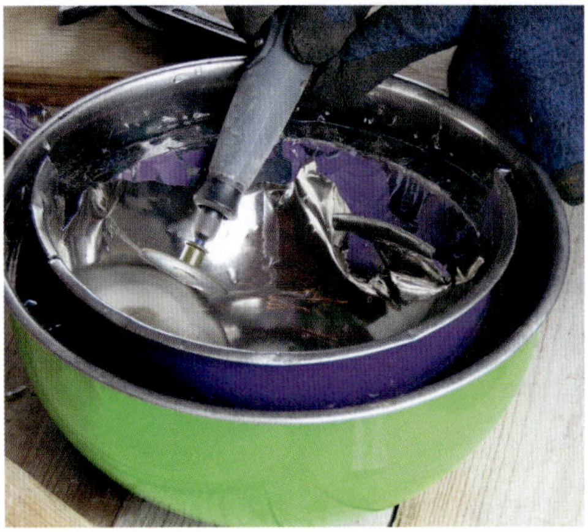

Metallschüsseln sind zum Gießen ungeeignet …

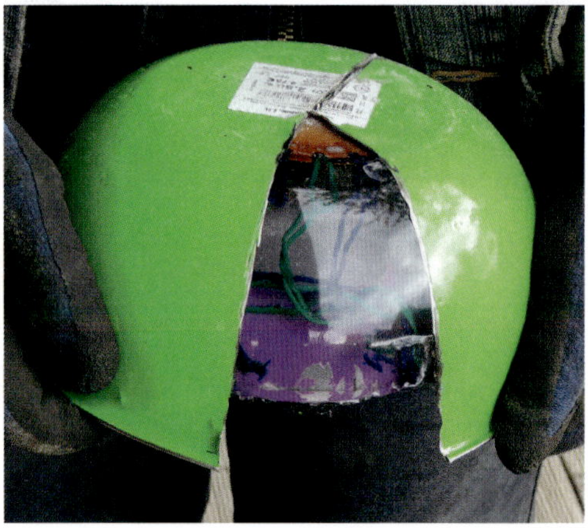

… Trennung der Schüssel mit einem Trennschleifer

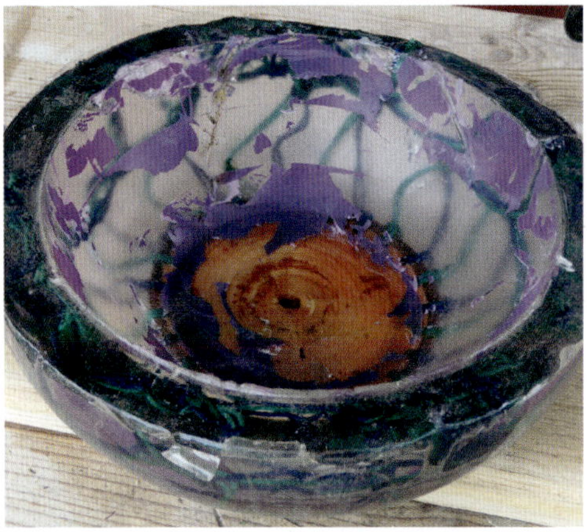

Die Resinschüssel ist durch das Metall verfärbt.

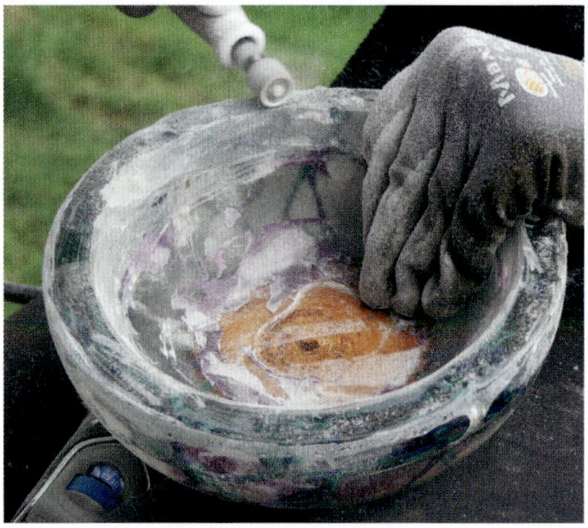

Schleifen der Schüssel mit einem Dremel

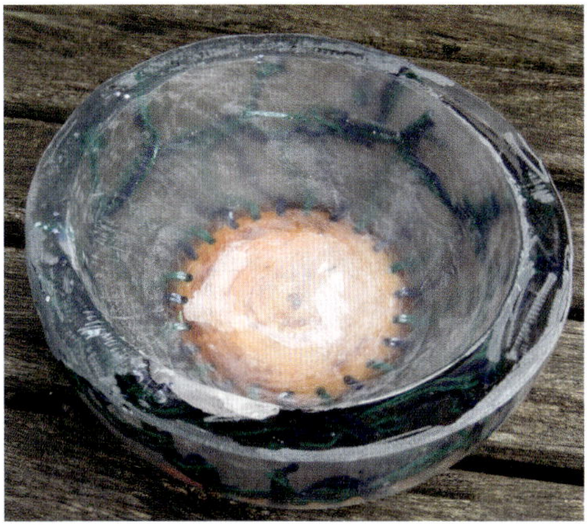

Vorsichtiges Domen der Schüssel

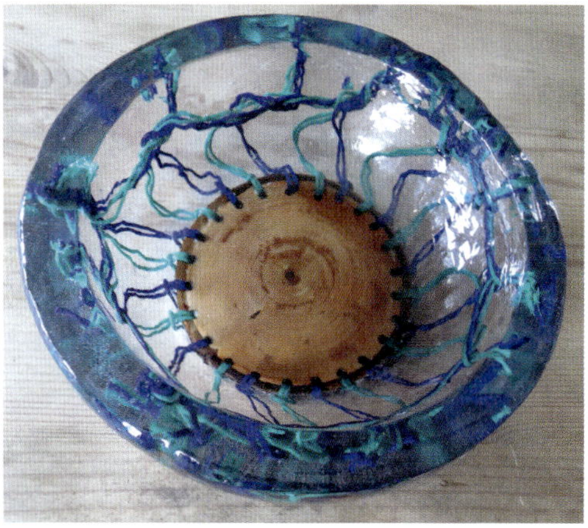

Die fertige Schüssel – die Arbeit hat sich doch gelohnt.

STICHWORTE ZUM SCHNELLEN NACHLESEN

Abformen – eine Gießform mit Abformsilikon erstellen.

Abkleben – Paketband eignet sich dazu sehr gut.

Atemschutz – Mundschutz oder Atmenschutzmaske, um die Dämpfe beim Gießen nicht einzuatmen.

Aushärtezeit – bezeichnet die Zeit, die das Resin benötigt, um auszuhärten.

Backpapier – eignet sich gut als Unterlage beim Gießen, Resinreste lassen sich gut zur Weiterverwendung ablösen.

Domen – ein z. B. mattes Teil mit einer dünnen Resinschicht überziehen.

Eingießen – Gegenstände in Resin einbetten, dazu wird am besten in Schichten gegossen.

Epoxidharz – wird im Hobby- und Künstlerbereich verwendet, da es fast geruchsfrei ist.

Endhärte – die Endhärte ist bei Epoxidharzen meist nach ca. 7 Tagen erreicht.

Farben – sollten auf das Resin abgestimmt sein, die meisten Hersteller führen auch passende Farben für ihr Resin.

Feinwaage – zum genauen Abwiegen von Harz und Härter nach dem angegebenen Mischungsverhältnis.

Fingerfood-Spieße – eignen sich gut zum Eintropfen von Resin und zum Anrühren kleiner Mengen.

Fotos – können eingegossen werden, allerdings vorher an kleinen Projekten testen. Die Fotos können auf Fotopapier oder Overheadfolie gedruckt werden.

Gießhöhe – gibt an, wie hoch die Gießschicht bei einem Guss sein darf, das ist je nach Epoxidharz unterschiedlich.

Handschuhe – gehören wie ein Mundschutz zur Sicherheitsausstattung beim Gießen, es müssen Nitril-Handschuhe sein.

Holz – lässt sich gut eingießen, es muss trocken sein. Bei größeren Holzstücken empfiehlt es sich, das Holzstück vorher schon mit einer dünnen Schicht Resin zu überziehen.

Lagertemperatur – gibt die optimale Temperatur zur Lagerung an.

Lagerzeit – ist je nach Hersteller unterschiedlich, ggf. beim Hersteller nachfragen. Angebrochenes Resin sollte innerhalb von 6 Monaten verbraucht werden.

Lebensmittelecht – bezieht sich immer auf den ausgehärteten Zustand bei korrekter Verwendung des klaren Harzes.

Mindestmenge – einige Hersteller geben eine „Mindestmenge“ oder empfohlene Menge an, wie viel Resin angerührt werden sollte.

Mischungsverhältnis – gibt das Verhältnis von Harz zu Härter an, z. B. 100 g Harz und 55 g Härter ergeben 155 g Resin zum Gießen.

Mold – ist ein anderer Begriff für Gießform, die meisten Molds sind aus Silikon.

Paketband – eignet sich sehr gut zum Abkleben von Gießrahmen, Rändern etc.

Pflanzen – müssen getrocknet sein, wenn sie eingegossen werden sollen.

Polieren – matte oder unebene Teile können nach dem Schleifen mit einer Polierpaste poliert werden.

Resin – heißt übersetzt Harz, damit sind als Überbegriff alle Kunstharze gemeint.

Resin Art – Resin-Kunst. Das künstlerische Gestalten von Bildern mit Resin

Schleifen – Resin kann geschliffen werden, man beginnt mit grobem Schleifpapier und verwendet dann immer feineres. Schleif-Sets gibt es von Körnung 1.500 bis hin zu 12.000 von der Firma Micro-Mesh.

Schlieren – bilden sich, wenn das Resin nicht richtig verrührt wurde, die Temperaturen nicht optimal waren oder Feuchtigkeit z. B. in den Pflanzen war.

Sicherheit – beim Gießen unbedingt an den „Arbeitsschutz“ denken, heißt Nitril-Handschuhe, Atemschutz, Schutzbrille und geöffnete Fenster.

Silikon – zum Abdichten von Gießrahmen, um das Herauslaufen des Resins zu verhindern.

Trennmittel – verhindern, das sich das Resin mit der Form verbindet, geeignet ist Silikonspray oder Trennwachs.

Umgebungstemperatur – die optimale Umgebungstemperatur wird in der Anleitung zum jeweiligen Resin angegeben, Temperaturen haben Einfluss auf die Verarbeitungs- und Aushärtezeit.

Verarbeitungszeit – gibt an, wie lange das Resin verarbeitet werden kann, bevor es anfängt auszuhärten.

Vergilben – klares Resin wird irgendwann aufgrund von UV-Strahlen mehr oder weniger schnell vergilben, wie stark und wann hängt vom verwendeten Resin ab, am besten beim Hersteller nachfragen.

Viskosität – gibt an, wie flüssig oder zähflüssig ein Resin ist, niedrigviskos z. B. bezeichnet ein recht flüssiges Harz, ähnlich wie Wasser.

BEZUGSQUELLENREGISTER – WO BEKOMME ICH WAS

SKresin 3220, SKresin 72, transparente Farben, Farbpasten, Abformsilikon in Blau oder Weiß
› S. & K. Hock GmbH, www.harzspezi.de

Abformsilikon transulent – also weiß durchscheinend, nicht ganz transparent – und andere
› Wagnersiel, Wagner Dental Shop, www.zahntechnikshop.de

Molds › Schmuckformen/Gießformen
› diverse Onlineshops, wie Amazon, eBay, doreenbeads.com

Nitrilhandschuhe › diverse Onlineshops, wie Amazon, eBay

Silikonbecher zum Anrühren
› modellierbu.de, diverse Onlineshops, wie Amazon, eBay

Feinwaage
› Kaufhaus oder Onlineshop, wie z. B. Amazon

Kleinteile wie Holzherz, Tablett, Leinwände, Acrylfarben, Schüsseln, Dessertschüsseln, Plastikbecher, Rührstäbe (Schaschlik-Spieße, Finger-Food-Spieße, Zahnstocher), Küchenrollen, Paketband
› 1-€-Shop, Tedi, Action, Supermärkte

Getrocknete Blumen, Holzstücke › entweder selbst trocknen bzw. sägen und trocknen oder im Bastelfachmarkt kaufen

Regalbretter, Silikon zum Abdichten, Fertig-Beton, Estrich-Beton
› Baumarkt